KB018267

STOCK
INVEST
MENT

STOCK
INVEST
MENT

STOCK
INVEST
MENT

STOCK INVEST MENT

주식투자
과외수업

두 번째 월급 프로젝트

주식투자 과외수업

초판 발행 2021년 4월 19일

지은이 박 다니엘 **펴낸이** 이성용 **책임편집** 박의성 **책디자인** 책돼지

펴낸곳 빈티지하우스 **주소** 서울시 마포구 성산로 154 407호

전화 02-355-2696 **팩스** 02-6442-2696 **이메일** vintagehouse_book@naver.com

등록 제 2017-000161호 (2017년 6월 15일) **ISBN** 979-11-89249-49-6 13320

- 저작권법에 의해 한국 내에서 보호를 받는 저작물이므로 무단전재와 복제를 금합니다.

- 빈티지하우스는 독자 여러분의 투고를 기다리고 있습니다. 책으로 펴내고 싶은 원고나 제안을
  이메일(vintagehouse_book@naver.com)으로 보내주세요.

- 파손된 책은 구입하신 서점에서 교환해 드리며 책값은 뒤표지에 있습니다.

두 번째 월급 프로젝트

STOCK INVEST MENT

박 다니엘 지음

'딱' 필요한 만큼만 공부한다!
연복리 25% 주식투자 전략

주식투자
과외수업

비티지하우스
VINTAGE HOUSE

이 책을 읽어야 하는 이유

1. 주식 일타강사가 콕콕 짚어주는 투자 과외수업

우리가 지금 주식투자를 시작해야 하는 이유는 무엇일까요? 세상의 수많은 기업들 중 도대체 어떤 회사가 좋은 회사일까요? 그들을 어떻게 찾아낼 수 있을까요? 이 책은 이제 막 주식투자를 시작하는 초보 투자자들이 가장 궁금해하는 것들을 친절하고 세심하게 설명합니다.

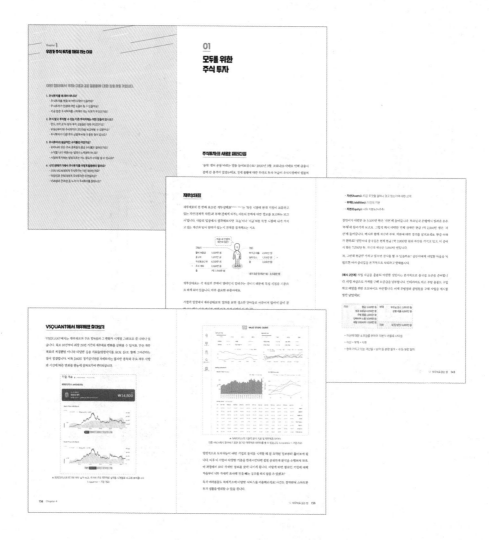

2. 이보다 더 쉬울 수 없는 최적화된 주식 공부

이 책은 주식 계좌를 개설하는 법부터 기본적 분석과 기술적 분석의 실제 활용 사례와 알짜 주식을 고르는 법까지 저자가 실천해온 주식투자 프로세스를 일러스트와 그래프, 도표 등을 활용해 단계별로 디테일하게 풀어냅니다.

3. 실제 주식으로 분석하는 실전형 모의고사

초보 투자자들이 빠지기 쉬운 함정인 공부를 위한 공부가 아닌 실제 투자를 위해 우리에게 익숙한 현재의 주식과 차트를 분석합니다. 또한 '알아두면 쓸모 있는 주식 심화학습'과 '주식투자 실전 Tip'을 통해 조금 더 깊이 있는 지식을 원하는 투자자의 목마름도 함께 해소합니다.

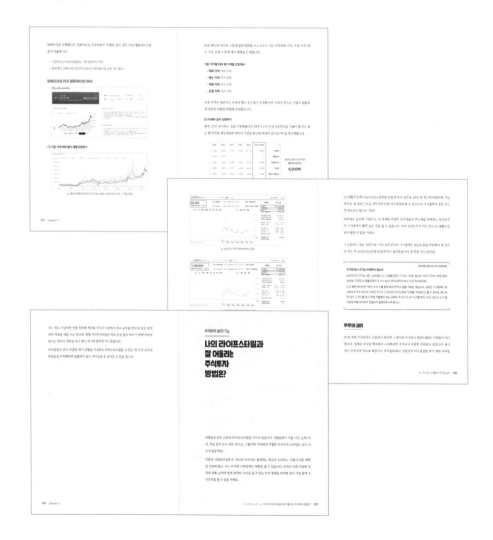

4. 최고의 무기가 되는 HTS/MTS 100% 활용법

HTS와 MTS는 주식 거래 기능만 가지고 있는 것이 아닙니다. 그 자체로 훌륭한 참고서가 되죠! 국내 투자자들이 가장 많이 다운로드받은 MTS 중 하나인 삼성증권 mPOP을 중심으로 MTS에서 반드시 활용해야 하는 기능들을 알차게 소개합니다.

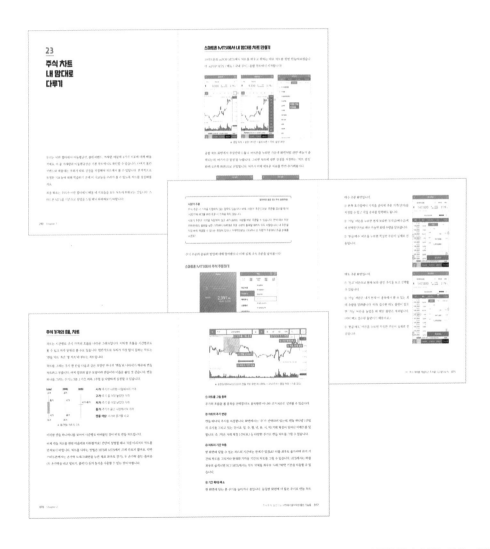

차례

3부
차트 트레이딩을 배워보자!

주가와 거래량을 활용하는 기술적 분석 과외수업 ·· **281**

4부
실제 투자를 시작해보자!

STOCK INVEST MENT

1부

어서와,
주식투자는 처음이지?

여러분은 현재 주식투자를 하고 있나요? 아니면 본격적으로 주식투자를 하기 전에 공부를 해보려고 이 책을 구매했나요? '주식투자'에 호기심이 생겨 '한번 알아보자!'라는 생각에 이 책을 집어 들었을 수도 있겠네요!

주식투자에 경험이 있든 없든 아니면 단순 호기심이든, 저는 여러분들이 모두 주식투자를 해야 한다고 생각해요. 조금 거칠게 표현하자면, 주식투자를 안 하고 있다면 지금 당장 소액으로라도 시작해야 한다고 말씀드리고 싶네요.

왜 그렇게 생각하냐고요? 저는 '주식투자'와 함께하는 인생과 그렇지 않은 인생에는 엄청난 차이가 있다고 보기 때문입니다. 단순히 '수익률' 측면을 떠나서라도요.

제가 이렇게 생각하는 이유가 궁금하죠? 1부에서 이러한 이유들을 쉽게 풀어서 설명하겠습니다. 뿐만 아니라 주식 이외에 다양한 투자 상품들을 소개하고, 이들을 비교해볼 거예요. 왜 다양한 투자 상품들 중에 굳이 '주식'투자를 꼭 해야 하는지, 주식투자를 하면 어떤 장점이 있는지 살펴보고, 이러한 내용들을 통해 주식투자를 해야 하는 강력한 동기를 부여해드리겠습니다.

STOCK
INVEST
MENT

Chapter
1

우리가 주식투자를
해야 하는 이유

우리가 주식투자를
해야 하는 이유

이번 챕터에서 우리는 다음과 같은 질문들에 대한 답을 찾을 것입니다.

1. 주식투자를 왜 해야 하나요?

- 주식투자를 했을 때 어떤 이점이 있을까요?

- 주식투자가 인생에 어떤 도움이 될 수 있을까요?

- 지금 당장 주식투자를 시작해야 하는 이유가 무엇인가요?

2. 주식 말고 투자할 수 있는 다른 투자처에는 어떤 것들이 있나요?

- 펀드, ETF, ETN 등의 투자 상품들은 대체 무엇인가요?

- 부동산투자와 주식투자의 장단점을 비교해볼 수 있을까요?

- 주식투자가 다른 투자 상품에 비해 더 좋은 점이 있나요?

3. 주식투자의 평균적인 수익률은 어떤가요?

- 우리나라 모든 주식 종목들의 평균 수익률은 얼마인가요?

- 수익을 내기 위해서는 얼마나 노력해야 하나요?

- 시장에 투자하는 방법으로는 어느 정도의 수익을 낼 수 있나요?

4. 나의 생애주기에서 주식투자를 어떻게 활용해야 할까요?

- 2030 MZ세대에게 주식투자는 어떤 의미인가요?

- 직장인과 은퇴자에게 주식투자란 무엇일까요?

- 이과생과 문과생 중 누가 더 주식투자를 잘하나요?

01

모두를 위한 주식투자

주식투자의 새로운 패러다임

'동학 개미 운동'이라는 말을 들어보셨나요? 2020년 3월, 코로나19 사태로 인해 금융시장에 큰 충격이 있었는데요. 경제 불황에 대한 우려로 투자 자금이 주식시장에서 썰물처럼 빠져나가 주가지수가 크게 하락했습니다. 주로 기관과 외국인의 거대 자금이 빠져나갔죠. 그런데 많은 개인투자자들이 이때부터 주식 저가 매수를 시작했습니다. 개인들의 어마어마한 매수세에 힘입어 코스피지수는 V자 반등을 넘어 무려 3,000포인트라는 경이적인 기록을 세우게 됩니다이 과정에서 개인투자자들은 많은 이익을 챙길 수 있었습니다. 외국 자본이 한국 증시를 좌지우지하고 개인투자자들은 상대적으로 계속 손실을 보던 과거와는 다른 멋진 일이 벌어진 것입니다. 이를 조선 시대 외세 침략에 맞선 '동학 농민 운동'에 빗대어 주식시장에서의 '동학 개미 운동'이라고 표현한 것이죠.

코스피 상장 등록 기준 개인 순매수 상위 10개 종목(3월 19일~4월 17일 기준, 인덱스 펀드 제외)

종목명	수량(만 주)	금액(원)	3월 19일 주가	4월 17일 주가	수익률(%)
삼성전자	2,339	1조 180억	42,950	51,400	19.7
삼성SDI	116	2,613억	183,000	286,500	56.6
현대차	329	2,432억	65,900	100,500	52.5
삼성전자우	556	2,175억	35,450	44,050	24.3
KB금융	606	1,918억	26,050	32,350	24.2
기아차	590	1,529억	22,550	29,900	32.6
SK이노베이션	194	1,423억	57,300	97,700	70.5
신한지주	532	1,388억	22,450	28,500	26.9
POSCO	85	1,327억	139,500	176,000	26.2
SK하이닉스	174	1,289억	69,000	84,100	21.9

▲ 코로나19로 인한 시장 하락의 저점(3/19) 대비 개인투자자의 종목별 수익률

(출처: https://www.edaily.co.kr/news/read?newsId=01167686625738088&mediaCodeNo=257)

'동학 개미 운동'의 확산 과정에서 재미있는 현상이 관찰되었는데요. 바로 개인투자자들의 '직접'투자가 크게 증가했다는 사실입니다. 개인투자자들이 전문가가 운용하는 주식형 펀드에서 자금을 인출해 스스로 주식투자에 나서기 시작한 것이죠. 이렇게 간접투자상품에서 자금을 인출해 직접투자를 시작한 개인투자자들의 자금 규모가 어마어마해 펀드업계에서는 주식시장의 활황에 비해 초라한 축포를 터트리고 있답니다.

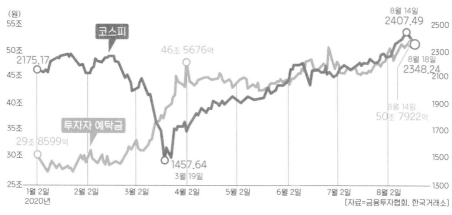

▲ 크게 증가한 개인투자자 투자 예탁금과 코스피 추이

(출처: https://www.ajunews.com/view/20200819145249201)

직접투자에 나선 개인투자자들

개인투자자들은 왜 전문가에게 위임한 간접투자보다 스스로 주식에 투자하는 직접투자를 선호하게 된 걸까요? 첫째로, 개인투자자들이 그간의 간접투자 성과를 지켜봤는데 크게 별 볼 일 없었던 경험을 많이 했기 때문이에요. 성과는 변변치 않은데 펀드 운용수수료는 꼬박꼬박 떼어간다는 생각이 들었을 겁니다. 둘째로, 개인투자자들의 금융 지식과 투자 수준이 크게 향상되었기 때문입니다. 수년 전에 비해 개인투자자들이 투자 관련 공부를 할 수 있는 자료도, 정보를 얻을 수 있는 채널도 크게 늘어났어요. 똑똑한 개인투자자들이 알 수 없는 펀드에 운용을 맡기기보다는 공부를 하고 직접 투자하는 것이 낫겠다는 생각이 든 것이죠. 마지막으로, 이러한 3월 대폭락이 '큰 기회'라고 생각했기 때문일 거예요. 기회가 찾아왔을 때 더 이상 남에게 결정을 맡기지 않고 스스로 선택하겠다는 의지인 것이죠.

10여 년간 주식투자를 해온 제가 보기에 이는 매우 고무적인 현상이고, 어떻게 보면 감격하지 않을 수 없었던 장면이었습니다. 우리나라는 늘상 국민들의 금융 지식과 투자 지식의 수준이 낮다는 평가를 들어왔기 때문이죠.

이러한 현상 덕분에 이제 여러분들의 주변에도 주식투자를 시작한 분들이 많아졌을 거예요. 이미 많은 독자 여러분들도 주식투자를 하고 있지 않을까 생각합니다. 그래서 제가 제안을 한 가지 하고자 합니다. 이왕 주식투자를 하기로 결심한 김에 주식투자를 '공부'해보는 건 어떨까요? 초심자의 행운으로 별다른 공부 없이도 벌써 수익을 본 분들도 있을 테지만 마음 한쪽에는 불안감이 있을 거예요. 주식에 대해 '공부'를 하면 이러한 불안감도 해소되고 더 나아가 더 큰 수익을 얻을 수 있을 것입니다. 제가 이 책을 통해 주식투자를 쉽게 풀어드리고 큰 어려움 없이 입문할 수 있도록 도와드리겠습니다.

주식투자 공부를 해야 하는 이유

본격적으로 공부를 시작하기 앞서 주식투자를 해야 하는 이유부터 한번 정리해볼까요? 아직 주식투자를 시작하지 않은 분이라면 주식투자를 하기로 결심하는 계기가 되었으면 합니다.

'주식투자'를 하는 사람은 그렇지 않은 사람에 비해 다양한 것을 얻을 수 있습니다. 과연 어떤 것을 얻을 수 있을까요? 첫 번째로, 지식과 성찰의 복리적인 성장을 얻을 수 있습니다. 특히 금융, 경제, 시사 분야에서 더욱 그렇죠. 주식투자를 하는 과정에서 온 세상의 삼라만상과 오만 가지 이벤트들을 경험하게 될 텐데요. 다양한 사건들 속에서 투자자는 본인의 멘탈은 어떤지, 생각은 어떻게 변화하는지, 나에게 맞는 투자 방법은 무엇인지 경험을 통해 습득하게 됩니다. 그리고 이러한 투자자 스스로의 성장은 당연히 복리로 불어납니다. 일찍 시작할수록 더 유리한 것이죠. 주식투자를 하며 얻은 폭넓은 지식들은 여러분들의 인생에 큰 도움이 될 거예요.

두 번째로는 '수익'을 얻을 수 있습니다. 생각보다 쉽게요. 그런데 '개인투자자 계좌의 90%는 손실이다' 따위의 기사들을 접하다 보면 주식투자가 수익은 고사하고 손실이 빈번한 매우 어려운 것이라는 인식이 생길 수 있습니다. 저는 이처럼 손실을 보고 있는 대부분의 계좌들은 잘못된 방법으로 주식투자를 시작했기 때문이라고 생각합니다. 우리나라의 모든 주식에 공평하게 100만 원씩 투자해본다고 가정해볼게요. 1년간 보유 후 매도한다면 평균 수익률이 얼마일까요? 무려 9.69%입니다. 놀랍지 않으세요? 이 결과는 실제 주식 데이터를 통해 전 종목 수익률의 평균을 구한 결과입니다.

마지막으로, 열심히 살아가는 많은 사람들이 이룩한 '성장의 과실'을 함께 누릴 수 있답니다. 과거 1970~1990년대의 경제성장률을 보면 가계소득 7%, 기업소득 9%, 국가소득 8%의 성장률을 보였는데요. 2000년대 이후 최근 수치를 살펴보면 가계소득 2.3%, 기업소득 16.5%, 국가소득 4.3%으로 가계소득 성장의 많은 부분을 기업소득이 가져가게 되었어요. 근로소득(가계소득)의 성장이 과거에 비해 너무 낮아진 것이죠.

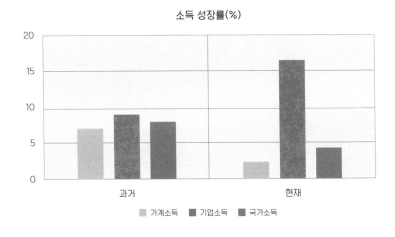

소득 성장률(%)

■ 가계소득 ■ 기업소득 ■ 국가소득

그렇다면 주식시장은 어땠을까요? 1990년대 코스피는 대략 900포인트 수준이었습니다. 2021년 현재 코스피는 3,000포인트를 돌파했죠. 무려 233.3%의 상승률을 기록했습니다. 이러한 주가의 상승은 일반적으로 기업들의 성장에 기인하는데, 가계소득이 찔끔 오르는 동안 기업소득은 크게 증가했기 때문입니다. '주식투자'를 통해 기업소득 성장을 함께한 개인투자자들은 기업 성장의 과실을 누리고, 예적금에만 투자했던 개인투자자들은 이를 놓치게 되는 것이죠. 물가 상승으로 그나마의 예적금 이자율이 더욱 깎이는 것은 덤이고요. 세상을 열심히 살아가는 근로자들이 기업과 함께 성장하기 위해서는 '주식투자'가 필수적인 것입니다.

어떤가요? 본격적으로 주식투자를 공부하고 시작해보고 싶은 마음이 드나요? 그럼 이제, 자본주의의 꽃인 '주식투자'를 통해 다양한 성취를 얻어보도록 하죠! 제가 열심히 응원하겠습니다.

02

주식투자 vs
다양한 투자 상품들

부자가 되는 3가지 방법

부자가 될 수 있는 방법에는 어떤 게 있을까요? 저는 이 고민을 대학생 때부터 했는데요. 생각을 곰곰이 해보니 크게 3가지 방법이 있다는 결론을 내렸답니다. 첫 번째 방법은 바로 '사업'이에요. 마이크로소프트를 창업한 빌 게이츠나 카카오를 창업한 김범수 의장이 좋은 예시입니다. 멋진 회사를 차리고 크게 성장시키면 창업자는 큰 부를 거머쥐게 되죠. 창업한 회사의 주식 가치가 수백억, 수천억에 이르면 경제적 자유를 이뤘다고 생각할 수 있을 것 같아요. 사업으로 부자가 된다… 너무 당연한 이야기였나요?

부자가 될 수 있는 두 번째 방법은 '투자'입니다. 앞서 언급한 멋진 회사에 '투자'하거나 가격이 상승하는 자산에 '투자'해 내 재산을 '복리'로 불리는 방법이죠. '1년에 20%, 30%씩 수익 내서 언제 부자가 되겠어?'라고 생각할 수 있는데, 이러한 수익률이 매년 '복리'로 쌓이게 된다면 결코 만만치 않답니다. 아래의 투자 결과를 한번 살펴보세요!

	연간 수익률					
	10%	20%	30%	40%	50%	60%
초기 투자금	10,000,000	10,000,000	10,000,000	10,000,000	10,000,000	10,000,000
1년	11,000,000	12,000,000	13,000,000	14,000,000	15,000,000	16,000,000
2년	12,100,000	14,400,000	16,900,000	19,600,000	22,500,000	25,600,000
3년	13,310,000	17,280,000	21,970,000	27,440,000	33,750,000	40,960,000
8년	21,435,888	42,998,170	81,573,072	147,578,906	256,289,063	429,496,730
9년	23,579,477	51,597,804	106,044,994	206,610,468	384,433,594	687,194,767
10년	25,937,425	61,917,364	137,858,492	289,254,655	576,650,391	1,099,511,628
18년	55,599,173	266,233,333	1,124,554,070	4,268,788,542	14,778,918,800	47,223,664,829
19년	61,159,090	319,479,999	1,461,920,290	5,976,303,959	22,168,378,201	75,557,863,726
20년	67,274,999	383,375,999	1,900,496,377	8,366,825,543	33,252,567,301	120,892,581,961

▲ 복리의 마법. 수익률, 투자 시점별 잔고 금액

앞서 아무런 노력 없이 '모든 종목'을 동일하게 사는 방법으로 9.69%의 수익률을 낼 수 있다고 말씀드렸죠? 따라서, 복리의 마법 표에서 10% 정도의 수익률은 상대적으로 쉽게 달성할 수 있을 거예요.

복리의 마법 표는 초기 투자금 1,000만 원으로 시작해 꾸준히 수익률을 냈을 때 연차별 잔고를 보여줍니다. 수익률이 10%인 경우 20년 뒤에는 6,700만 원이 되어 있군요! 자산이 무려 6.7배가 되었습니다. 이 정도도 좋긴 한데, 너무 나이가 들어서 재미있게 놀 자신이 없다고 생각할 수 있을 것 같습니다. 그렇다면 투자 공부를 통해서 수익률을 올리면 더 빠르게 많이 벌 수 있습니다. 예를 들어, 연간 수익률 50%를 달성한 경우 10년 만에 1,000만 원이 5억 원이 되는 것을 볼 수 있죠. 20년 뒤에는 무려 332억이 됩니다. 어떠세요? 투자도 '잘' 한다면 충분히 부자가 될 수 있는 길이 맞는 것 같죠? 표에서는 투자 금액이 딱 1,000만 원이지만, 직장생활을 하며 모은 돈으로 투자금을 계속적으로 늘린다면 잔고는 더욱더 빠르게 불어날 수 있습니다.

부자가 될 수 있는 마지막 방법은 바로 '금수저'로 태어나는 것입니다. 부유한 집안에서 태어나 자란 경우 매우 안정된 금융 환경에 놓이는데요. 이러한 금융 안정을 바탕으로 금수저들은 '사업'과 '투자'를 끊임없이 시도해볼 수 있습니다. 비록 망하더라도 다시 일어설 수 있는 충분한 자금력이 있기 때문이죠. 여러 번의 시도를 할 수 있다면 성공할 수 있는 확률은 더욱 높아지겠죠?

이렇게 정리를 해놓고 보니 세 번째 '금수저'로 다시 태어날 방법은 없으므로 '사업'과 '투자'를 해야겠다는 생각이 들었어요. 그중에서도 '투자'를 먼저 해야겠다고 결심했죠. '사업'은 적절한 때와 능력이 갖춰지면 나중이라도 패널티가 없다는 생각이 들었거든요. 반면 '투자'는 시작이 빠를수록 실력과 경험이 복리로 쌓여서 더욱 빠르게 성장할 수 있을 것 같았어요. 일찍 시작한 사람이 더 유리한 게임인 것이죠. 그래서 저는 이러한 결론을 내린 대학교 2학년 때 본격적으로 주식투자를 시작하게 되었답니다.

다양한 투자 상품들

이 책에서는 투자를 할 수 있는 여러 상품 중 '주식'에 초점을 맞춰 설명하고 있습니다. 하지만 투자를 할 수 있는 상품이 꼭 주식만 있는 것은 아니잖아요? 펀드, 채권, 부동산, 적금 등 다양한 투자 상품들이 있습니다. 본격적으로 '투자'를 시작하기 앞서 다양한 투자 상품들에 대해 알아보면 좋겠죠? 더 나아가 이들의 기대수익률, 위험, 장단점 등을 파악한다면 투자를 하는 데 큰 도움이 될 거예요. 금융시장의 분위기에 맞춰 적절한 투자 상품을 고를 수도 있고요. 그럼, 다양한 투자 상품들에 대해 한번 알아보는 시간을 가져보겠습니다.

부동산

부동산은 아주 전통적인 투자 상품 중 하나입니다. 용도에 따라 주거용 부동산과 비주거용 부동산으로 분류되죠. 또한 원하는 수익의 종류에 따라 시세차익형 투자, 수익형 투자로 나눌 수 있습니다. 부동산에 투자하기 위해서는 최소 투자금이 수천~수억 원 정도 필요하며, 매매 시 각종 세제와 규제를 잘 확인해야 하는 유의점이 있습니다.

- 투자 기간이 깁니다(수개월~수년).
- 매매 시 각종 규제와 세금을 꼼꼼하게 살펴야 합니다.
- 우리나라의 경우 근본적인 '인구 감소' 문제가 미래 시점에 도래해 특히 지방 부동산의 경우 공급이 수요를 크게 초과할 수 있습니다.
- 공급이 비탄력적입니다. 부동산을 건설하는 데 최소 수년이 소요되기 때문입니다.
- 레버리지(대출)를 이용해 가진 자산의 규모보다 훨씬 큰 수익을 창출할 수 있습니다. 이 경우 대출 이자를 잘 체크해야 합니다.

정기예금 및 적금

별다른 지식 없이 가장 손쉽게 접할 수 있는 투자 상품입니다. 주로 은행에서 취급하는 투자 상품으로, 한 번에 목돈을 맡기는 '정기예금'과 정기적으로 일정 금액을 저축하는 '적금'으로 나눌 수 있습니다. 예금자보호법에 의해 원금이 보장되는 특징이 있으며, 현재 가장 높은 수익률은 연 2~3% 정도입니다.

- 투자 기간이 고정되어 있습니다(최소 6개월 ~ 수년).

- 일반적으로 중도 해지 시 이자를 지급받지 못합니다.

- 예적금을 들은 은행이 망하더라도 1인당 5,000만 원(금융기관별)까지는 예금자보호법에 의해 원금이 보장됩니다.

- 발생하는 2~3%의 이자에 대해서는 일반적으로 세금이 부과됩니다.

- 그러나 2~3%의 이자는 물가상승률을 제하고 나면 남는 것이 거의 없는 수준으로 사실상 자산이 '불어난다'고 보기는 어렵습니다.

주식

주식은 어떤 회사를 분할해 소유하고 있다는 '소유권' 증서이며, 이러한 주식에 투자한다는 것은 그 회사의 일부를 소유한다는 의미입니다. 따라서 회사의 수익성이 좋아지거나 큰 성장을 하게 되면 회사의 소유권을 증명하는 '주식'의 가격이 상승하는 특성이 있습니다. 투자자는 주식 소유를 통해 주식 '시세차익'을 얻을 수 있으며 회사가 투자자들에게 보답하는 '배당'을 받아 수익을 올릴 수도 있습니다.

- 주식은 실제로 '소유권'을 가집니다. 주주는 주식 수만큼의 투표권을 행사해 회사의 의사결정에 참여할 수 있습니다.

- 환금성이 아주 좋습니다. 투자자는 주식시장에서 주식을 손쉽게 사고팔 수 있습니다.

- 회사 성장의 과실을 함께 누릴 수 있습니다. 내가 직접 창업을 하지 않더라도 좋은 회사에 투자해 수익을 낼 수 있습니다.

- 2021년 현재 주식투자에서 발생하는 세금은 그리 크지 않습니다. 일반적으로 거래할 때마다 0.25%의 거래세가 발생하며, 주식을 아주 많이 소유한 경우에는 양도소득세가 발생합니다.

- 우리나라 기업들의 경우 평균적으로 주식 가격의 약 1~2% 정도를 배당으로 지급합니다.

- 국가경제가 성장하는 경우 주식시장은 이를 따라 지속적으로 우상향하는 특징이 있습니다. 많은 국가들에서 장기적인 주식시장 우상향이 관찰됩니다.

채권

채권은 주식과 함께 금융시장을 이루는 주요한 투자 상품 중 하나입니다. 채권의 발행자는 채권투자자에게 자금을 '빌린다'는 개념을 가지고 있으며, 자금을 빌렸기 때문에 정기적으로 이자를 지급하고 원금을 상환해야 하는 의무가 있습니다.

크게 정부에 돈을 빌려주는 '국채'와 회사에 돈을 빌려주는 '회사채'로 나눌 수 있으며, 채권 발행자의 신용이 높고 수익력이 좋을수록 이자율이 낮습니다. 즉, 보다 위험한 채권에는 이자율이 높게 책정되어 있는 것이죠. 채권 발행자 부도 시 원금과 이자를 받지 못할 위험이 있기 때문에 채권 발행자의 상환력을 꼼꼼히 점검해야 합니다.

- 채권의 수익률은 일반적으로 1~8% 수준이나 채권 발행자의 수익력, 신용, 상환 조건에 따라 크게 달라집니다.
- 1년 내외의 단기 채권부터 20년 이상의 장기 채권까지 채권에 기재된 부채의 기간은 다양합니다. 채권 발행자가 필요에 따라 만기를 지정하기 때문입니다.
- 개인투자자는 직접 채권에 투자하기 어려울 수 있습니다. 거래 채널과 투자 액수 때문인데요. 이에 채권을 추종하는 ETF나 채권에 투자하는 펀드에 대신 투자하는 경우가 많습니다.
- 'KODEX 국고채 3년'(대한민국 국채), 'TIGER 미국채 10년 선물'(미국 국채), 'KBSTAR 중기우량 회사채'(대한민국 회사채)와 같은 ETF들로 채권투자를 대체할 수 있습니다.

파생 상품

파생 상품은 '기초 자산'이 있고, 해당 기초 자산의 가치 변동을 바탕으로 파생된 금융 상품들을 이야기합니다. 주식, 채권, 곡물, 석유, 원자재, 신용, 다른 파생 상품 등 거의 모든 투자 상품을 기초 자산으로 파생 상품을 만들 수 있는데요. 가장 대표적인 파생 상품으로는 '선물', '옵션', '스왑'과 같은 상품들이 있습니다.

파생 상품은 그 종류도 아주 많고 조건과 가격의 움직임이 모두 다릅니다. 이 중 몇 가지만 간단히 설명해보자면 "내년 6월에 돼지고기 100톤을 톤당 10만 원에 거래하기로 계약합시다"라는 계약은 '선물'의 개념에 해당합니다. "위의 계약에 대한 권리를 500만 원에 팔겠습니다"라는 개념은 '옵션'에 해당합니다.

이러한 정형화된 거래 외에도 "내년 12월까지 회사 A가 부도나면 5,000억 원의 자금을 A에게 지급하세요. 부도나지 않으면 지급하지 않아도 됩니다. 이러한 지급 보험을 200억 원에 팔겠습니다"와 같이 거래 상대방만 있으면 자유자재로 조건을 설정해 새로운 파생 상품이 탄생할 수 있답니다.

- 대중적으로는 선물과 옵션이 많이 거래됩니다.
- 파생 상품은 주식, 채권에 비해 그 구조가 복잡하며, 투자 손실 위험이 아주 큽니다.
- 일반적으로 위험을 회피하는 '헷지' 용도로 거래되나 잘만 활용하면 큰 수익을 낼 수도 있기에 '투기'의 대상으로도 거래됩니다.
- 파생 상품을 이용하면 투자 상품의 가격 '상승'뿐만 아니라 가격 '하락'에 베팅하는 것도 가능합니다.
- 일부 파생 상품은 자금을 들여 매수했어도 만기 시에 가치가 0이 되는 상품들이 있습니다. 이 경우 수익률은 -100%입니다.

펀드

펀드에 투자한다는 의미는 나의 자금을 대신 불려줄 '전문가'에게 맡긴다는 것입니다. '펀드매니저'라 부르는 금융전문가들이 고객의 자금을 수탁해 투자 수익을 창출합니다. 여기서 수익이 잘 난다면 이를 고객과 펀드운용팀이 나눠 가지게 되죠. 손실을 봐도 '운용수수료'로 투자 자금의 일부를 펀드운용팀이 가져가는 경우가 있고 그렇지 않은 펀드도 있습니다.

펀드는 크게 일반 대중으로부터 투자금을 모집하는 '공모 펀드'와 비공개로 소수 투자자로부터 투자금을 모집하는 '사모 펀드'로 나눕니다. 개인투자자들은 주로 은행이나 증권사에서 펀드에 가입해 투자를 수행합니다.

- 투자하는 상품군이 다양합니다. 주식에 투자하는 펀드도 있고 채권에 투자하는 펀드도 있습니다.
- 투자 전략 또한 다양합니다. 배당주에 투자하는 '배당' 투자 펀드가 있는가 하면 미국 성장주에 투자하는 '해외 성장주' 투자 펀드도 있습니다. 안정적으로 채권에만 투자하는 펀드도 있죠.
- 펀드에 투자할 때는 수익 배분 구조를 유심히 살펴야 합니다. 발생한 수익의 몇 퍼센트를 성과 보수로 떼가는지, 손실을 봤을 때는 운용수수료를 가져가는지 등을 확인해야 합니다.
- 일반적으로 펀드는 원금 보장이 되지 않습니다.
- 지난 몇 년간의 수익률 성과, 해당 펀드매니저의 장기적인 투자 성과를 보는 것이 펀드를 고르는 과정에서 도움이 될 수 있습니다.

ETF와 ETN

ETF는 'Exchanged Traded Fund'의 약자로, '상장지수 펀드'라는 의미입니다. 주로 주가지수나 채권지수 등 특정 지수를 추종합니다. KODEX 200 ETF는 코스피 200 지수의 움직임과 동일하게 움직이도록 설계되어 있습니다. 즉, KODEX 200 ETF를 매수하면 코스피를 대표하는 200개 종목에 투자한 것과 동일한 수익률을 내는 것이죠. ETF를 매수하면 ETF 운용사에서 실제로 해당하는 투자 상품을 매수하게 됩니다.

단순한 특정 지수가 아니라 업종(섹터)을 추종할 수도 있는데요. 다음의 'KODEX IT' ETF가 그 예시입니다. 이 ETF는 IT 업종지수를 추종하는 ETF입니다.

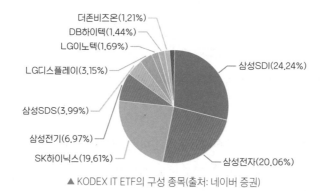

더존비즈온(1.21%)
DB하이텍(1.44%)
LG이노텍(1.69%)
LG디스플레이(3.15%)
삼성SDS(3.99%)
삼성전기(6.97%)
SK하이닉스(19.61%)
삼성SDI(24.24%)
삼성전자(20.06%)

▲ KODEX IT ETF의 구성 종목(출처: 네이버 증권)

ETN은 'Exchanged Traded Note'의 약자로, '상장지수 증권'이라는 의미입니다. ETF와 유사하게 일반적으로 특정 기초 자산의 움직임을 추종하도록 설계되어 있습니다. '신한 WTI원유 선물 ETN(H)'와 같은 ETN은 WTI 원유지수의 가격 변동을 따라가는 것이죠. 어떻게 보면 ETF와 아주 흡사하지만 ETN은 '실제 기초 자산을 매입하는지의 여부'가 ETF와 다릅니다. ETN은 기초 자산의 가격 변동을 운용사가 '보장'해주지만 실제로 해당 기초 자산을 매입하는지 아닌지는 상관이 없는 것이죠. 운용사가 기초 자산의 가격 변동에 따르도록 수익률을 지급하는 것입니다.

- ETF와 ETN은 단어 그대로 '상장'되어 있으므로 HTS나 MTS에서 편하게 매매할 수 있습니다.
- ETF와 ETN은 간편한 분산투자 방법으로 최근 각광받고 있습니다.
- 워런 버핏, 존 보글 등 유명한 투자자들은 종목 선택이 부족한 대다수의 투자자들은 ETF, ETN에 투자하는 것이 현명하다고 언급했습니다.
- ETF와 ETN 또한 펀드와 동일하게 운용수수료가 존재합니다. 일반적으로 매매 가격의 0.01~0.02% 수준을 정률로 가져갑니다.
- '배수'가 곱해진 ETF, ETN이 있습니다. 인버스(-1배), 레버리지(2배)와 같은 단어들이 포함된 이름의 ETF, ETN이 바로 배수 ETF, ETN인데요. 이들은 추종 지수 움직임의 '배수'만큼 움직이는 것이 특징입니다. 'KBSTAR 200 선물 레버리지'와 같은 ETF는 코스피 200 선물 가격 움직임의 2배로 가격 변동이 일어납니다.
- '배수' ETF, ETN을 거래하기 위해서는 '레버리지 ETF 교육'을 이수하고 이수번호를 HTS에 등록해야 합니다. 금융투자교육원 홈페이지에서 수강할 수 있습니다.
- ETF와 ETN은 그 종류에 따라 부과되는 세금과 세율이 상이합니다. 거래 전 해당 ETF, ETN의 세금에 대해 알아두셔야 합니다.

가상화폐(코인)

'비트코인'을 대표로 하는 가상화폐는 수년 전부터 급부상한 새로운 투자 상품입니다.

2017년 말, 코인 광풍으로 가상화폐를 처음 접한 분들이 많을 텐데요. 가장 규모가 큰 '비트코인'부터 '이더리움', '리플' 등 수많은 종류의 가상화폐들이 주목을 받았습니다.

'암호화폐'라고도 부르는 가상화폐는 중앙정부가 독점한 화폐 권력을 견제하고, 전 세계 누구나 쉽게 송금할 수 있도록 하자는 비전에서 탄생했습니다. 가상화폐는 '블록체인'이라는 기술 위에서 구현되는데요. '블록체인' 하에서 일어난 화폐의 거래와 송금 기록들은 중앙 서버에 저장되지 않고 다수의 코인 네트워크 참여자들에게 나누어 저장되죠. 이 점이 기존의 화폐와 가장 큰 차이점입니다.

기존의 화폐는 각국의 중앙은행이 보증 및 관리하며 나라 간 송금을 위해서는 필수적으로 '환전'이라는 과정을 거쳐야 합니다. 그러나 가상화폐의 송수신에는 이러한 불편한 과정이 없습니다. 약간의(혹은 무료의) 수수료만 지불하면 전 세계인이 코인 지갑 URL을 통해 송금을 할 수 있는 것이죠. 중앙은행이 돈을 너무 많이 찍어 기존 화폐의 가치가 떨어질수록 발행량이 제한된 가상화폐는 그 가치를 더욱 인정받게 됩니다.

- 가상화폐의 가격 변동성은 매우 크고 별도의 가격 제한폭이 존재하지 않습니다. 가치를 '보증'하는 기관도 없기 때문에 가상화폐의 가치를 정량적으로 측정하는 것 또한 어렵습니다.
- 가상화폐의 거래는 일반적으로 '사설' 거래소에서 이루어집니다. 공신력이 부족한 일부 거래소의 경우 코인의 보관 및 거래 과정에서 불법적인 횡령을 저지르기도 합니다.
- 가상화폐 거래는 대부분의 거래소에서 24시간 가능합니다.
- 가상화폐의 총 발행량은 제한되어 있으며, 새롭게 가상화폐를 발행하는 행위를 '채굴'이라고 합니다. 이러한 채굴 과정을 통해 블록체인 네트워크는 송금을 처리하고 데이터를 안전하게 보관합니다.
- 가상화폐는 얼마나 많은 공신력 있는 기관에서 이를 '화폐'로 취급하느냐 여부에 따라 가치가 결정됩니다. 따라서 관련 이슈가 부각될 때마다 변동성이 확대되는 경향이 있습니다.
- 가상화폐는 익명성이 보장되고 손쉽게 국제 송금을 할 수 있다는 특성 때문에 때로는 범죄 조직의 자금 세탁에 이용됩니다. 이에 각국의 중앙정부들은 가상화폐를 공식적인 화폐로 인정해 주기를 꺼리는 실정입니다.

현물

현물 자산은 그 실체가 실제로 존재하는 자산을 뜻합니다. 대표적으로 금, 은, 원유, 구리, 농산물 등이 있죠. 투자자들은 현물 가격의 변동을 예측하고 이러한 현물에 직접 투자함으로써 수익을 창출할 수 있습니다. 집 안에 금반지, 금 예물패 등을 보관하는 행위도 현물투자의 일종이라고 볼 수 있습니다. 일반적으로 현물은 이를 필요로 하는 '수요'와 생산하는 '공급'에 의해 가격이 결정되는 특성이 있습니다.

- 현물을 직접 거래해 실물을 확보할 수도 있고, 실물의 '보관증'을 대신해 거래를 할 수도 있습니다.
- 몇몇 대부호들은 유가가 아주 낮은 시점에 원유를 대량 매입해 유조선에 보관하는 현물투자를 실행한 적이 있습니다.
- 그러나 일반적인 개인투자자들은 현물투자에 제약이 많기 때문에 대신 현물의 가격을 추종하는 ETF, ETN 등에 투자하곤 합니다.

정말 많은 투자 상품들이 있죠? 이렇게 소개한 투자 상품들을 한눈에 파악할 수 있도록 몇 가지 특성들과 함께 표로 정리해보겠습니다.

투자 상품	수익률	투자 기간	최소 투자금	환금성	위험의 크기(5)	투자의 난이도(5)
부동산	±수십%	수년 이상	억 단위	나쁨	2.5	2.5
예금/적금	1~5%	6~36개월	만 단위	나쁨	1	1
주식	±수십%	1주~36개월	만 단위	좋음	3	3
채권	-15~15%	1개월~5년	수백 단위	중간	2	2.5
파생 상품	-100~수천%	수일~수개월	수백 단위	좋음	5	5
펀드	±수십%	수개월~수년	수백 단위	나쁨	2.5	2
ETF/ETN	±수십%	1주~36개월	만 단위	좋음	2.5	2.5
가상화폐	-50~200%	1주~수개월	원 단위	좋음	4	4
현물	±수십%	수개월 이상	수백 단위	나쁨	3.5	4

▲ 몇 가지 특성들로 살펴본 다양한 투자 상품들

표에 기재된 다양한 특성들은 필자의 개인적인 생각이며, 개인투자자의 입장에서 느껴지는 수치와 점수들을 적어본 것입니다. 투자 상품별로 정말 다양한 투자법이 존재하고, 이러한 투자법에 따라 모든 특성은 기재된 값과 다를 수 있다는 점을 참고해주세요!

투자 상품으로서 주식의 장점

주식은 다른 투자 상품에 비해 다음과 같은 점들이 아주 좋습니다. 이러한 장점들로 저는 투자의 시작을 '주식'으로 하는 것을 추천합니다. 주식투자를 잘 배워두면 다른 투자 상품으로의 확장은 상대적으로 쉽게 느껴질 것입니다.

- 주식투자는 중간 정도의 난이도, 중간 정도의 위험, 중간 정도의 기대 수익을 바랄 수 있습니다. 이에 '공부'해서 실력을 높일 다양한 구석이 존재하며, 잘 단련한다면 꾸준히 좋은 수익을 낼 수 있습니다.
- 주식은 아주 적은 금액으로도 투자가 가능하며 환금성이 매우 좋습니다. 급하게 자금이 필요하다면 주식투자자들은 주식을 처분해 수일 내에 이를 무리 없이 마련할 수 있습니다.
- 주식은 돈의 가치 하락(인플레이션)을 방어할 수 있는 아주 좋은 수단입니다. 인플레이션이 일어나더라도 투자한 회사의 수익에 이러한 인플레이션이 잘 반영(돈의 가치 하락으로 더 비싸진 물건을 팔게 되고, 이에 더 많은 매출이 발생)되기 때문입니다.
- 주식투자는 금융 지식과 실생활의 연결점이 됩니다. 온 세상의 다양한 제품, 기업들을 보고 이들을 금융적 사고로 분석하다 보면 어느새 시야가 확 트이는 것을 느낄 수 있게 될 겁니다. 이렇게 확장된 시야는 추후 다른 투자 상품을 분석할 때 큰 도움이 됩니다.
- 주식투자에 소질이 있어 아주 잘하는 경우 한 달 만에 50% 이상의 수익률을 달성할 수도 있습니다. 이는 부자가 되기 충분한 수치입니다. 설사 소질이 많지 않더라도 1년에 10% 정도의 안정적인 수익을 바라는 것이 충분히 가능합니다.

03

생애주기별
주식투자
활용법

다양한 투자 상품들과 주식투자의 특성에 대해 잘 파악했나요? 이제 주식투자를 한번 제대로 해보고 싶다는 마음이 분명 들었을 겁니다. 그런데, 실례지만 독자분은 나이가 어떻게 되나요? 왜 나이를 물어보냐면, 투자자의 연령에 따라 주식투자의 활용법이 달라질수 있기 때문입니다. 주식투자 방법뿐 아니라 주식투자를 대하는 마인드도 다를 수 있는 것이죠.

각자의 생애주기에 적합한 주식투자 마인드, 주식투자 방법이 있습니다. 이제부터 생애주기에 따라 주식투자를 어떻게 해야 하는지 한번 살펴보려고 합니다. 독자분들도 설명하는 내용들을 살펴보고, 나에게 맞는 주식투자 활용법을 찾아가기 바랍니다.

MZ세대를 위한 주식 투자

밀레니얼세대와 Z세대를 통칭하는 MZ세대는 다른 세대에 비해 상대적으로 투자할 수 있는 자금이 크지 않습니다. 학생인 경우 현재 발생하는 소득이 거의 없고, 사회초년생의 경우에도 시드머니를 아직 충분히 모으기 전이기 때문이죠. 따라서 아주 소액으로도 투자할 수 있는 '주식'이 MZ세대의 주력 투자 상품으로 딱 적합한데요. 실력을 잘 쌓았을 경우 1년에 수십 퍼센트 수익을 낼 수 있으니 복리의 마법도 누릴 수 있습니다. 지금 당장 주식투자를 시작해 꾸준히 성과를 쌓는다면 10년 뒤 예적금에만 투자했던 또래들에 비해 큰 자산을 얻을 수 있는 것이죠.

앞서 말씀드렸듯, 주식투자란 시작이 빠를수록 유리한 게임입니다. 게다가 중장년 세대에 비해 상대적으로 가용할 수 있는 여유 시간이 더 있으므로 이 시간을 활용해 주식 공부를 한다면 실력이 늘어나는 속도는 더 빠를 거예요.

사실, 직장인이 되고 본격적으로 큰일을 맡아서 처리하기 시작하면 예전만큼 공부할 시간이 그리 많지 않습니다. 가족이 생긴다면 더더욱 그렇겠죠? 따라서 학생 시절, 초년생 시절 공부를 바짝 해놓으면 이후에도 주식투자를 이어나가는 데 큰 도움이 됩니다. 투자 경력이 길어질수록 시야가 트이고 지식이 복리로 쌓이는 것은 덤이고요.

혹시 독자분이 학생이거나 사회초년생이라면 지금 당장 주식투자를 시작하는 것을 강력하게 추천합니다!

- 젊은 나이에 시작하는 주식투자는 '투자'에 대한 지식을 효과적으로 쌓을 수 있는 아주 좋은 방법입니다. 젊을 때 지식을 본격적으로 쌓고, 이후 투자 경력을 쌓아가며 투자 기법을 고도화하고 매매법을 발전시켜 나갑니다. 점점 더 적은 시간 투입으로 많은 분석을 할 수 있게 될 거예요.
- 투자 자금이 많지 않기에 '실수'를 하더라도 타격이 그리 크지 않습니다. 오히려 생각의 폭을 넓혀 다양한 투자 아이디어를 실험해볼 절호의 기회입니다. 투자 아이디어의 검증에도 분명 시간이 소요되거든요.

- 진학이나 취업 고민을 하는 경우에도 주식투자는 아주 활용도가 높습니다. 일단 기본적으로 어떤 기업에 대해 자세히 알 수 있게 되죠. 더 나아가 산업 전반의 흐름 또한 파악할 수 있게 됩니다. 인생의 다양한 의사결정에서 엄청 좋은 선생님이 생기는 것이죠.
- 주식투자의 감을 제대로 잡고 꾸준히 수익을 창출한다면 사회초년생은 레버리지(대출)를 통해 훨씬 더 빠른 자산 증식을 도모할 수도 있습니다. 이 경우 위험관리를 철저히 해야 합니다.

직장인과 은퇴자를 위한 주식 투자

가정을 꾸리고 사회생활을 활발하게 하는 직장인과 사회생활을 마무리하고 은퇴한 실버 세대는 2030세대에 비해 상대적으로 투자할 수 있는 자금이 넉넉합니다. 수년~십수 년 간의 직장생활을 통해 꾸준히 저축을 하고 조금씩이라도 자산을 증식시켜왔을 거예요. 내 집 마련의 꿈을 달성한 분은 부동산도 소유하고 있겠죠.

이러한 직장인, 은퇴자들에게 주식투자는 훌륭한 포트폴리오 분산 수단이자 안정적인 수익 창출 창구입니다. 넉넉한 투자 자금은 훨씬 더 안정적으로 주식투자를 집행할 수 있는 여유를 가져다줍니다.

직장인과 은퇴자는 자녀의 학자금, 결혼 자금 등 목돈이 들어가는 일과 본인의 노후 준비에 관심이 많습니다. 반면 근로소득이 끝났거나 근로소득을 창출할 기간이 얼마 남지 않은 상태죠. 노후 준비를 충분히 해놓지 않은 상황이라면 직장을 다니면서도 계속 고민을 하게 됩니다. 은퇴 이후에도 수익 창출을 위해 큰돈을 들여 자영업을 개시했다가 오히려 손실을 보는 안타까운 일도 종종 발생하죠.

이들 세대에게 필요한 것은 조금이라도 발생하는 안정적인 수익인데, 이를 위해 위험하고 힘든 '창업'을 하고 있는 실정입니다. 보통 다른 수익 창출 수단에 대해 잘 모르기 때문에 쉬워 보이는 음식점 창업 등을 시도하죠.

오히려 '투자'를 통해 꾸준히 수익을 창출하는 것이 더 쉬울 수 있습니다. 제가 생각하는 가장 이상적인 그림은 은퇴 시점에 주식, 채권, 부동산, 금·은, 안전 자산 등 투자 상품들로 균형적인 투자 포트폴리오를 운용하고 있는 모습입니다. 그리고 이들 투자를 통해 연 7~12% 정도의 수익을 꾸준히 창출하는 것이죠. 충분한 규모의 투자 자금이 있을 것이기에 이 정도의 수익만 발생한다면 '창업'을 하지 않고도 생활비를 마련할 수 있고, 쏠쏠하게 자산도 조금씩 늘려나갈 수 있을 거예요. (5억 원의 자금으로 연 8%의 수익률을 달성한다면 매년 4,000만 원의 수익을 가져갈 수 있습니다.)

이렇게 다양한 자산군으로 포트폴리오를 운용한다면 단일 상품에 투자하는 경우에 비해 훨씬 더 안정감 있는 운용이 가능합니다. 중위험의 '주식투자'도 안정적인 투자로 느껴질 수 있는 것이죠.

이러한 투자 방법을 '자산배분투자'라 하고, 유명한 투자 전략으로는 '올웨더 포트폴리오'가 있습니다. 자산배분투자는 위험 자산과 안전 자산을 섞어서 서로의 수익률을 극대화하는 투자 방법입니다. 운용을 하다 주식 수익률이 떨어진 경우 주식투자의 비중을 좀 더 높이고, 이렇게 높아진 비중으로 상승을 하게 되면 수익을 더 많이 내게 됩니다. '포트폴리오'를 구성할 수 있는 상품 종류가 그리 많지 않은 상황에서 주식투자는 적당한 위험과 적당한 수익을 기대할 수 있는 적합한 포트폴리오 투자 상품입니다.

- 아직 은퇴를 하기 전이라면 '포트폴리오 투자'를 공부해서 실행해보는 것을 추천합니다.
- 이미 은퇴를 한 경우라도 '포트폴리오 투자'는 충분히 공부할만한 가치가 있습니다. 무엇보다도 이 투자법이 안겨주는 '안정성'은 노후를 담보하는 데 큰 힘이 되어줄 것입니다.
- 포트폴리오를 구성하는 상품 중 '주식' 이외의 상품군들은 투자하는 데 많은 노력이 필요하지는 않습니다. 따라서 다른 상품군들로 안정성을 추구하고 주식투자는 '공부'해서 훨씬 더 높은 수익을 창출하면 시간도 의미 있게 보낼 수 있고 적당한 수익도 창출할 수 있습니다.

문과생 VS 이과생, 누가 주식투자를 더 잘할까?

정규 교육 과정을 이수한 대부분의 사람들은 크게 두 분류의 전공으로 나눌 수 있습니다. '문과생'과 '이과생'이죠. 이들이 각각 주식투자에서 보여주는 특성과 기질은 어떨까요?

저 같은 경우에는 '이과생'으로 학창 시절을 보냈고 본업까지 이어지고 있습니다. 여기에 대학교 때 공부한 다양한 인문학적 지식과 금융·경제지식을 '부전공'으로 여겨 문과생의 기질을 함께 가지고 있죠. 그리고 전공을 가리지 않고 다양한 사람들을 만나며 생활하고 있습니다. 덕분에 각 전공별로 투자에 있어 어떤 특성과 기질을 가지는지 대략적으로 파악할 수 있었어요.

문과생과 이과생은 주식투자에 있어 어떻게 다를까요? 문과생은 주식투자를 할 때 '스토리'와 '비즈니스', '소비자 분석' 등 인간·철학적 분석에 강한 특성이 있었습니다. 소위 말해서 '직관'이라고 하는 부분이겠죠? 다양한 사회·경제·문화 현상을 관찰하고 직관적인 결론을 도출하거나 새로운 투자 아이디어를 멋지게 발제하는 모습을 많이 봤습니다. 주식투자 과정에서 남들이 생각지 못했던 투자 포인트를 발견할 수 있는 것이죠.

반면 이과생은 '숫자'에 아주 강합니다. 재무상태표와 손익계산서를 뜯어보고 밸류에이션하는 데 아주 능숙하죠. 때로는 전문적인 툴을 이용해 수학적·확률적으로 주식투자 문제를 풀어내곤 합니다. 더 나아가 데이터사이언스를 이용해 주식을 분석하고 자동으로 투자를 수행하는 자동 매매 프로그램을 제작하는 경우도 많이 봤습니다. 이렇듯, 이과생들은 보다 수치적인 관점에서 기업을 분석하고 멋진 투자 도구를 만들어내는 데 능합니다.

그렇다면 문과생과 이과생 중 누가 더 주식투자에 유리할까요? 딱히 정해져 있지 않은 것 같습니다. 주식투자에서 가장 중요한 것은 자기 통제 및 객관화 능력인데, 이러한 능력은 전공과는 또 별개이기 때문이죠. 문과생이든 이과생이든 자신에게 잘 맞는(수익을 잘 창출할 수 있는) 투자 영역에서 자기 통제 및 객관화 능력을 먼저 함양한 분이 수익을 잘 내는 것 같았습니다. 더 나아가 최종적으로 이러한 투자 과정을 정교하게 '시스템화' 한 경우, 꾸준히 안정적인 수익을 창출하더라고요.

가장 좋은 것은 문과생의 경우 이과적인 시야를 추가적으로 함양하는 것이고, 반대로 이 과생의 경우 문과적인 시야를 추가적으로 함양하는 것이겠죠? 현상의 한쪽 면만 볼 수 있는 것보다는 양쪽 면을 다 볼 수 있는 것이 더 유리하다는 사실은 독자 여러분들도 쉽 게 생각해낼 수 있을 겁니다.

STOCK INVEST MENT

Chapter
2

주식이 도대체
뭐예요?

주식이 도대체
뭐예요?

이번 챕터에서 우리는 다음과 같은 질문들에 대한 답을 찾을 것입니다.

1. 주식회사 그리고 주식이 무엇인가요?

- 시가총액은 어떤 개념인가요?

- 주주는 무엇을 할 수 있나요?

- 코스피, 코스닥, 주가지수란 무엇인가요?

2. 주식을 사고팔려면 어디로 가야 하나요?

- 주식 계좌는 어떻게 만드나요?

- 어떤 증권사에서 주식 계좌를 만들어야 하나요?

- 서로 다른 증권사끼리 어떻게 주식을 매매하죠?

3. 주식은 언제든지 사고팔 수 있는 건가요?

- 주식을 매매할 수 있는 시간이 정해져 있나요?

- 주식을 살 때는 싸게 사고, 팔 때는 비싸게 팔 수 있나요?

4. HTS, MTS는 무엇이고 어떻게 사용하는 건가요?

- 실제로 주식을 사고파는 건 어떻게 하나요?

- 주식 차트는 어떻게 보는 건가요?

- 실시간으로 종목을 찾아볼 수 있나요?

- 자동으로 주식을 사고팔 수도 있나요?

04

주식과
시가총액,
주주의
권리

우리는 주식투자를 통해 자본주의 사회에서 화폐가치의 하락에 맞설 수 있습니다. 그리고 내가 직접 회사를 운영하지 않더라도 기업 성장의 과실을 함께 누릴 수 있고, 이를 통해 우리의 삶을 보다 윤택하게 만들 수 있답니다.

그런데, 도대체 주식회사는 어떤 개념일까요? 주식은 무엇일까요?

주식회사와 주식, 주주

저는 스마트폰, 태블릿PC, 노트북 등 전자기기를 매우 좋아합니다. 그래서 때로는 제가 원하는 디자인과 기능을 가진 신제품을 만드는 상상을 하곤 하죠. 그런데 상상에 그치지 않고 실제로 새 스마트폰을 만들어서 판다면, 즉 사업을 벌이고 싶다면 어떻게 해야 할까요?

BANANA라는 이름으로 새 스마트폰을 만든다고 가정해봅시다. BANANA폰을 새로 만들어서 팔기 위해서는 기술자, 개발자 등 인력을 고용해야 하고, 공장을 짓고, 기계를 설치하고, 완성 후에도 TV에 광고를 내보내는 등 아주 많은 자금이 필요합니다. 적게 잡아서 1,000억 원 정도의 비용이 든다고 가정해볼게요. 혼자서 이 금액을 모두 부담하기에는 너무 큰 금액이거니와, 만약 사업에 실패한다면 너무 큰돈을 잃어서 타격이 매우 클 거예요. 아예 돈이 한참 부족하다면 사업을 시작할 수조차 없겠죠?

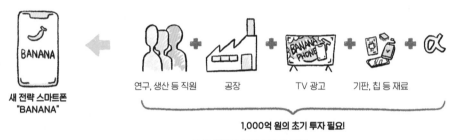

연구, 생산 등 직원   공장   TV 광고   기판, 칩 등 재료

1,000억 원의 초기 투자 필요!

▲ BANANA폰을 만들기 위해 필요한 것들

좋은 방법이 없을까요? 저는 혁신의 상징, 새로운 BANANA폰을 꼭, 반드시 만들고 싶은데 말이죠. 그렇다고 너무 큰 위험을 지고 싶지는 않고, 또 현재 제 계좌에 자금이 많이 없기도 하고요.

이를 해결할 수 있는 '주식회사'라는 게 있다던데, 한번 알아봐야겠어요!

> **[주식회사]**
> 회사를 일정 단위(주식)로 쪼개서 여러 명이 투자하고 소유할 수 있는 회사

주식회사라는 것을 알아보니 회사를 쪼개서 소유하는 개념이라고 하네요! BANANA폰의 가치를 알아보고 투자를 하고 싶어 하는 사람들과 함께 BANANA주식회사를 설립하

면 될 것 같아요! 1,000억 원이 필요하니, 저를 포함해 1,000명의 투자자들에게 1억 원씩만 투자를 받으면 되고, 혹시 망하더라도 각자 딱 1억 원 정도만 손해를 볼 것 같습니다.

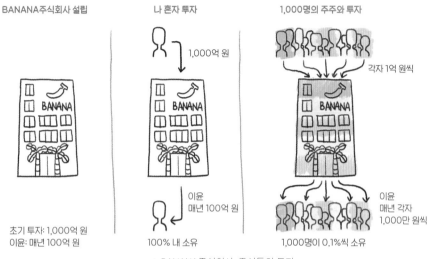

BANANA주식회사 설립
BANANA
초기 투자: 1,000억 원
이윤: 매년 100억 원

나 혼자 투자
1,000억 원
BANANA
이윤 매년 100억 원
100% 내 소유

1,000명의 주주와 투자
각자 1억 원씩
BANANA
이윤 매년 각자 1,000만 원씩
1,000명이 0.1%씩 소유

▲ BANANA주식회사, 주식들의 투자

이렇게 BANANA주식회사는 1,000명의 주주가 나눠서 소유하고 있는 회사입니다. 어떻게 보면 회사의 주인이 여러 명인 셈이죠. 바로 이런 개념이 '주식회사'입니다.

주인이 여러 명이므로 BANANA주식회사가 이윤을 남기더라도 모두 제 것이 아닙니다. 주주들에게 이를 주식만큼 공평하게 나눠줘야 합니다. 또한 BANANA태블릿 신규 개발 등과 같은 의사결정에 대해서도 주주들에게 과반수 이상의 동의를 얻어야 해요. 실제 이 회사의 주인이 여러 명이기 때문에 누구 혼자서 단독으로 결정할 수 없습니다. 뿐만 아니라 새로운 투자, 이윤의 분배, 배당, 임원 인사 등 모든 사항들은 과반수 이상의 주주 동의가 필요합니다.

쉽게 생각해보기 위해 1,000명의 주주들이 0.1%씩 회사를 소유하고 있다고 가정했지만, 실제로 주식회사는 주식의 개수만큼 쪼개져 있습니다. BANANA주식회사가 1,000만 개의 주식으로 쪼개져 있다고 가정하면 1,000명의 주주들은 각자 1만 주의 주식을 가지고 있다고 볼 수 있습니다.

회사를 총 몇 조각의 주식으로 쪼개느냐는 회사의 마음입니다. 그리고 모든 주주가 같은 수의 주식을 보유할 필요도 없습니다. 주식을 더 많이 가진 사람은 그만큼 의사결정에 더 많은 표를 행사할 수 있답니다. (주주들 중 가장 주식을 많이 보유한 사람을 대주주라고 합니다.)

과반수 이상의 동의를 얻으면 어떤 의사결정이라도 마음대로 할 수 있겠죠? BANANA 주식회사는 총 1,000만 주의 주식으로 구성되어 있으므로 내게 500만+1개의 주식만 있으면 어떤 결정이든 제 뜻대로 할 수 있습니다. 즉, 내가 어떤 주식회사에 큰 영향력을 행사하고 싶다면 그 회사의 주식을 많이 가지고 있으면 되는 것입니다. 주식을 사든 인수하든 그 방법은 상관없습니다.

이제 주식과 주식회사, 주주에 대해 감이 잡히나요? 여러분이 주식을 단 한 주라도 가지고 있다면 실제로 그 회사를 소유하고 있는 것이고 의사결정에도 한 주의 표를 행사할 수 있답니다!

알아두면 쓸모 있는 주식 심화학습!

의결권이 없는 주식, '우선주'

일반적인 주식(보통주)의 경우에는 1주당 1표의 의결권을 행사할 수 있답니다. 그러나 '우선주'라고 부르는 주식이 있는데, 이 주식은 의결권을 행사할 수 없어요. 즉, 우선주로는 회사의 경영에 참여할 수 없다는 뜻이죠.

▲ 우선주는 이렇게 주식 이름의 뒤쪽에 '우' 글자가 들어가 있답니다.

왜 이 주식에 투자하냐고요? 우선주는 보통주보다 이윤을 더 많이 나눠주고는 합니다. 배당을 더 많이 준다는 뜻이죠. 그리고 회사가 망했을 때 남은 재산을 처분해서 나눠주는데, 이 경우 보통주보다 먼저 받게 되어 있어요. 즉, 재산적인 부분에서 보통주보다 조금 더 우위에 있답니다.

우리나라에서는 우선주의 인기가 높지 않아요. 우리나라의 기업들이 이윤을 나눠주는 데 인색하기 때문이죠. 선진국들처럼 배당을 많이 하게 되면 우선주의 지위도 올라갈 것입니다.

시가총액

드디어 시가총액Market Capital이라는 개념이 나왔네요. 시가총액은 이 책에서 가장 중요하게 생각하는 개념 중 하나예요. 꼭 100% 숙지하고 넘어가야 합니다. 별 다섯 개짜리 내용입니다. 앞으로도 계속 나올 거예요!

시가총액이란 무엇일까요? 시가총액은 공식으로 계산되는데, 우선 다음 공식부터 한번 살펴보도록 합시다.

시가총액 = 주가 × 회사의 전체 주식 수

감이 오나요? BANANA주식회사는 총 1,000만 개의 주식이 있었죠. 주식의 가격인 주가는 아직 정해지지 않았지만 1만 원이라고 가정해보겠습니다. 그러면 BANANA주식회사의 시가총액은 1,000억 원(1만 원×1,000만 개)이군요! 우연찮게도 BANANA주식회사가 필요한 비용과 시가총액이 같네요. 그러나 회사가 쭉쭉 성장해나가면 주가는 상승하게 된답니다!

일반적으로 주식회사의 주가는 그 회사가 버는 돈(이윤)의 크기에 따라 움직입니다. BANANA주식회사가 버는 돈이 1년에 100억 원에서 5년 후 1년에 500억 원으로 증가한다면 주가는 약 5만 원으로 상승할 거예요. (무조건 그렇다는 것은 아니고 일반적인 경향이 그렇습니다. 2부에서 왜 그런지, 진짜 그런지 확인해볼 예정입니다.)

BANANA주식회사의 주가가 5만 원으로 상승하면 시가총액은 어떻게 변할까요? 주가가 5배로 상승했기 때문에 시가총액도 5배인 5,000억 원(주가 5만 원×발행 주식 수 1,000만)이 됩니다.

주식회사는 회사를 쪼개서 소유한다는 증표인데, 내가 그 회사를 100% 소유하고 싶으면 모든 주식을 가지고 있어야겠죠? 시가총액의 가장 중요한 의미는 그 회사를 100% 소유하는 데 필요한 금액이라는 거예요. 즉, 주식회사가 발행한 전체 주식 가격의 총합입니다.

BANANA주식회사는 주가가 5배 올라서 모든 주식을 사기 위해, 즉 100% 그 회사를 내 것으로 만들기 위해 5,000억 원이 필요해졌어요. 5년 전에는 1,000억 원이 필요했는데 회사가 성장하고 돈을 더 많이 벌어와서 그 회사의 가격이 비싸졌다고 볼 수 있는 것이죠.

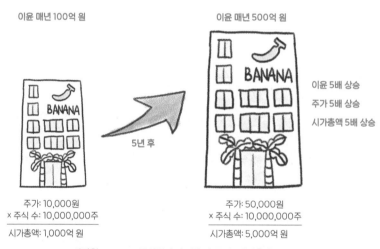

▲ 성장한 BANANA주식회사의 이윤과 주가, 시가총액

BANANA주식회사를 사는 데 필요한 금액이 올랐군요! 무슨 말이냐고요?

  i) 5년 전 BANANA주식회사: 1년에 100억 원 이윤, 시가총액 1,000억 원

  ii) 현재 BANANA주식회사: 1년에 500억 원 이윤, 시가총액 5,000억 원

1년에 100억 원 이익을 남기는 회사와 1년에 500억 원 이익을 남기는 회사의 가격(시가총액)이 같으면 이상하겠죠? 당연히 돈을 더 많이 버는 회사의 가격이 비싸야 경제 이치에 맞습니다.

내가 그 회사를 100% 소유한 경우 그 회사가 벌어온 이윤을 전부 나한테 주라고(배당)할 수도 있어요. 내가 "BANANA주식회사는 올해 벌어들인 돈 전부를 주주들에게 나눠주세요" 하면 내가 100% 소유한 주주이므로 벌어들인 500억 원을 전부 내가 가져갈 수 있는 것이죠. 그러므로 돈을 더 많이 버는 회사는 가격이 비싸야 합리적인 것이랍니다.

큰 회사는 시가총액이 크고 작은 회사는 시가총액이 작은 것도 어느 정도 이해가 되죠? 꼭 비례하지는 않지만 시가총액은 그 회사의 크기와도 연관이 있답니다. 큰 회사일수록, 좋은 회사일수록, 이윤을 많이 남기는 회사일수록 웬만하면 시가총액이 클 거예요. 비록 현재는 작지만 아주 뛰어난 좋은 회사는 지금 시가총액이 작더라도 앞으로 가파르게 증가하겠죠. 회사의 크기도 커지고 이윤도 증가하면 그 회사를 사는 데 필요한 금액이 비싸질 수밖에요.

다시 한 번 강조합니다. 시가총액은 뭐다? 그 주식회사의 모든 주식을 사서 내 것으로 만드는 데 필요한 총 금액이다! 결국, 시장에서 평가하는 그 주식회사의 가격이라고 볼 수 있답니다.

그럼 예시로 삼성전자(A005930)와 LG생활건강(A051900)의 시가총액을 살펴보겠습니다.

▲ 삼성전자 종목 화면(네이버 금융)

▲ LG생활건강 종목 화면(네이버 금융)

[삼성전자] 시가총액 492조 5,071억 원 = 주가 8만 2,400원 × 약 59억 6,978만 주

[LG생활건강] 시가총액 23조 1,305억 원 = 주가 148만 원 × 약 1,562만 주

삼성전자의 총 가격(시가총액)은 492조 원, LG생활건강은 23조 원 정도 되네요. 삼성전자를 내 것으로 만들어서 BANANA폰을 만들게 하려면 492조 원 정도가 필요하군요! 이 금액만 마련하면 BANANA폰을 삼성전자에서 만들 수 있을 것 같아요. 마찬가지로

LG생활건강에서 BANANA샴푸를 만들게 하고 싶은데, 23조 원 정도만 마련하면 가능하군요. 참 쉽죠? (사실, 과반수만 되면 의사결정을 할 수 있으므로 시가총액의 절반 정도만 필요하긴 합니다. 하하)

아무래도 글로벌 기업이고, 전 세계에 다양한 전자제품과 반도체를 판매하는 삼성전자의 시가총액이 훨씬 높은 것을 볼 수 있습니다. 아마 삼성전자가 버는 돈도 LG생활건강보다 훨씬 더 많을 거예요.

시가총액의 개념, 어떤가요? 저는 삼성전자의 시가총액인 492조 원을 마련해서 내 것으로 만든 후, BANANA폰을 만들게 하고 싶어졌습니다. 잘 만들 자신 있어요!

알아두면 쓸모 있는 주식 심화학습!

주가와 회사 크기는 비례하지 않는다

삼성전자의 주가는 8만 2,400원이고 LG생활건강의 주가는 148만 원으로 차이가 무려 100만 원이 넘네요! 그러면 LG생활건강이 주가가 높으니까 삼성전자보다 더 큰 회사일까요?

눈치 빠른 독자라면 "에이, 주식 수를 함께 봐야지!"라고 말할 거예요. 맞습니다. 결국은 시가총액이 중요하므로 주식 하나의 가격인 주가가 그 회사의 사이즈(전체 가격)를 나타낸다고 볼 수 없어요. 왜냐하면 내가 그 회사를 갖기 위해 지불해야 하는 금액은 주가가 아니라 시가총액이니까요. 앞으로 누가 물어보면 책을 보여주며 친절하게 설명해주도록 합시다.

주주의 권리

단 한 주의 주식이라도 소유하고 있다면 그 회사의 주주라고 말씀드렸죠? 거짓말이 아니랍니다. 실제로 주식을 매수해서 소유해보면 주주로서 다양한 권리들이 생깁니다. 회사에서 주주님의 주소로 배당이나 주주총회(회사 경영상의 의사결정을 하기 위한 주주들의 회의) 참석 초대장, 보고서 등과 같은 우편물도 꼬박꼬박 넣어준답니다.

어라, 이미 주식을 소유하고 있다고요? 그러면 우편함을 잘 살펴보세요. 회사에서 어떤 재미난 내용을 보냈을지 모르니까요.

보통주 주식을 소유함으로써 주주가 되면 다음과 같은 권리들이 생긴답니다!

경영에 참여할 수 있는 권리

회사의 경영에 관련된 의사결정에 참여할 수 있는 권리입니다. 새로운 공장을 짓는다든지 새로운 임원을 영입한다든지 해외 진출을 시도하는 등 중요한 결정에 대해 투표할 수 있습니다.

이러한 투표는 대부분 '주주총회'에서 진행합니다. 주주는 직접 오프라인 주주총회 현장에 참석해 투표권을 행사할 수 있습니다. 직접 참석하지 않더라도 한국예탁결제원 전자투표 시스템evote.ksd.or.kr을 통해 온라인으로 투표권을 행사하거나 투표권을 타인에게 위임해 대신 행사하는 것도 가능합니다.

주주총회에 한번 가보고 싶지 않으신가요? 주주총회에 참석하면 상당한 금액의 선물을 기념으로 주는 기업들도 있답니다. 셀트리온, 풀무원, 아모레퍼시픽 등이 주주총회 선물로 유명합니다.

어떤가요? 딱 한 주만 매입해도 주주가 되고 직접 주주총회에 참석해 경영 체험도 하고 심지어 고가의 선물까지 받을 수 있다니! 주주가 된 기분을 흠뻑 느낄 수 있을 겁니다.

주식을 처분할 수 있는 권리

소유한 주식을 나의 의사대로 처분할 수 있는 권리입니다. 아마 대부분 이 '주식 처분의 권리'를 통해 '시세차익'으로 수익을 보려고 주식투자를 하지 않나 생각합니다.

낮은 가격에 주식을 매입하고 높은 가격에 처분해 수익을 보는 멋진 투자자가 되어볼까요?

신주를 취득할 수 있는 권리

주식회사는 필요에 따라 새로운 주식(신주)을 발행할 수 있습니다. 쉽게 이야기하면 회사는 주식을 찍어서 팔아 자금을 마련할 수 있다는 것이죠. 이렇게 마련한 자금은 빚을 갚거나 새로운 공장을 짓는 등 회사의 필요에 따라 사용하곤 합니다. (이렇게 주식을 새로 발행해 회사의 자본을 증가시키는 행위를 '증자'라고 합니다!)

그런데 주식을 새로 찍어서 팔면 기존의 주주들은 지분율에서 손해를 보게 되어 있습니다. 전체 1,000주의 주식으로 쪼개진 A 회사에서 다니엘 군이 50주의 주식을 소유하고 있다고 가정해봅시다. 그러면 다니엘 군은 A 회사의 지분을 5% 가지고 있는 셈인데요. A 회사가 자금 조달을 위해 500주의 주식을 추가로 발행해 신규 투자자들에게 판다면 다니엘 군이 가진 A 회사의 주식은 그대로 50주인데 A 회사의 전체 주식 수가 1,500주가 되어 다니엘 군의 지분율이 50/1500, 3.33%로 낮아지네요. 다니엘 군의 지분율 5%를 그대로 유지할 수 있도록 해야 공평한 거래가 되겠죠?

그래서 A 회사는 새로 발행할 500주 중 25주를 다니엘 군에게 먼저 살 기회를 줘야 합니다. 다니엘 군은 추가적으로 자금을 들여 25주를 확보해 5%의 지분율을 유지할 수도 있고 사지 않고 그대로 있어도 됩니다.

핵심은 회사가 신주를 발행할 때 기존 주주가 불리해지지 않도록 기존 주주들이 이 주식을 먼저 살 권리를 준다는 것입니다.

배당을 받을 수 있는 권리

회사가 나름 잘 운영되어 사업에서 이익을 거두게 되면 그 과실을 주주들에게 보답의 개념으로 나눠줄 수 있습니다. 이것이 바로 '배당'입니다.

통상적으로 많은 기업들이 1년에 한 번, 연말 12월 31일 직전 영업일을 기준으로 주식을 소유한 주주들에게 배당을 줍니다. 물론 1년에 2회, 4회씩 배당하는 기업들도 있고, 아예 배당을 하지 않는 기업들도 있답니다. 배당을 하느냐 안 하느냐, 하면 얼마를 언제 주느냐는 전적으로 회사가 결정합니다.

주식을 소유하고 있으면 배당을 주니까 수익률을 계산해볼 수 있지 않을까요? 1만 원짜리 주식을 가지고 있는데 연말에 400원의 배당을 받으면 그 해의 배당수익률은 4%가 되겠네요.

우리나라 기업들이 해외의 기업들에 비해 배당을 적게 주는 편이긴 하지만, 그래도 평균을 내보면 배당수익률이 2%가량 된답니다. 은행의 예적금 이자보다는 훨씬 많죠? 특히 미국에서는 이러한 배당금을 활용해 노후를 준비하는 사람들이 많을 정도로 배당주투자가 활성화되어 있답니다!

05

거래소와 증권시장, 주식 매매

주식 거래는 어떻게 이루어질까요? 증권사 어플을 통해 주식을 살 때 그 주식은 어디서 온 것인지 궁금하지 않나요? 주식을 사고파는 과정은 한밤중에 슬리퍼를 신고 집 앞 편의점에서 바나나우유를 사오는 것과는 다를 거예요. 정답부터 말씀드리면, 여러분이 매수한 주식은 불특정 다수로부터 온 것입니다.

당근마켓에서 중고 거래를 해도 상대방의 연락처와 물건의 개수를 알고 거래를 하는데, 주식 거래는 아무것도 모르고 어떻게 거래가 될까요? 이를 이해하기 위해서는 먼저 상장과 비상장의 개념을 알아야 합니다.

거래소와 증권시장, 상장

여러분이 사용하던 스마트폰을 판다고 가정해봅시다. 크게 두 가지 방법이 있을 거예요. 첫 번째는 직접 인터넷에 글을 올려 파는 방법입니다. 중고나라, 당근마켓 등 다양한 직거래 플랫폼에 여러분의 A급 중고 스마트폰 판매 글을 올릴 수 있겠죠? 구매자들은 여러 판매자들이 올린 글을 보고 직접 연락해 물건을 구매할 겁니다.

두 번째는 업자에게 파는 방법입니다. 중고폰 전문 매입업자를 통해 귀찮은 과정 없이 여러분의 스마트폰을 현금화할 수 있을 거예요. 직거래와는 달리 사기 당할 걱정도 없고요. 이 방법은 전문 업자가 거래의 안정성과 유동성을 확보하고 있다는 장점이 있답니다.

이 두 방법을 비상장과 상장에 비유할 수 있는데요. 전문 업자(거래소)가 거래를 책임지고 중개하는 시장을 '상장시장', 직거래 등 거래 당사자가 책임지고 거래를 하는 시장을 '비상장시장'이라 보면 됩니다.

우리나라의 주식 거래를 중개하는 공인기관은 한국거래소입니다. 한국거래소에서는 현재 아래와 같은 상장시장들을 운영하고 있습니다.

	코스피시장(유가증권시장)	코스닥시장	코넥스시장
특징	규모가 가장 큰 시장 우량한 기업들이 포진	유망한 중소기업, 기술 벤처기업 위주	코스닥에 상장하지 못하는 더 작은 회사
대표적인 상장 조건	자기자본 300억 원 이상 주식 수 100만 주 이상	자기자본 일반 기업 30억 원 이상 벤처기업 15억 원 이상 기술기업 10억 원 이상	회계감사, 자문인 등과 같은 조건으로 심사

어라? 코스피와 코스닥은 어디서 많이 들어본 단어가 아닌가요? 코스피와 코스닥은 우리나라를 대표하는 2개의 큰 주식시장의 이름이랍니다. 코스피시장과 코스닥시장에는 우리나라의 많은 회사들이 상장되어 있죠.

시장별로 회사의 사이즈와 요건이 다른데 회사가 더욱 커지면 어떻게 될까요? 회사가 성장하면 소속된 시장을 옮길 수도 있어요(이전상장). 셀트리온이 과거 코스닥시장에서 코스피시장으로 옮겨간 것처럼 말이죠.

기업의 입장에서 신규상장이나 이전상장을 하는 이유가 무엇일까요? 기업들은 이러한 공개시장에 상장함으로써 거래소로부터 '인증'을 받았다고 볼 수 있어요. 앞의 표처럼 각 시장의 상장 요건에는 기업의 우량함을 살펴볼 수 있는 척도가 포함되기 때문이죠. 따라서 상장된 기업들은 투자를 받아 자금을 조달하기가 보다 수월해집니다.

주가지수

주가지수란 무엇일까요? 인터넷 검색창에 한번 검색해보도록 하겠습니다.

▲ 2021년 3월 22일 주가지수

어디선가 많이 들어본 단어들이 있지 않나요? 코스피, 코스닥, 나스닥 등 우리가 흔히 접하는 이 지표들이 바로 주가지수입니다. 주식시장에서는 수많은 종목들이 거래되고 있기 때문에 종목별 시세를 아무리 뜯어봐도 주식시장 전체의 흐름이 좋은지 나쁜지 판단하기 어렵습니다. 그래서 주식시장의 전반적인 흐름을 파악하기 위해 개별 기업의 주가 흐름을 평균 내거나 모두 더하는 등의 방식으로 주가지수를 만들어 사용하고 있답니다.

우리나라의 대표 지수인 코스피지수와 코스닥지수의 계산 방식은 다음과 같습니다. 시장에 속한 모든 기업의 시가총액을 합산해 계산하고 있죠? 즉, 그 시장에 있는 모든 주식을 살 수 있는 금액이랍니다.

$$\text{코스피지수(기준 시점 1980.01.04)} = \frac{\text{비교 시점의 시가총액}}{\text{기준 시점의 시가총액}} \times 100$$

$$\text{코스닥지수(기준 시점 1996.07.01)} = \frac{\text{비교 시점의 시가총액}}{\text{기준 시점의 시가총액}} \times 1{,}000$$

기준 시점 대비 코스피지수는 40년간 약 30배, 코스닥지수는 24년간 약 0.95배 올랐군요. 코스닥지수는 지수를 설정할 당시 IT버블이 있었기 때문에 상당한 고평가 상태였어요. 그래서 24년이 지난 현재에도 그때의 시가총액을 회복하지 못하고 있는 것을 볼 수 있습니다.

이렇게 우리는 주가지수를 통해 주식시장의 전반적인 흐름과 분위기를 파악할 수 있습니다. 국내 지수뿐만 아니라 해외 지수도 함께 보면 전 세계적인 주식시장의 흐름, 투자자들의 동향을 살펴볼 수 있겠죠? 이를 통해 투자의 타이밍을 짚어볼 수도 있을 것입니다.

주식 매매의 원리와 규칙

거래소와 증권사 그리고 수많은 투자자의 계좌 간에는 어떻게 실제 거래가 이루어질까요? 여러분이 개설한 증권 계좌를 통해 주식을 사고팔면 증권사와 한국거래소가 이 주문들을 중개합니다.

한국거래소에서는 주식을 사는 사람(매수자)과 파는 사람(매도자)이 서로의 신상, 가격, 수량을 전혀 몰라도 주식 거래를 할 수 있게 중개하고 있습니다. 이렇게 거래 상대에 대해 전혀 몰라도 공정하게 거래가 이뤄지고 투자자를 보호한다는 것을 보장하기 위해 거래소에서는 여러 가지 규칙을 만들었답니다. 대표적인 규칙들을 몇 가지 살펴볼까요?

주문의 우선순위

거래소에는 매수자와 매도자의 주문이 시시각각 접수됩니다. 거래소는 가격과 시간, 수량이 모두 제각각인 주문을 어떤 기준으로 처리할까요? 우선, 거래를 이해하기 위해 다음 '호가창'을 살펴볼까요?

매도 주문

수량	가격(원)
40,100	11,250
8,011	11,200
3,071	11,150
10,704	11,100

매수 주문

가격(원)	수량	
11,050	3,478	── 현재 체결 상황
11,000	124	
10,950	5,060	
10,900	11,451	

이 창은 현재 접수된 주식 주문 상황을 보여주는 호가창입니다. 왼쪽 상단에는 매도자들의 주문(가격, 총 수량)이, 우측 하단에는 매수자들의 주문이 표시됩니다.

왜 매도자들의 주문 가격은 높은 방향(11,100→11,250)으로 보이고 매수자들의 주문 가격은 낮은 방향(11,050→10,900)으로 보이냐고요? 이는 곰곰이 생각해보면 당연한 현상입니다. 팔고자 하는 사람들은 더 비싸게 팔려고 할 것이고 사고자 하는 사람들은 싸게 사려고 하기 때문이죠.

실제 거래는 매도 가격 중 가장 싼 가격(매도 1호가, 11,100원)과 매수 가격 중 가장 비싼 가격(매수 1호가, 11,050원) 사이에서 일어나게 됩니다. 수요(매도)와 공급(매수)이 만나는 지점에서 주가를 형성하고 거래가 일어나는 것이죠. 직전에 체결된 거래를 빨간색 네모칸(현재 체결 상황)으로 강조해서 보여준답니다.

거래소에서는 ①가격 ②시간 ③수량의 순서대로 공정하게 주문을 체결하고 있습니다. 가격 조건이 맞는 주문이 가장 우선순위(매수 주문은 가장 비싼 가격부터, 매도 주문은 가장 싼 가격부터)가 높은 것이죠. 그다음은 시간 우선의 규칙입니다. 같은 가격에 낸 주문이라면 주문을 접수한 시간 순서대로 체결이 되는 것이죠. 접수 시간마저 완벽하게 동일하다면 최종적으로 수량 우선의 규칙에 의해 주문 수량이 많은 주문부터 체결하게 된답니다.

3일 결제 원칙

주식 거래에서는 '3일(T+2) 결제 원칙'이라는 특이한 규칙이 있습니다. 실제 증권 계좌의 현금 입출금은 주식 매매 2영업일 뒤에 실행한다는 것인데요. 만약 여러분이 주식을 오늘 매수하면 해당하는 매수 금액은 내일모레에 빠져나가게 된답니다. (매도의 경우에는 이틀 뒤에 입금이겠죠?)

이러한 3일 결제 원칙은 실제 주식 거래가 완료되기까지 많은 기관의 작업과 정산, 결제 절차가 필요하기에 탄생하게 되었답니다.

가격제한폭 제도

가격제한폭 제도는 주식시장에서 하루 동안 한 종목의 주가가 오르내릴 수 있는 최대 한계치를 정하는 제도입니다. 지나친 주가 변동으로 인한 시장의 충격을 완화하기 위한 장치죠.

우리나라에서는 현재 코스피, 코스닥시장 모두 제한폭이 ±30%로 지정되어 있습니다. 즉, 어떤 종목의 가격이 하루에 최대 +30%의 가격(상한가)까지 오를 수 있고, 최소 -30%의 가격(하한가)까지 하락할 수 있는 것이죠.

유럽과 미국의 경우 가격제한폭이 없고 일본의 경우 종목별로 다르나 평균 약 ±21%의 가격제한폭을 가집니다. 이렇듯 각국 거래소별로 가격제한폭 제도가 다르니 투자하기 전에 반드시 확인해보기 바랍니다.

서킷브레이커 제도

서킷브레이커 제도는 주식시장이 급격히 하락할 때의 충격을 완화하기 위해 탄생한 제도입니다. 폭락장에서 공포에 휩싸인 투자자들이 주식을 마구 내던지면 상황은 더욱 악화되기 때문에 일시정지시켜 이성을 되찾을 시간을 가지도록 합니다. 즉, 주식시장이 일정 수준 이상 폭락하게 되면 거래를 중지하는 것이죠.

서킷브레이커는 총 3단계로 진행되며, 내용은 다음과 같습니다. 보다 상세한 조건들은 거래소 규정에서 확인할 수 있답니다.

1단계: 주가지수가 전일 대비 8% 이상 하락 시 발동 → 20분간 모든 주식 매매 중지, 10분간 동시호가 접수 후 재개

2단계: 주가지수가 전일 대비 15% 이상 하락 시 발동 → 20분간 모든 주식 매매 중지, 10분간 동시호가 접수 후 재개

3단계: 주가지수가 전일 대비 20% 이상 하락 시 발동 → 당일 주식 매매 중지, 종료

알아두면 쓸모 있는 주식 심화학습!

동시호가란?

동시호가는 실제 매매가 일어나는 시간이 아닙니다. 말 그대로 호가만 외치는(주문만 접수하는) 시간이랍니다. 동시호가 시간 동안에는 매수자와 매도자가 호가창에 주문을 접수'만' 합니다. 이후 동시호가가 끝날 때 호가창을 기준으로 매매가 체결되기 시작한답니다.

주식 매매가 가능한 시간

주식시장은 몇 시에 문을 열고 몇 시에 닫을까요? 시장 그 자체를 이야기한다면 주식시장은 오전 8시 30분에 문을 열고 오후 6시에 문을 닫습니다. 무언가 알고 있는 것과 다르다고요? 오전 9시에 시작해서 오후 3시 20분에 닫는 것으로 알고 있는 분이 많을 텐데요. 사실 이 시간대는 '정규 매매' 거래 시간입니다. 정규 매매 시간에는 매수자와 매도자의 주문이 맞으면 실시간으로 거래가 체결됩니다. 이 '정규 매매' 시간 이외의 다른 매매 시간에도 (거래의 자유도는 조금 낮지만) 여전히 거래가 가능하답니다.

시간별 매매시장을 살펴볼까요?

매매 종류	실시간 체결 여부 및 주문 가격 범위	설명
8:30 ~ 8:40 장전 시간외 종가	실시간 체결 전일 종가	어제의 주가(종가)로만 사고팔 수 있음
8:30 ~ 9:00 장전 동시호가	체결 불가(접수만 ±30% 내)	정규 매매 전 동시호가 시간으로 주문은 접수만 받고 체결 하지 않음 동시호가 끝인 9시에 접수된 주문들이 체결되며 시가를 결정
9:00 ~ 15:30 정규 매매	실시간 체결(±30% 내)	전일 종가의 ±30% 내 자유로운 가격에 주문을 내고 실시간 체결
15:20 ~ 15:30 장후 동시호가	체결 불가(접수만 ±30% 내)	정규 매매 후 동시호가 시간으로 주문은 접수만 받고 체결하지 않음 동시호가 끝인 15시 30분에 최종적으로 1회 체결해 종가를 결정
15:30 ~ 16:00 장후 시간외 종가	실시간 체결(당일 종가)	오늘의 주가(종가)로만 사고팔 수 있음
16:00 ~ 18:00 시간외 단일가	10분 간격 체결(±10% 내)	±10% 내 범위로 주문을 접수받으며 10분 주기로 체결

일반적으로 알려진 '정규 매매' 시간 이외에도 주식 거래가 가능하다는 것을 알 수 있었죠? 이러한 시간들을 이용해 어제오늘 아쉬웠던 거래를 보충 매매할 수 있답니다.

06

주식 계좌는 어떻게 만드나요?

앞서 주식이 무엇인지, 거래소와 거래소별 규칙은 어떤 것들이 있는지, 실제 주식 거래는 어떻게 이루어지고 있는지 살펴봤습니다. 이제 필수적인 내용들은 모두 살펴봤으니 진짜 주식 매매를 해볼 시간입니다!

여러분이 직접 주식을 사기 위해서는 아래와 같은 과정을 완료해야 한답니다.

그럼, 시작해볼까요?

주식 계좌를 개설할 증권사 고르기

주식을 거래하기 위해서는 주식 계좌가 필요하답니다. 너무 당연한 이야기인가요? 주식 계좌는 증권사에서 만들 수 있는데, 우리나라에는 삼성, 키움, 교보, SK 등 무려 20개가 넘는 증권사들이 있답니다.

대체 이 중 어떤 증권사에서 주식 계좌를 만들어야 잘 만들었다고 소문이 날까요? 한때 많은 증권사에서 너도나도 다양한 혜택을 주는 계좌 개설 이벤트를 진행했던 적이 있었는데, 저는 이러한 이벤트를 따라다니며 다양한 증권사에 계좌를 만들었답니다. 그래서 여러분께 여러 증권사를 비교해드릴 수 있게 되었네요.

제가 증권사별 비교 포인트로 보는 것은 총 3가지 항목입니다. ①증권사 수수료 ②매매 프로그램의 기능성 ③자동 감시 매매의 자유도입니다.

①증권사 수수료

주식을 매매할 때 증권사에 지불하는 비용으로, 거래 금액에 비례합니다. 일반적으로 거래 금액의 0.015% 내외이나 요즘에는 비대면으로 계좌 개설 시 이러한 수수료를 면제해주는 증권사가 많답니다.

알아두면 쓸모 있는 주식 심화학습!

주식 매매 비용 아끼는 법

우리가 주식을 매매할 때 두 가지 비용이 발생합니다. 바로 '증권사 수수료'와 '증권거래세'라는 세금인데요. 주식을 살 때(매수)는 증권사 수수료만 지불하고 팔 때(매도)는 증권사 수수료+증권거래세를 지불합니다.

증권거래세는 매도 거래대금의 0.25%를 납부하게 되어 있는 세금이고 매수 또는 매도 시 거래대금의 0.0~0.5%의 증권사 수수료가 발생합니다. 증권사 수수료는 증권사별, 거래 매체별로 다른데, 최근에도 수수료를 무료로 제공하는 증권사들이 많으니 이러한 증권사에서 주식을 매매하면 비용을 좀더 아낄 수 있겠죠?

---

②매매 프로그램의 기능성

주식을 매매하는 프로그램인 PC용 HTS^{Home Trading System}와 스마트폰용 MTS^{Mobile Trading} ^{System}가 얼마나 다양한지, 사용하기 편리한지 등의 기능성입니다.

③자동 감시 매매의 자유도

투자자가 매일매일 직접 주문을 넣지 않아도 증권사에서 내가 등록한 특정 조건으로 자동 매매를 해주는 것을 '감시 매매'의 자유도라고 표현합니다. 감시 매매를 통해 "삼성전자의 주가가 10만 원이 넘으면 보유한 주식의 90%를 매도"와 같은 조건으로 자동 매매를 수행할 수 있습니다.

제가 중요하게 평가하는 항목은 자동 매매가 어떤 조건까지 가능한지, 나의 감시 조건을 실행해주는 최대 기간은 얼마인지 등 자동 감시 매매를 얼마나 내가 원하는 대로 설정할 수 있느냐입니다.

지금까지 사용해본 몇몇 증권사들을 이러한 평가 기준으로 비교해보겠습니다.

증권사(HTS)	매매 프로그램	자동 감시 매매	감시 최대 기간
키움증권	보통	좋음	3개월
미래에셋대우	좋음	보통	1개월
대신증권 CREON	좋음	보통	1개월
삼성증권 POP	좋음	좋음	무제한
이베스트 투자증권	좋음	좋음	2개월
교보증권	보통	좋음	1개월

증권사 수수료의 경우 무료 이벤트를 워낙 자주하기도 하고, 온라인 비대면으로 개설하면 증권사별로 큰 차이가 없어서 따로 넣지 않았습니다. 일반적으로 0.015% 정도이며, 이보다 큰 경우 비싼 수수료라고 생각하면 됩니다. 위의 표를 보고 혹은 이외에도 많은 증권사가 있으니 찾아보고 마음에 드는 증권사를 하나 골라보세요!

이 책에서는 가장 좋은 점수를 받은 삼성증권 MTS mPOP을 사용해 계좌 개설부터 주식 매매의 모든 과정을 설명하고 있습니다. MTS와 HTS는 핵심 기능에서 큰 차이가 없으니 책의 설명을 참고해 본인에게 알맞은 거래 매체로 따라오시면 됩니다.

스마트폰 주식 계좌 개설하기

주식 계좌 개설은 오프라인(증권사 지점)에서도 가능하고 온라인(스마트폰, PC)에서도 가능합니다. 일반적으로 온라인으로 개설하는 경우에 혜택이 더 많으므로 이 책에서는 온라인에서 계좌를 개설하는 법을 설명하겠습니다. 준비물은 딱 하나입니다. 바로 신분증! 신분증만 준비해주시고 따라오세요!

삼성증권에서 주식 계좌 개설하기

삼성증권에서는 스마트폰 어플을 통해 비대면 주식 계좌 개설을 지원하고 있습니다. 진행을 위해 구글플레이 혹은 앱스토어에서 삼성증권 어플을 설치해봅시다. 어플 이름은 '삼성증권 mPOP(계좌 개설 겸용)'입니다.

삼성증권 mPOP 어플을 잘 설치했나요? 그럼 mPOP을 실행해봅시다. 어플에서 '계좌 개설'을 찾아 진입해주세요. 안내되는 절차에 따라 진행을 완료하면 주식 계좌가 만들어진답니다!

▲ 모바일 비대면 주식 계좌 개설 화면 예시(어플 버전에 따라 다를 수 있습니다.)

거래 프로그램 설치와 증권 공동인증서 발급

주식 계좌 개설이 잘 마무리되었나요? ID, 비밀번호, 계좌번호 등 주식 계좌 정보들을 받으셨을 텐데요. 이제 주식을 매매할 수 있는 프로그램(MTS)에 로그인해 주식 거래를 진행하면 된답니다. 단, 실제 거래를 위해서는 증권 공동인증서가 필요해요. 주식 거래를 처음 하는 분은 신규로 발급받으면 되고 다른 주식 계좌가 있는 분은 사용하던 증권 공동인증서로 로그인하면 됩니다.

주식투자를 새로 시작하는 분들을 위해 공동인증서를 발급받는 과정도 안내해드릴게요! 앞으로의 거래를 주로 스마트폰에서 할지 PC에서 할지 고민해보고 적절한 곳에 공동인증서를 발급받아봅시다.

스마트폰에서 공동인증서 발급받고 로그인하기

스마트폰에서는 계좌 개설 어플이 바로 주식 거래 어플입니다. 즉, 별도의 어플을 설치할 필요 없이 mPOP 어플로 공동인증서를 발급받고 거래를 할 수 있는 것이죠.

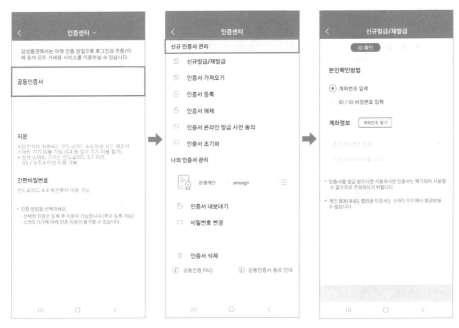

▲ 공인인증서 발급(메뉴 > 인증센터)

절차에 따라 정보들을 알맞게 입력하면 스마트폰에 공동인증서가 발급됩니다. 이후 발급받은 공인인증서로 mPOP에 로그인하면 됩니다.

HOME 화면

MTS 전체 메뉴 보기

성공적으로 로그인까지 완료했나요? 이제 MTS 첫 화면을 간단히 설명할 테니 메뉴들을 한번 체험해보세요!

주식 투자금 입금하기(예수금)

실제로 주식을 사고팔 수 있는 MTS를 경험해보니 어떤가요? 저는 주식을 매매할 생각에 벌써부터 가슴이 두근두근하네요. 어서 투자금을 입금하고 주식을 사러 가봅시다.

주식투자를 하기 위해서는 투자금을 주식 계좌에 넣어야겠죠? 그래야 주식을 살 수 있을 테니까요. 증권 계좌만 개설한 경우에는 투자금을 해당 증권사 계좌로 이체하면 됩니다. 증권 계좌와 연계된 은행 계좌를 함께 개설하는 경우에는 연계된 은행 계좌에 투자금을 이체하면 됩니다.

입금이 잘 되었는지 확인하기 위해서는 '예수금' 항목을 살펴보면 되는데요. 예수금이란 '증권사가 예비로 수령한 자금'이라는 뜻입니다. MTS에서 방금 입금한 투자금이 '예수금'으로 잘 잡혀 있나 확인해보면 됩니다. '주문 가능' 금액이 여러분들이 주식을 최대한 주문할 수 있는 금액이랍니다.

▲ 예수금 확인 화면(메뉴 > 국내주식 > 주식잔고/손익 > '예수금')

주식 주문하기 (매수/매도/정정/취소)

투자금을 계좌에 넣었으니 이제 실제로 주식 매매를 할 수 있습니다. 물론, 앞서 배운 대로 주식시장이 열린 시간에 거래를 할 수 있겠죠?

거래를 하기 앞서, 주식 주문의 종류에 대해 간단하게 알려드릴게요.

- **매수 주문:** 주식을 사는 주문입니다. 사고자 하는 가격과 수량을 정해 주문을 접수합니다.
- **매도 주문:** 주식을 파는 주문입니다. 팔고자 하는 가격과 수량을 정해 주문을 접수합니다.
- **정정·취소 주문:** 기존 주문이 아직 체결되지 않았을 때 이를 취소하거나 정정(수정)할 수 있습니다. 정정의 경우에는 기존 주문의 가격과 수량을 수정해 주문을 접수합니다.

시장가 주문

주식 주문 시 가격을 지정하지 않는 경우도 있습니다. 바로 '시장가' 주문인데요. 주문을 접수할 때 이 '시장가'에 체크를 하면 주문 시 가격을 적지 않습니다.

시장가 주문은 가격을 지정하지 않고 내가 원하는 수량을 바로 주문할 수 있습니다. 만약 매수 주문이라면 매도 물량을 낮은 가격부터 차례대로 주문 수량이 충족될 때까지 모두 사들입니다. 내 주문을 지금 바로 체결할 수 있다는 장점이 있으나 가격적으로는 기다려서 산 지정가 주문보다 조금 손해를 보겠죠?

주식 주문의 종류와 방법에 대해 알아봤으니 이제 실제 주식 주문을 넣어봅시다!

스마트폰 MTS에서 주식 주문하기

▲ MTS 실행 및 로그인(메뉴 > 국내 주식 > 주식 주문)

매수 주문 화면입니다.

① 왼쪽 호가창에서 가격을 클릭해 주문 가격(단가)을 지정할 수 있고 직접 숫자를 입력해도 됩니다.

② '가능' 버튼을 누르면 현재 보유한 투자금(예수금)에서 선택한 단가로 매수 가능한 최대 수량을 알려줍니다.

③ '현금 매수' 버튼을 누르면 작성한 주문이 실제로 전송됩니다.

매도 주문 화면입니다.

① '잔고' 버튼으로 현재 보유 중인 주식을 보고 선택할 수 있습니다.

② '가능' 버튼은 내가 현재 이 종목에서 팔 수 있는 최대 수량을 알려줍니다. 미리 접수한 매도 물량이 있으면 '가능' 버튼을 눌렀을 때 해당 물량은 제외됩니다. (이미 매도 접수된 물량이기 때문이죠.)

③ '현금 매도' 버튼을 누르면 작성한 주문이 실제로 전송됩니다.

정정/취소 주문 화면입니다.

① '미체결' 버튼으로 내가 기존에 접수했던 주문 중 아직 체결되지 않은 주문들을 볼 수 있습니다. 이러한 미체결 주문을 '취소'하거나 '정정(수정)'하는 것이죠. 미체결 주문의 전체 수량을 정정, 취소할지 일부 수량만을 정정, 취소할지 정할 수 있습니다.

② 수정할 수량과 가격을 입력 후 '정정'으로 수정한 주문을 접수합니다.

③ '취소'로는 기존에 접수한 주문의 전체 수량 혹은 일부 수량을 주문 취소합니다.

호가창, 체결과 미체결

주식 주문을 접수하면 바로 '체결'되는 경우도 있고 하루가 지나도록 체결되지 않아 '미체결' 상태로 장이 끝나는 경우도 있습니다. 어떤 주문은 바로 체결되는데 왜 어떤 주문은 오래 기다려도 체결되지 않는 것일까요? 앞에서 다룬 주문의 우선순위와 관련이 있답니다!

다음 페이지의 호가창을 우선 볼까요?

▲ 호가창(메뉴 > 국내 주식 > 주식 현재가)

매도 주문들은 위쪽의 '매도 호가'에 나타나 있고 매수 주문들은 아래쪽의 '매수 호가'에
나타나 있습니다. 현재가와 가까운 쪽이 '1호가'입니다. 현재 매수 1호가는 14만 7,000원
이고 매도 1호가는 14만 7,500원이죠.

내가 낸 매수 주문이 바로 '체결'되기 위해서는 얼마의 주가로 매수 주문을 접수해야 할
까요? 바로 매도 1호가인 14만 7,500원입니다. 14만 7,500원이 팔고자 하는 주문 중에
가장 싼 가격이기 때문입니다. 만일 이보다 싼 가격인 14만 7,000원, 14만 6,000원 등으
로 매수 주문을 내면 이 가격대에는 팔고자 하는 주문은 없고 사고자 하는 주문만 있기
때문에 '미체결' 상태가 되어 기다리게 되는 것입니다. 만약 몇 시간 뒤 주가가 많이 내려
와 이 가격대에 도달한다면 체결이 될 수도 있겠죠? 그러나 주가가 계속 오른다면 '체결'
이 되지 않고 장이 끝날 수도 있습니다.

내가 내려는 주문의 반대 방향 1호가로 주문을 넣어 '바로' 내 주문을 체결하느냐 아니면 주문 방향으로 호가를 내 기다리더라도 보다 '유리하게' 주문을 체결하느냐는 투자자의 선택입니다.

주식 잔고 확인하기

주식을 한창 매매했다면 내 계좌에 현재 어떤 주식이 있는지, 손익은 어떤지 궁금하겠죠? '주식 잔고' 메뉴에서 실시간으로 이를 확인할 수 있습니다. 오늘 매매한 결과가 맞는지, 잔고는 얼마인지 확인해보시기 바랍니다. (현재 제 계좌에는 0.12% 수익률인 '기업은행' 주식이 2주 있네요!)

▲ 주식 잔고 확인창(메뉴 > 국내 주식 > 주식 잔고/손익)

MTS에서 알아두면 좋은 기능들

이제부터 MTS에서 꼭 알아둬야 하는 몇 가지 핵심 기능들에 대해 알려드릴 거예요. MTS에는 정말 무수히 많은 기능과 화면들이 있습니다. 모든 기능들을 다 배우려면 아마 한 달도 모자랄 정도로 방대한 양입니다.

그래서 이 많은 기능들 중 필수적이고 유용한 기능만 딱 4개 골라서 설명하고자 합니다. 앞서 배운 주식 매매 관련된 것 이외에 정말 꼭 필요하다고 생각되는 기능들에 대해서만 꾹꾹 눌러 담았으니 놓치지 말고 챙겨가세요!

주식 가격의 흐름, 차트

차트는 시간별로 주식 가격의 흐름을 나타낸 그래프입니다. 이러한 흐름을 시간별로도 볼 수 있고 하루 단위로 볼 수도 있습니다. 일반적으로 우리가 가장 많이 접하는 차트는 '캔들 차트' 혹은 '봉 차트'라 부르는 차트입니다.

차트를 그리는 주기 한 칸을 다음과 같은 모양인 하나의 '캔들'로 나타내기 때문에 캔들 차트라고 부릅니다. 마치 양초와 닮은 모양이라 캔들이라 이름을 붙인 것 같습니다. 캔들 하나를 그리는 주기는 5분, 1시간, 하루, 1주일 등 다양하게 설정할 수 있습니다.

시가: 주기가 시작한 시점에서의 가격

고가: 주기 중 가장 높았던 가격

저가: 주기 중 가장 낮았던 가격

종가: 주기가 끝난 시점에서의 가격

캔들 색상: 시가와 종가를 비교

▲ 봉(캔들) 차트의 구조

이러한 캔들 하나하나를 모아서 시간별로 이어붙인 것이 바로 캔들 차트입니다.

이제 캔들 차트를 한번 마음대로 다뤄볼까요? 간단히 설명할 테니 직접 이리저리 차트를 만져보기 바랍니다. 차트를 다루는 방법은 HTS와 MTS에서 크게 다르지 않아요. 다만 스마트폰에서는 손가락 드래그(화면을 누른 채로 좌우로 끌기), 두 손가락 줌인·줌아웃 (두 손가락을 대고 벌리기, 좁히기) 등의 동작을 사용할 수 있는 점이 다릅니다.

▲ 삼천당제약(A000250)의 캔들 차트 화면 예시(메뉴 > 국내 주식 > 종합 차트 > 가로 모드)

① 차트를 그릴 종목

주가의 흐름을 볼 종목을 선택합니다. 종목뿐만 아니라 주가지수도 살펴볼 수 있습니다.

② 차트의 주기 변경

캔들 하나의 주기를 지정합니다. 화면에서는 '주'가 선택되어 있는데, 캔들 하나당 1주일의 주기를 그리고 있는 것이죠. 일, 주, 월, 년, 분, 시, 틱(거래 체결이 일어난 이벤트를 말합니다. 즉, 1틱은 거래 체결 1건이죠.) 등 다양한 주기로 캔들 차트를 그릴 수 있습니다.

③ 차트의 기간 이동

한 화면에 담을 수 있는 차트의 기간에는 한계가 있겠죠? 이를 좌우로 움직이며 과거 기간의 차트를 그리거나 현재와 가까운 기간의 차트를 그릴 수 있습니다. HTS에서는 바를 좌우로 움직이면 되고 MTS에서는 차트 자체를 좌우로 드래그하면 기간을 이동할 수 있습니다.

④ 기간 확대/축소

한 화면에 담는 총 주기를 늘리거나 줄입니다. 동일한 화면에 더 많은 주기로 캔들 차트를 그리면 캔들의 폭은 날씬하게 더 좁아지겠죠? MTS에서는 +와 -로 확대·축소를 하는 것뿐만 아니라 줌인·줌아웃 동작으로도 기간 확대·축소를 할 수 있습니다.

⑤ 캔들 상세보기

캔들 하나의 정보를 상세히 보기 위한 박스입니다. 선택한 주기의 캔들에 대해 시가, 고가, 저가, 종가, 거래량 등 상세 정보를 표시합니다. HTS에서는 마우스 포인터를 선택할 캔들에 가져다 대면 출력됩니다. MTS에서는 차트를 길게 꾹 누르고 있으면 십자 포인터가 출력되는데 이 십자 포인터를 좌우로 드래그하며 캔들 상세보기를 출력합니다.

⑥ 차트 상세 설정

차트에 대해 보다 상세한 설정을 하는 버튼입니다.

나만의 관심종목 바구니 만들기

우리나라 주식시장에는 자그마치 3,000여 개의 종목이 상장되어 있습니다. 내가 관심 있는 업종과 주식이 있는데 다른 종목들은 굳이 살펴볼 필요가 없겠죠? MTS와 HTS에는 내가 관심이 있는 종목들과 이러한 종목들을 그룹지어 마치 즐겨찾기처럼 지정해놓는 기능이 있답니다. 바로 '관심종목'이라는 기능인데요. '관심그룹〉관심종목'순으로 나만의 종목 바구니를 만들어둘 수 있답니다.

이렇게 나의 관찰 대상 종목들을 잘 정리해 관심그룹과 관심종목으로 만들어두면 차트를 보기에도, 주문을 넣기에도 한결 수월하답니다. 또한 일일이 종목들을 찾아다니며 주가를 살펴볼 필요 없이 한눈에 관심종목들의 주가 흐름을 살펴볼 수 있어서 편리합니다.

MTS와 HTS에서의 관심종목은 서로 동기화가 된답니다. 즉, 스마트폰에서 추가한 관심종목을 PC에서도 볼 수 있는 것이죠. 여러분들도 나름의 분류와 취향으로 관심종목 리스트를 구성해보시기 바랍니다.

▲ 관심그룹과 관심종목 목록 화면(국내주식 > 관심종목)

주식 종목 검색

MTS와 HTS에는 특정 조건으로 종목을 찾는 기능이 있습니다. 바로 '종목 검색'이라는 기능인데요. 이 기능을 통해 3,000여 개의 전체 종목 중 내가 원하는 조건을 가지는 주식을 발굴할 수 있답니다.

입력할 수 있는 조건은 차트의 조건(상승하는 모양)이나 기업의 조건(영업이익 증가) 등이 될 수 있습니다. 내가 원하는 조건으로 종목을 검색해 보다 편리하게 종목을 발굴할수 있는 것이죠. 상세한 내용은 챕터6에서 상세히 설명할 예정이니 여기서는 간단히 소개하도록 하겠습니다.

MTS에서 종목 검색하기

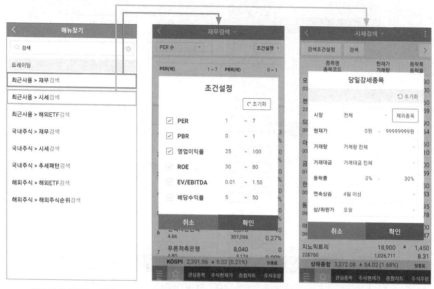

①종목 검색 메뉴 화면　②재무 검색 선택 후 조건 설정　③시세 검색 선택 후 조건 설정

MTS에서 '찾기'를 통해 메뉴를 검색할 수 있습니다. 여기에 '검색'을 입력하면 관련된 메뉴들이 출력되는 것(①)을 볼 수 있습니다. 여기서 '재무 검색'을 선택해 기업의 재무 조건으로 종목을 검색(②)할 수 있습니다. 또한 '시세 검색'을 선택하면 종목의 주가 및 거래 변동으로 종목을 검색(③)할 수 있습니다.

HTS에서 종목 검색하기

▲ 검색 관련 메뉴 출력(좌상단 검색칸에 '검색' 입력)

POP HTS에서는 종목을 검색할 수 있는 다양한 화면과 기능을 제공하고 있습니다. 이 중 '고급 종목 검색'으로 종목을 검색하는 예시를 보여드리죠.

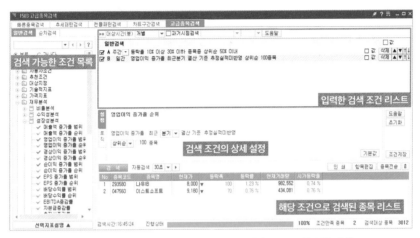

▲ 고급 종목 검색 화면(차트/종목 검색>종목 검색>1503 고급 종목 검색)

고급 종목 검색창의 좌측을 보면 내가 지정할 수 있는 조건들의 목록이 있습니다. 이 중에서 골라서 나만의 조건 검색 수식을 만드는 것이죠. 이 화면에서는 제가 원하는 조건을 2개 입력해(주가 등락률, 영업이익 증가율) 종목을 검색했습니다. 검색 결과 '나우IB(A293580)'와 '이스트소프트(A047560)' 종목이 출력된 것을 볼 수 있네요!

이렇듯, 종목 검색은 여러분이 원하는 조건으로 필터링해 종목을 발굴할 수 있는 아주 강력한 도구랍니다.

주식 자동 감시 매매

매일매일 나 대신 주식을 사고팔아주는 로봇이 있다면 어떨까요? 생각만 해도 아주 멋진 일이죠? 비록 이러한 상상만큼 완전 자동화해 주식 매매를 할 수는 없지만, 현재 MTS와

HTS에도 일정 수준의 자동 매매 기능이 탑재되어 있답니다! 바로 '주식 자동 감시 매매'라는 기능이에요.

'주식 자동 감시 매매'는 감시 기간 동안 내가 사전에 설정한 조건이 발생하면 해당 조건으로 주식을 주문해주는 아주 기특한 반자동 로봇입니다. 사전에 설정한 조건이란 다음과 같은 예시를 들 수 있습니다.

- 사고 싶은 종목 A의 현재 주가가 6만 원인데 만약 주가가 5만 3,000원으로 내려가면 이 종목을 100주 매수하렴.
- 보유한 종목 B의 현재 주가가 14만 원인데 만약 주가가 20만 원으로 상승하면 50주를 매도하렴.

즉, 내가 매일매일 주식 화면과 호가창을 보고 있지 않아도, 주문을 직접 넣지 않아도 설정한 조건이 충족되면 알아서 주문을 넣어주는 개념이죠. 이 기능은 특히 장중에 시간이 많지 않은 직장인이나 학생들에게 아주 유용한 기능이랍니다. 주말에 주식을 분석하고 자동 감시 매매를 설정해놓으면 주중에는 본업에 집중할 수 있으니 아주 유용하겠죠?

▲ 주식 자동 주문 등록 예시(국내 주식 > 주식 자동 주문)

죄측 화면은 현재 등록된 자동 주문의 목록을 보여줍니다. ON, OFF 스위치를 통해 해당 자동 주문을 활성화 또는 비활성화할 수 있어요. 가운데 화면은 실제로 '주식 자동 매수 주문'을 등록하는 화면입니다. 현재 주가가 6만 2,800원인 삼천당제약(A000250)의 주가가 5만 8,600원으로 내려가면 150주 매수하도록 되어 있네요! 두 번째 화면에서 매수 주문 조건의 현금을 클릭해 최종적으로 자동 주문을 등록하면 우측 화면을 볼 수 있습니다.

알아두면 쓸모 있는 주식 심화학습!

주식 자동 주문 주의 사항

주식 자동 주문은 사용자가 개입하지 않고 기계에 의해 주식을 자동으로 사고팔기 때문에 증권사에서 이에 대한 동의를 받게 되어 있습니다. MTS '자동 주문 이용 신청'이나 HTS '자동 주문 등록 현황'을 통해 소유하고 있는 계좌의 자동 주문 서비스를 신청하면 됩니다.

STOCK
INVEST
MENT

STOCK INVEST MENT

Chapter
3

어떤 주식이
좋은 주식인가요?

Chapter **3**

어떤 주식이
좋은 주식인가요?

이번 챕터에서 우리는 다음과 같은 질문들에 대한 답을 찾을 것입니다.

1. 주식을 분석하는 방법에는 어떤 것들이 있나요?

- 기본적 분석이 무엇인가요?

- 기술적 분석이 무엇인가요?

- 기업 분석(기본적 분석)과 차트 분석(기술적 분석) 중 어떤 방법이 더 좋은가요?

2. 어떤 주식을 왜 투자해야 하는지 어떻게 아나요?

- 주식투자 아이디어는 어떻게 떠올리나요?

- 투자 아이디어를 보다 튼튼하게 만들 수 있나요?

3. 주식투자를 하는 전반적인 과정이 궁금해요!

- 포트폴리오가 무엇인가요?

- 종목을 조사하는 과정이 궁금해요!

- 실제 매수와 매도는 어떤 기준으로 하나요?

4. 사람마다 적합한 투자 방법이 있나요?

- 나의 환경에 적합한 투자 사이클은 몇 [일·주·월·년]인가요?

07

주식을 분석하는
기본적 분석과
기술적 분석

투자자들은 어떤 주식이 좋은지 안 좋은지, 싼지 비싼지, 오를지 내릴지 등을 분석해 투자를 집행합니다. 주식을 분석하는 방법은 크게 '기본적 분석'과 '기술적 분석'으로 나눌 수 있습니다. 각각의 분석법은 어떤 방법을 의미하는 걸까요?

멀리뛰기에 비유해보겠습니다. 멀리뛰기 선수의 향후 기록에 대해 '기본적 분석'을 해본다면 분석가들은 선수의 키, 몸무게, 상하체 근력, 심폐지구력, 점프력 등 이 선수의 본질적인 경기력에 집중해 분석할 것입니다. 반면 '기술적 분석'을 해본다면 이 선수의 최근 경기들의 기록, 선수의 심리 상태, 컨디션, 날씨 등 보다 직접적인 요인들을 집중적으로 분석할 것입니다.

주식 분석과 완전히 꼭 들어맞는 비유는 아닐지 모르지만, 어느 정도 감이 오죠? 주식에 대한 '기본적 분석'은 그 기업의 비즈니스, 수익과 성장성을 주요 요인으로 분석하고 '기술적 분석'은 그 주식의 최근 상승률, 수급, 차트, 거래량 등을 주요 요인으로 분석합니다.

그럼 각각에 대해 보다 자세히 알아볼까요?

기본적 분석

기본적 분석은 투자 대상 기업의 '내재가치'에 초점을 맞춰 분석합니다. 여기서 내재가치란 기업의 비즈니스, 매출, 사업성, 경영 환경 등을 종합적으로 분석해 미래가치를 추정하고 이를 현재가치로 환산한 것을 말합니다.

좀 더 간단하게 풀어보자면, '내가 이 회사를 인수한다'는 가정 하에 얼마의 수익을 낼 수 있을지 계산하는 것을 상상해보면 됩니다. '내가 이 회사를 인수하는 데 총 1,000억 원(시가총액)이 들어가는데, 향후 5년간 이 회사가 매년 50억 원을 벌어들이고 그 이후로는 매년 100억 원씩 벌어들일 것 같네? 그러면 이 회사가 1,000억 원이면 싼 건가?'와 같은 식이죠.

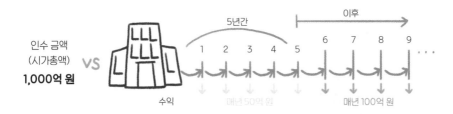

이렇듯, 기본적 분석에서는 그 회사의 사업과 비즈니스, 수익과 성장에 집중해 분석을 진행하고, 분석된 내재가치가 현재의 주가보다 높다면 주식을 매수하게 된답니다.

[기본적 분석의 가정]
단기적으로 주가는 내재가치와 다를 수 있다.
장기적으로 주가는 내재가치를 따라간다.

[기본적 분석의 투자법]
미래가치가 높은데 현재 주가가 싼 종목을 매수한다.
향후 주가가 높아지는 가치를 따라갈 때 매도해 수익을 낸다.

기술적 분석

기술적 분석은 '주가의 상승과 하락은 두 세력의 힘의 차이로 인해 생겨난다'는 생각으로 주식을 분석하는 방법입니다. 여기서 두 세력의 힘은 이 주식을 사려는 사람들의 힘(매수세, 수요)과 이 주식을 팔려는 사람들의 힘(매도세, 공급)으로 나눌 수 있습니다.

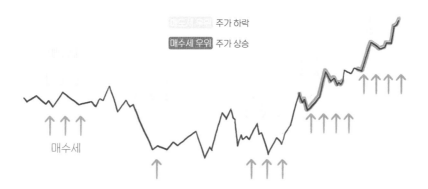

기술적 분석은 미래 시점에서 그 주식의 수요가 많을지 공급이 많을지를 가늠해보고 현재 시점을 되짚어보는 분석 방법이라고도 할 수 있습니다. 이를 살펴보기 위해 일반적으로 주가의 흐름과 변동, 거래량을 살펴보고는 하죠.

몇 가지 기술적 분석의 투자 논리를 문장으로 풀어보자면 이렇습니다.

"1만 6,500원 부근에서 거래량이 최근 가장 많았구나. 현재 주가가 1만 8,000원인데 주가가 떨어진다면 1만 6,500원 부근에서 지지를 받겠어. 만약에 지지를 받지 못하고 뚫고 내려간다면 1만 6,500원을 다시 뚫고 상승하기 쉽지 않겠네."

"이 주식은 일반적으로 ±1,000원의 범위 내에서 움직이는구나. 그런데 현재 +1,500원으로 많이 상승했으니 매수세가 많이 몰렸거나 혹은 단기 과열인 상태일 거야. 최근 시점의 주요 지지선을 지지하는지 살펴봐야겠다."

어떤가요? 이와 같이 기술적 분석은 과거 차트의 흐름을 보고 (결국에는 매수세와 매도세로 대변되는) '투자자들의 심리'를 예측해 대응 방안을 마련하기도 한답니다. 과거의 거래 기록을 확률, 통계적으로 살펴보고 현재 상황과 대응 방법을 유추해보는 것이죠.

기술적 분석은 투자자들의 힘과 심리, 확률과 통계를 분석하는 투자 방법이고 일반적으로 이러한 요인들을 장기적으로 보기보다는 단기적으로 보는 투자자들이 많습니다. 오래전 거래의 '수요'와 '공급'은 최근의 것보다 담고 있는 정보의 의미가 적다고 생각하는 것이죠.

[기술적 분석의 가정]
주가의 흐름은 수요(매수세)와 공급(매도세)의 힘겨루기로 형성된다.
최근의 차트에 투자자들의 주요 심리(지지와 저항)가 기록된다.

[기술적 분석의 투자법]
최근에 강한 매수세가 포착된 종목을 매수한다.
과열 신호에서 이를 매도해 수익을 창출한다.
상승 추세인 종목이 조정받을 때 주요 지지선에서 매집하고
반등 시 주요 저항선에서 매도한다.

기본적 분석과 기술적 분석, 무엇이 더 좋나요?

기본적 분석가들과 기술적 분석가들 간의 논쟁은 역사가 매우 오래되었습니다. 서로 상대방의 분석법은 의미가 없다며 다투고는 하죠. 기본적 분석가들은 기술적 분석은 근거가 빈약한 비과학적인 방법이라고 폄하합니다. 기술적 분석가들은 기본적 분석은 수많은 수익 기회를 놓치는 방식이라며 기회비용이 너무 크다고 깎아내립니다.

과연 누구 말이 맞는 걸까요? 투자 성과로 보자면 두 방법 모두 아주 부자가 된 대가들이 있습니다.

- **기술적 분석의 대가:** 제시 리버모어, 래리 윌리엄스, 윌리엄 오닐 등
- **기본적 분석의 대가:** 워런 버핏, 피터 린치, 필립 피셔, 랄프 웬저 등

두 분석 방법은 서로의 반례 또한 쉽게 찾을 수 있습니다.

- **기술적 분석의 반례:** 아무리 차트가 좋더라도 기업의 파산 등 펀더멘털에 중대한 위기가 도래할 경우 주가가 폭락하지 않느냐?
- **기본적 분석의 반례:** 기업의 재무와 미래가치가 엄청 좋더라도 단기적으로 과열인 종목을 매수하면 쉽게 손실을 보지 않느냐?

사실 저는 이렇게 말하고 싶습니다. "두 방법은 모두 의미가 있는 분석 기법이며, 이를 적절히 상호보완해 조합해 쓰는 방법도 의미가 있다."

기본적 분석 방법과 기술적 분석 모두 과거 데이터로 시뮬레이션했을 때 유의미한 성과를 거뒀다는 논문들이 많습니다. (물론 이 둘을 조합한 투자 방법도 유의미한 성과를 냈습니다.) 둘 중 하나만 기똥차게 잘해도 혹은 두 개를 적절히 섞어서 잘 활용할 줄 알아도 뛰어난 수익을 거둘 수 있는 게 아닐까요?

기본적 분석의 대가로 잘 알려진 워런 버핏도 어린 시절에는 기술적 분석을 이용한 단타로 많은 돈을 벌었답니다. 많은 돈을 벌게 된 이후 자금 규모가 커져 단타를 할 수 없게 되자 본격적으로 기본적 분석을 이용한 장기투자를 시작하게 된 것이죠.

저는 독자 여러분들이 마우스와 키보드, 둘 중 하나를 싫어해서 한쪽을 아예 사용하지 않는 것보다 상황에 따라 알맞은 도구를 잘 활용했으면 좋겠습니다. (둘 다 조화롭게 잘 활용하면 더욱 좋겠죠?) 새도 양 날개로 날고, 밥도 숟가락, 젓가락 두 종류의 식기를 써서 먹죠. 주식투자에서도 만약 위험은 줄이고 수익은 크게 해준다면 두 방법을 모두 사용하지 않을 이유가 없지 않을까요?

알아두면 쓸모 있는 주식 심화학습!

기본적 분석과 기술적 분석에 대한 일반적인 사실

- 기술적 분석의 투자 사이클은 대개 하루 미만부터 1주일 이내이며, 기본적 분석의 투자 사이클은 수 개월에서 수년 정도다.
- 기술적 분석은 자금 규모가 커지면 사용하기 어려워진다. 왜냐하면 나의 매수, 매도가 기술적 신호에 큰 영향을 주기 때문이다.
- 기본적 분석도 자금 규모가 커지면 주식을 매수하거나 매도하는 데 까다롭다. 다만 기본적 분석의 투자 기간은 길기 때문에 긴 기간 동안 천천히 수량을 매집, 처분하면 된다.
- 기분적 분석과 기술적 분석을 섞어 사용하는 방식은 대개 다음과 같다: 내재가치 분석으로 목표 주가 설정 + 지지, 저항선으로 매수가·손절가·대응법 설정

08

나만의
투자 논리
만들기

사람들은 보통 어떤 종목에 투자를 할까요? 그리고 그 종목에 '왜' 투자를 할까요? 사람마다 그리고 투자한 종목마다 투자한 이유가 있을 것이고, 이러한 이유들은 제각기 다를 거예요. (최소한 "동물적인 촉으로 느낌이 왔다" 혹은 "친구가 추천해서" 등의 이유가 있을 겁니다.)

다양한 투자자들은 본인만의 생각과 아이디어를 가지고 투자에 임하고 있을 것입니다. 그런데 사실, 이러한 투자 아이디어와 투자 논리가 투자 수익률의 성패를 결정하는 경우가 많아요. 정확히는 이러한 아이디어와 논리를 수립하고, 실행하고, 검증하는 것에 얼마나 정성을 쏟고 이를 철저히 지키느냐의 여부에 달려 있습니다.

물론 투자에는 정답이 없습니다. 그러나 군중과 시장의 흐름에 휘둘리며 본인의 기준 없이 뇌동매매를 하는 투자자들이 그렇지 않은 투자자들에 비해 성과가 좋지 않다는 것은 독자 여러분들도 쉽게 예상할 수 있을 거예요.

그러면, 투자 아이디어와 논리를 견고하게 세우려면 어떻게 해야 할까요?

투자 아이디어와 투자 논리

투자 아이디어는 투자 논리를 세우는 과정의 출발점입니다. 콩 심은 데 콩 나고 팥 심은 데 팥 나듯이, 나쁜 투자 아이디어에서는 좋은 투자 논리가 세워질 가능성이 낮습니다.

투자 아이디어는 무엇일까요? 투자 아이디어는 어떤 것이든 될 수 있답니다. 심지어 사는 관점이 아닌 파는 관점에서도 투자 아이디어가 나올 수 있죠! 여기에서 투자는 향후 수익을 볼 것으로 예상이 되어야 합니다. 즉, 미래에 수익을 볼 수 있는 매매 아이디어라고 보면 됩니다.

> **[투자 아이디어]**
> 투자의 시작이 될 수 있는 일종의 가설 또는 가정

투자 아이디어의 몇 가지 예시를 들어볼까요?

A. 미래에는 전 세계에서 전기차가 보편화될 거야.

B. 코로나19로 인해 수많은 항공사와 여행사가 파산할 거야.

C. 북한은 앞으로 군사 도발을 감행할 가능성이 더욱 커질 거야.

D. 스마트폰의 카메라 개수는 계속 늘어날 거야.

E. 요즘 은행 이자가 너무 싸네.

F. 우리나라의 출산율은 앞으로도 더욱 낮아질 것 같아.

G. 내 친구 민주가 투자를 잘하는데, 민주가 이 주식은 오를 거래.

H. 요즘 날씨가 너무 춥네? 근 10년간 제일 추운 겨울이야.

I. 사회가 고도화될수록 사람들은 더욱 신경질적일 거야.

잘 보셨나요? 아주 사소한 것도 투자 아이디어가 될 수 있답니다. 시야를 넓혀서 무궁무진한 상상과 생각으로 아이디어를 발굴해보세요.

이제 이 아이디어들을 한번 분류해볼까요? 무엇이든 투자 아이디어가 될 수 있다고 하더라도 좀 더 구체화가 필요하거나 투자 논리를 세우기에는 적합하지 않은 것일 수도 있답니다. 이를 살펴보기 위해서는 ①사실의 정확도와 미래의 확률 ②논리 전개 가능성 2가지 측면을 살펴보면 된답니다. 2가지 측면에서 모두 높은 점수를 받을 경우 좋은 투자 아이디어일 가능성이 높겠죠?

① 사실의 정확도와 미래의 확률

아이디어가 '사실'일 경우에는 이 사실이 얼마나 정확한지, 검증 가능한지의 정도를 나타냅니다. 미래의 '예측'인 경우에는 이 예측이 맞을 확률과 이를 뒷받침할 근거의 정확성을 측정합니다.

② 논리 전개 가능성

이 아이디어가 실제로 투자할 종목을 선정하고 투자할 방향(매수 혹은 매도, 공매도)을 결정하기까지 얼마나 수월한지 나타냅니다. 즉, 너무 뜬구름 잡는 아이디어인 경우에는 구체화가 필요한 것이죠. "그래서 어떤 일이 벌어지는데? 무슨 주식을 사야 하는데?"까지 전개를 할 수 있는지 살펴보시면 됩니다.

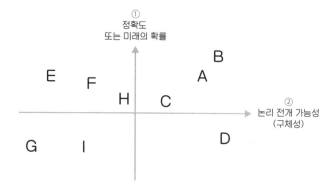

위 표처럼 투자 아이디어들을 분류한 결과를 비교해보면 어떤 아이디어들은 조금 더 보완하면 좋은 점수를 받을 수 있고 어떤 것들은 아예 실현이 불가능한지 파악할 수 있을 거예요. 너무 낙심하지 말고 많은 아이디어를 떠올려봅시다!

가장 좋은 점수를 받은 아이디어B "코로나19로 인해 수많은 항공사와 여행사가 파산할 거야"를 가지고 투자 논리를 세워보겠습니다.

하나의 투자 아이디어를 가지고 각각 다른 3가지의 투자 논리를 세워봤습니다. 투자 아이디어를 전개하고 발전시켜 실제 투자할 종목과 방향까지 도출한 것이죠. 투자 논리를 세우는 과정에서 앞으로 배울 기본적 분석이나 기술적 분석의 관찰, 결과, 예측을 사용하면 더욱더 견고한 투자 논리를 세울 수 있답니다.

인과의 매트릭스

인과의 매트릭스는 투자 논리를 좀 더 직관적으로 살펴볼 수 있는 도구입니다. 야마구치 요헤이의 《현명한 초보 투자자》에서 언급된 개념으로, 투자자가 유용하게 사용할 수 있어 소개합니다.

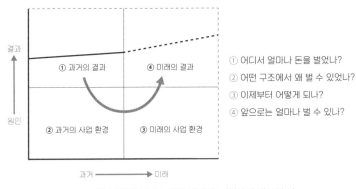

▲ 기업의 변화를 투자 논리로 전개하는 '인과의 매트릭스'

인과의 매트릭스는 ①→②→③→④ 순서로 진행하며 기업을 분석하고 투자 논리를 전개해나갑니다. 각 단계별로 살펴보는 항목들은 다음과 같습니다.

① 과거의 결과

과거나 현재 시점에서 나타난 결과를 살펴봅니다. 기업 분석을 할 경우 해당 기업이 주로 어떤 제품·서비스를 판매해서 돈을 얼마나 벌었는지, 시장점유율은 어느 정도인지 등을 숫자로 확인합니다. 물론 주가의 흐름도 같이 보면 좋습니다.

② 과거의 사업 환경

과거의 결과가 어떤 요인에 의해 도출되었는지 살펴보는 단계입니다. 기업 자체를 보는 것에서 더 나아가 해당 산업의 분위기, 국가정책, 글로벌 이슈 등 과거의 결과에 영향을 줬을만한 주요 요인들을 찾고 분석합니다.

③ 미래의 사업 환경

②에서 찾은 다양한 요인들이 미래에는 어떻게 변화할지 확인합니다. 가능한 시나리오 별로 예측을 하기도 하죠. 주식을 매수하는 방향에서는 과거나 현재보다 미래에 우호적인 사업 환경이 펼쳐지는 것이 좋겠죠? 현재는 규모가 작은 사업 영역이 미래에는 개화한다든가 중요한 기술적인 트렌드 변화가 필연적이든가 등의 변화가 있을 것입니다.

④ 미래의 결과

변화한 미래의 사업 환경에서 어떤 결과가 야기될지 예측해봅니다. 기업의 수익성에 초점을 맞춰 분석하는 경우에는 미래에 얼마나 더 많은 돈을 벌지 숫자로 예측해보고는 하죠. 미래에 좋은 결과가 나와야 투자 수익률이 좋게 나오겠죠?

앞서 다루었던 투자 아이디어B의 논리2를 인과의 매트릭스에 적용해 살펴보겠습니다.

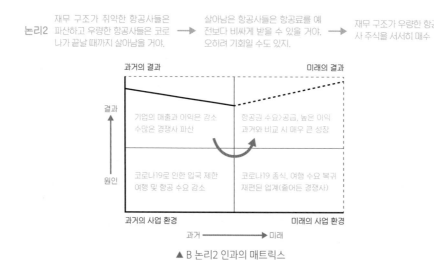

▲ B 논리2 인과의 매트릭스

어떤가요? 논리적인 흐름이 한눈에 잘 들어오지 않나요? 독자 여러분들도 인과의 매트릭스를 이용해 투자 아이디어와 투자 논리를 그려낸다면 이를 한눈에 파악하고 활용·보완·개선하기에 아주 편리할 거예요.

투자자별 인과의 매트릭스

이러한 인과의 매트릭스를 구석구석 작성하며 투자를 할 수 있는 사람들은 어떻게 보면 고수에 해당한답니다. 대부분은 이 중 일부만 보고 투자하는 성급함을 저지르고는 하죠.

투자자별로 인과의 매트릭스를 어느 정도까지 파악하는지 한번 볼까요?

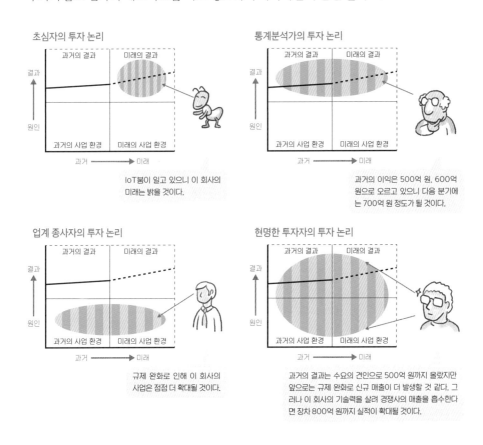

초심자의 투자 논리

IoT붐이 일고 있으니 이 회사의 미래는 밝을 것이다.

통계분석가의 투자 논리

과거의 이익은 500억 원, 600억 원으로 오르고 있으니 다음 분기에는 700억 원 정도가 될 것이다.

업계 종사자의 투자 논리

규제 완화로 인해 이 회사의 사업은 점점 더 확대될 것이다.

현명한 투자자의 투자 논리

과거의 결과는 수요의 견인으로 500억 원까지 올랐지만 앞으로는 규제 완화로 신규 매출이 더 발생할 것 같다. 그러나 이 회사의 기술력을 살려 경쟁사의 매출을 흡수한다면 장차 800억 원까지 실적이 확대될 것이다.

초심자

투자에 익숙하지 않은 초심자는 어떤 회사의 미래만을 예측해 투자하고는 합니다. 그러나 그러한 미래의 요인에 대해 파악하지 않았기 때문에 예상이 빗나가는 경우가 많습니다.

통계분석가

통계분석가는 과거와 현재의 숫자(결과)를 기반으로 앞으로의 결과를 예상합니다. 그러나 과거와 미래에서 숫자가 이렇게 변화하는 원인에 대해서는 파악하지 않았으므로 사업 환경이 변화한다면 예상한 결과가 나오지 않을 수 있습니다.

업계 종사자

업계 종사자는 해당 산업의 내부 사정에 빠삭합니다. 앞으로 이 업계가 어떤 방향으로 변화할지도 가늠할 수 있죠. 그러나 이를 숫자(결과)로 연결시키는 관점이 취약하기 때문에 정확한 기업가치(주가)를 판단하기 어렵습니다.

현명한 투자자

현명한 투자자는 원인과 결과, 과거와 미래라는 4가지 영역을 구석구석 살펴볼 수 있습니다. 결과의 원인이 되는 사업 환경의 변화를 파악하고 발생하는 결과를 구체적인 숫자로 나타내 분석할 수 있는 것이죠. 또한 단순 예상에만 그치지 않고 케이스별로 환경 변화와 그에 따른 결과를 예상하는 데 익숙합니다. 다양한 상황에 알맞게 대응 매매가 가능한 것이죠.

경험이 많은 투자자와 의견을 나누다 보면 그분이 '인과의 매트릭스'를 배우지 않았더라도 이와 비슷한 흐름으로 주식을 분석한다는 것을 느낄 때가 있답니다. 물론 오랜 투자를 통해 자연스럽게 깨우치는 것도 좋겠습니다. 하지만 인과의 매트릭스를 명확하게 배우고 연습한다면 더욱 빠르게 익숙해질 수 있겠죠?

09

꾸준한 수익을 만드는
주식투자
프로세스

꾸준히 높은 수익률을 달성하는 투자자들은 그들만의 투자 프로세스를 가지고 있는 경우가 많습니다. 특정한 규칙 없이 마음 가는 대로 투자를 집행하다 보면 어느 순간 큰 손실을 보기 때문이죠. 인간의 감정과 심리는 투자에 대해 그리 효율적으로 설계되어 있지 않습니다. 탐욕과 공포, 군중을 따라가는 뇌동매매로는 꾸준한 수익을 내기가 매우 어렵습니다.

그렇다면 좋은 시스템, 꾸준한 수익을 내는 투자 프로세스는 어떻게 생겼을까요? 정답은 없지만 표준적인 정석 스타일을 알려드릴 수는 있을 것 같습니다. 독자 여러분들은 이를 통해 이런 주식투자 프로세스가 있고, 각 과정에서 어떤 작업들을 하는지 큰 그림을 파악할 수 있을 겁니다. 추후 이를 발전시켜 여러분들만의 주식투자 프로세스를 확립한다면 저에게도 매우 영광일 것 같네요.

앞서 말씀드린 표준적인 주식투자 프로세스를 그림으로 소개해드리겠습니다.

▲ 여러 과정들의 조합으로 구성된 주식투자 프로세스

투자자는 이러한 프로세스를 계속적으로 반복하며 투자를 지속합니다. 물론 투자자별로 프로세스 한 사이클을 도는 주기가 다를 수는 있습니다. 주로 어떤 과정에 집중해 힘을 쏟는지도 각자 다르겠죠?

투자 사이클의 기간과 주기에 따라 투자 프로세스가 반복적으로 수행되는 것을 그림으로 나타내면 다음과 같아요.

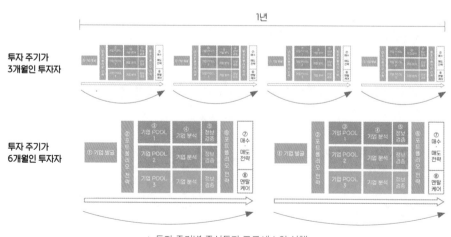

▲ 투자 주기별 주식투자 프로세스의 실행

전반적인 투자 프로세스와 실행 과정에 대해 감이 잡혔나요? 그러면 각 과정별로 실제로 어떤 작업을 수행하는지 상세히 살펴볼게요.

① 기업 발굴

투자할 기업의 후보들을 발굴하는 과정입니다. 발굴한 기업들에 대해 이후의 과정을 진행하며 투자 여부, 목표수익률, 보유 기간 등을 설정하게 됩니다. 여기서는 그러한 분석을 수행할만한 기업들을 발굴해 리스트업합니다.

발굴 방법은 여러 가지가 있겠죠? 기본적 분석 기반, 조건 검색, 차트 상승세 등 다양한 취향으로 종목을 발굴할 수 있습니다. 종목 발굴에 대해서는 '투자할 종목 발굴하기(챕터 6)'에서 보다 자세히 가르쳐드릴 예정이에요!

② 포트폴리오 전략(가안)

여러 종목들을 어떤 식으로 나눠서 투자하면 좋을지 큰 틀을 잡는 과정입니다. 포트폴리오는 증권 계좌에 어떤 상품을 얼마나 투자했느냐에 대한 명세서를 말해요. 여기서는 어떤 식으로 포트폴리오를 꾸밀지 대략적인 안을 잡아볼 것입니다.

예를 들면, 투자 기간 동안 보유할 종목 수라든지, 업종 특성에 따른 투자 비중 조절이라든지, 시장 상황에 따라 전체 주식 대 현금 비중을 세팅한다든지 등 러프한 투자 계획이라고도 볼 수 있죠. 실제로 어떤 종목에 몇 퍼센트씩 투자할지 세세하게 포트폴리오를 결정하는 부분은 ⑥에서 이루어진답니다.

③ 기업들을 특성에 따라 그룹핑하기

각각의 기업을 분석하기에 앞서 공통된 특징을 가지는 기업들을 그룹핑해 몇 개의 풀^{pool}로 나눕니다. 나누는 기준은 여러 가지가 될 수 있어요. 기업의 업종이 될 수도 있고 투자 스타일(가치주, 성장주, 회생주 등)으로 나눌 수도 있어요.

기업들을 특성에 따라 나누는 목적은 이후 분석에서 빠지면 안 되는 공통적인 부분들을 분석에 녹여내기 위함이에요. 가치주를 분석하는데 성장주의 관점으로 목표 주가와 기업가치를 계산하면 안 되겠죠? 즉, 뒤의 과정에서도 놓치지 말고 챙겨야 할, 본인이 가장 중요하게 여기는 구별 포인트들을 이용해 발굴한 주식들을 여러 그룹으로 묶으면 된답니다.

④ 개별 기업 분석

이제 하나하나의 기업들을 자세히 들여다볼 시간입니다. 그 기업이 어떤 사업을 하는지, 어떤 비즈니스 모델로 돈을 벌고 있는지, 앞으로의 비전은 어떤지 등 기업에 대해 알 수 있는 한 자세히 알기 위해 다양한 조사를 하는 시간이죠.

기업뿐만 아니라 소속된 산업군을 조사하기도 하며 때로는 더욱 거시적인 부분(국가, 세계 등)을 고려하기도 합니다. 현명한 투자자들은 인과의 매트릭스를 이용해 기업을 속속들이 파헤치고 앞으로의 결과를 예상할 거예요. 예상치를 통해 적정 주가, 목표 주가, 목표수익률 등을 계산하며 분석을 마무리하게 됩니다.

⑤ 정보 검증하기

이 과정에서는 기업 분석에서 이용했던 정보가 정확한지, 예상한 결과가 신뢰성 있는지 등을 검증합니다. 기업 분석 과정에서 이용하는 정보에 대한 검증을 분석과 동시에 한다면 쉽게 지칠 수가 있기 때문이죠. 그리고 사실, 분석을 진행하면서 어떤 정보가 필요한지 알게 되는 경우도 많습니다. 따라서 정보를 검증하는 부분을 뒤로 떼어 하나의 블록으로 두는 것이죠.

이용했던 정보가 올바른지 인터넷 검색, 공식 통계자료, 국가기관 등을 조사해 검사합니다. 이에 그치지 않고 앞의 기업 분석에서 결론 내렸던 예상이 어느 정도의 신뢰성이 있는지도 확인합니다. 다른 투자자들의 의견을 확인해보는 것도 유의미한 작업이겠죠? 이런저런 검증 과정을 통해 나의 기업 분석에 대한 신뢰도를 측정해냅니다.

⑥ 포트폴리오 전략(세부)

여기까지 왔다면 각 기업들의 기업가치와 적정 주가, 목표수익률, 신뢰도 등이 파악된 상태일 거예요. 이 과정에서는 이렇게 분석된 결과들을 가지고 투자할지 여부와 투자 비중, 기간 등을 설정합니다.

어떤 분들은 발굴 기업들을 목표수익률로 내림차순 정렬해 상위 10개에 투자하기도 하고 어떤 분들은 업종별로 TOP3에 투자하기도 합니다. 이 과정에서의 핵심은 분석 종목들의 예상 투자 결과를 적절한 수익과 리스크로 조합해내는 것입니다. 집중 투자를 하는 분들도 한 종목의 비중이 50%가 넘지 않도록 조정하는 것을 추천합니다.

⑦ 매수·매도 전략

앞의 포트폴리오 전략을 완성함으로써 어떤 종목에 얼마나 투자할지 정해졌습니다. '매수·매도 전략'에서는 실제로 이 종목들에 투자하는 매매를 어떻게 수행할지 전략을 짭니다. 분할 매수와 매도, 시간차 매매 등 주문을 내는 전략을 짜는 과정이라고도 볼 수 있죠. '자동 감시 주문'을 이용해 저가에 꾸준히 매수하는 방법도 좋은 방법입니다. 손절에 대한 규칙을 설정하기도 하고요. 다양한 매매 기법들을 시험해보고 본인이 수익을 내기에 가장 알맞은 방식을 찾아 활용하면 제일 좋겠죠?

⑧ 멘탈 케어

주식시장은 격동적이고 변화무쌍한 곳이에요. 여러분들이 이러한 상하좌우의 등락을 온 계좌로 맞다 보면 기존에 세팅한 투자 전략들을 유지해 나가기가 여간 녹록치 않을 것입니다. 그래서 예상치 못한 하락이나 공포가 발생했을 때를 가정해 대비책이나 멘탈 케어 방법을 미리 생각해두는 것이 좋아요.

역사적인 최대 낙폭을 가정해 이 하락이 내가 견딜 수 있는 금액인지 계산하거나 '손실이 어느 정도 이상이면 전량 처분해 계좌를 지키고 시장에서 떠나 공부를 한다'와 같은 본인과의 약속을 세울 수도 있어요. 몇몇 가치투자자들은 따로 손절 없이 버티기 위해 하락장에서는 일부러 계좌를 보지 않고 독서에 몰두하기도 한답니다.

여러분들도 미리 다양한 위기 상황을 가정하고 마인드컨트롤할 수 있는 몇 가지 규칙과 방법들을 마련해두면 당황하지 않고 위기들을 잘 넘어갈 수 있을 겁니다.

나의 라이프스타일과
잘 어울리는
주식투자
방법은?

사람들은 모두 고유의 라이프스타일을 가지고 있습니다. 사람들마다 가용 시간, 능력, 의지, 자금 등이 모두 다른 것이죠. 그렇다면 각자에게 적합한 주식투자 스타일도 모두 다르지 않을까요?

미혼의 사회초년생과 두 자녀의 아버지는 발생하는 현금과 소비하는 지출이 다른 패턴일 수밖에 없고, 이는 투자의 스타일에도 영향을 줄 수 있습니다. 본인이 처한 다양한 목적과 상황, 능력에 맞게 최적의 수익을 낼 수 있는 투자 방법을 안다면 보다 기분 좋게 주식투자를 할 수 있을 거예요.

투자자의 7가지 특징

장중 트레이딩이 가능 여부

정규장(9:00~15:30)에서 직접 트레이딩에 활발히 참여할 수 있는지 여부입니다. 주로 단기적인 투자를 할 때 요구되며, 직장인과 학생은 확보하기 어려운 특징이죠.

투자에 투입할 수 있는 시간의 양

1주일 혹은 한 달에 투자 및 주식 분석에 투입할 수 있는 시간의 양입니다. 이 특징 또한 투자 주기가 짧을수록 많이 필요합니다. 소수의 종목을 장기적으로 가는 경우 상대적으로 필요한 시간은 적을 수 있습니다.

투자금의 성격(오랜 거치의 목돈 VS 꾸준히 인출)

주식투자를 하고 있는 증권 계좌에서 현금을 인출할 필요가 있는지의 여부입니다. 특히 전업투자자의 경우 생활비를 계속해서 증권 계좌에서 인출해 사용할 수밖에 없죠. 반대로 노후 자금 같은 경우에는 실질적으로 은퇴 전까지 자금을 인출할 필요가 없을 겁니다.

투자금의 납입(목돈 납입 VS 꾸준히 적립)

증권 계좌에 투자금이 입금되는 방식을 말합니다. 한 번에 큰 목돈이 들어와 쭉 투자를 할 수 있는 경우와 적금식으로 꾸준히 투자금을 적립하는 경우, 두 경우를 합친 경우가 있을 거예요. 각각의 케이스에 따라 추구해야 하는 수익 기간과 안정성이 다를 겁니다.

손실 기간에 대한 감내

투자자로서 손실 기간을 보다 덜한 고통으로 감내할 수 있는지의 여부입니다. 손실 기간에 대한 고통의 정도는 사람마다 다를 수 있죠. 이 기간이 길수록 못난 주식을 보다 오랜 기간 믿고 기다려줄 수 있습니다.

감당할 수 있는 최대 손실 크기

용납할 수 있는 최대 손실 금액 혹은 비율입니다. 5%만 떨어져도 크게 영향을 받는 사람이 있는가 하면 무려 30%가 하락한 상태에도 별로 개의치 않는 투자자가 있죠. 본인이 감내할 수 있는 최대 손실 크기를 넘어서는 투자를 할 경우 공포에 휩싸여 침착하지 못한 결정을 하게 될 가능성이 크답니다.

추구하는 목표 투자 수익률

일반적으로 목표수익률에는 '하이 리스크 하이 리턴-로우 리스크 로우 리턴'의 명제가 성립하죠. 더 높은 위험을 감내하면 더 큰 수익을 가져갈 수 있는 것입니다. 물론 '로우 리스크 하이 리턴'의 기회도 있겠죠. 이러한 기회는 아주 많은 노력과 정성이 있어야만 잡을 수 있을 거예요. 목표수익률이 높을수록 보다 큰 위험을 감내하는 투자자일 가능성이 높습니다.

하나씩 읽어보면서 본인이 어디에 속하는지, 어느 정도의 값에 해당하는지 가늠해봤나요? 지금은 잘 파악이 되지 않더라도 계속 주식투자를 하다 보면 본인에 대해 더 잘 알게 될 거예요.

투자 스타일

지금부터는 대표적인 6가지 투자 스타일, 투자 방법에 대해 소개해드릴 거예요. 각각의 투자 스타일은 모두 고유한 특징을 가지고 있습니다. 더 우월하거나 열등한 투자 방법은 없어요. 각 스타일별로 이를 마스터한 투자 고수는 분명히 존재하고, 그들은 경제적 자유를 이룰 만큼 큰 수익을 거두었답니다.

공통점은 하나 있네요. 이러한 투자 고수들 모두 자기와 아주 잘 맞는 투자 방법을 골라

이를 집중적으로 발전시키고 수행했던 것이죠. 여러분들도 한번 읽어보고 어떤 스타일이 끌리는지 살펴보세요.

장기 투자 기업(오랜 기간 성장)

기업에 대해 3~10년 정도 오랜 기간 투자하는 방식입니다. 장기적으로 그 기업이 아주 잘될 것이라는 확신을 갖고 투자하는 방법이죠. 잘 고르기만 했다면 이보다 마음이 굳건한 투자가 또 있을까 싶습니다. 보통 이런 투자 방법으로 그 기업에 투자하면 투자자는 그 기업의 열성 팬이 되고는 하죠.

배당이 많은 기업(고배당 기업)

기업이 꾸준히 수익을 잘 내면 종종 투자자들에게 이익의 일부를 나눠주기도 합니다. 이것이 바로 배당이죠. 배당은 1년에 한 번 주기도 하고 네 번 주기도 하는 등 기업이 자율적으로 실시하도록 되어 있습니다.

배당은 가지고 있는 주식의 수량만큼 받을 수 있으며 배당받는 금액과 주가를 비교해서 수익률을 계산하기도 합니다. 이를 배당률이라 하는데, 간혹 어떤 기업들은 배당률이 7%가 넘어가기도 하죠. 은행이자의 3배가 넘는군요. 이렇듯 꾸준히 들어오는 현금을 선호하는 경우 배당이 많은 기업에 오랜 기간 투자하는 스타일입니다.

역발상 투자(위기가 곧 기회)

단어 그대로 '역발상'하는 투자 방법입니다. 현재 상태가 좋지 않거나 최악인 기업에 투자하는 방식이죠. 최악인 경우 앞으로 좋아질 날만 남았으며 현재가 바로 저점이라 생각하는 투자 방식입니다. 이 투자 방법은 어떻게 보면 인간의 본능을 거스르는 방식이죠. 난이도가 높은 스타일이지만 로우 리스크 하이 리턴을 달성할 수도 있는 몇 안 되는 투자 방식이랍니다.

가치 기반 트레이딩(쌀 때 사서 비쌀 때 팔자)

일반적인 가치투자의 관점보다 더 단기적인 관점으로 바라보는 투자입니다. 먼 미래의 기업가치보다는 현재 또는 가까운 미래의 가치로 가격을 재단해 매수와 매도를 반복하는 투자 방법이에요. 쉽게 이야기해서, 기업가치가 주당 3만 원 정도라면 2만 6,000원에서 매수하고 3만 1,000원에서 매도하는 것을 반복하는 방법이죠. 투자 기간이 수 주일에서 3개월 정도 되는 특징이 있습니다.

퀀트&스크리닝 계량 투자(숫자 기반의 통계 투자)

이 투자 기법은 툴tool의 관점이 많이 담긴 투자 방법입니다. 엑셀이나 프로그래밍 등을 이용해 정량적인quantitative 기준으로 종목을 매수하고 매도합니다. 사업, 산업, 비즈니스 모델 등 정성적인 부분보다는 숫자를 선호하는 분들이 좋아하는 스타일입니다. 엑셀로 비유하자면 여러 가지 필터(매출 상승, 주가 상승 등)를 걸어서 종목을 발굴하고 매수·매도가를 계산하는 것이죠.

스윙&데일리 트레이딩(며칠 내로 수익을 보자)

'단타'라고 부르는 투자 방법입니다. 종목의 보유 기간이 수 분에서 수일로 매우 짧은 편이며, 하루 단위로 투자 성과가 정산될 수 있습니다. 전업투자자들 중에서 이 방식으로 매일매일 생활비를 버는 분들도 있죠. 거래의 회전율이 아주 빠른 편이며 계좌의 등락 또한 잦습니다. 이에 투자에 투입하는 시간이 많은 편이에요. 도박적인 측면도 없지 않아 동물적인 감각을 가진 투자자라면 좀 더 유리한 측면이 있답니다. 하루하루 큰 금액을 투자하고 투자 결정을 내려야 하기에 멘탈 관리가 아주 중요한 투자 방법이죠.

여러 투자 방법들 중 마음에 드는 스타일을 발견했나요? 이외에도 무궁무진하게 다양한 투자 방법들이 있습니다. 투자 서적들을 읽어보면 제각기 다른 특성을 가진 신기한 투자 방법들도 많이 만날 수 있을 거예요.

다음 표는 앞서 소개한 6가지 투자 스타일에 투자자의 7가지 특성을 대입해 궁합이 잘 맞는지 분석한 자료입니다. 본인의 투자자 특성과 구미가 당기는 스타일을 균형 있게 고려해 나의 라이프스타일과 가장 잘 맞을 것 같은 투자 방법을 선택해보기 바랍니다.

투자 방법	장중 트레이딩 필요 여부	투자에 투입하는 시간	인출/노후 목적 적합도	목돈/적립식 자금 적합도	평균 손실 기간	실패 시 손실의 크기	성공 시 기간 수익의 크기
장기 투자 기업	x	적음	노후	적립식	기업에 따라	기업에 따라	기업에 따라
배당이 많은 기업	x	적음	인출	적립식	기업에 따라	기업에 따라	중간
역발상 투자	x	보통	비슷함	비슷함	가능성 낮음	크지 않음	높음
가치 기반 트레이딩	△	많음	인출	목돈	짧음	크지 않음	중간
퀀트&스크리닝 계량 투자	△	많음	인출	비슷함	방법에 따라	보통	높음
스윙&데일리 트레이딩	O	아주 많음	인출	목돈	짧음	아주 큼	아주 높음

STOCK INVEST MENT

2부

가치투자를 배워보자!

재무제표와 회계보고서를 활용하는 기본적 분석 과외수업

2부에서는 가치투자와 기본적 분석에 대해 배울 거예요. 먼저 기본적 분석을 수행하는 방법을 기초부터 설명할 예정입니다. 분석의 재료는 어디서 구할 수 있는지, 재무제표와 회계가 무엇인지, 어떤 지표를 봐야 기업의 우량함을 판단할 수 있는지 등의 내용을 다룰 예정입니다.

다음으로 밸류에이션^{valuation}에 대해 배울 거예요. 가치투자를 하기 위해서는 당연하게도 기업의 가치를 계산할 수 있어야 합니다. 그래야 오늘의 주가가 가치보다 높거나 낮은지 비교할 수 있겠죠? 이렇게 기업의 적정 가치를 계산하는 과정을 밸류에이션이라고 합니다. 이 과정을 통해 적정 주가와 목표 주가를 구할 수 있게 됩니다.

마지막으로 앞서 배운 기본적 분석과 가치투자를 보다 발전시킬 수 있는(보다 더 정확하게 맞출(!) 수 있는) 다양한 고급 기법들에 대해 배우게 됩니다. 심화 과정이라고 보면 좋을 것 같네요. 워런 버핏 등 유명한 투자 대가들의 가치투자 방법에 대해서도 함께 다룰 예정입니다.

STOCK INVESTMENT

Chapter
4

처음 배우는
기본적 분석

처음 배우는
기본적 분석

이번 챕터에서 우리는 다음과 같은 질문들에 대한 답을 찾을 것입니다.

1. 회사에 대한 정보나 보고서는 어디서 얻을 수 있나요?

- 보고서는 어디에 얼마나 자주 올라오나요?
- 보고서에는 어떤 내용들이 들어 있나요?
- 전자공시가 무엇이죠?

2. 재무제표가 무엇인가요? 회계는 어떤 건가요?

- 버는 돈이나 순이익, 회사의 재산은 어디서 볼 수 있나요?
- 회사의 부채(빚)는 어디서 볼 수 있나요?
- 어떤 일을 하는 회사인지 알 수 있나요?

3. 멀쩡한 회사인가요? 혹시 파산하거나 망하지 않을까요?

- 어떤 경우에 회사가 망하나요?
- 무엇을 보고 회사가 멀쩡한지 알 수 있나요?

4. 좋은 회사인가요? 우량하고 튼튼한 회사인지 궁금합니다!

- 튼튼하다, 우량하다는 기준이 무엇인가요?
- 기업의 가치가 증가하는 것은 어떤 모습인가요?
- 기업이 성장하는 모습은 어떤 모습인가요?

10
기업의 가치를
측정하는 이유

가치투자라는 단어를 들어본 적이 있나요? 주식투자 공부를 시작하고 입문자를 막 벗어난 투자자라면 한 번쯤은 이 단어를 들어봤을 거예요. 혹시 처음 보는 단어이더라도 어느 정도 뜻을 유추할 수 있지 않나요? "가치투자" 이 네 글자만 보면 어떤 '가치value'에 '투자한다investing'라는 개념입니다. 투자란 원금의 안정성과 수익성을 보장하는 것인데, 이러한 개념을 좀 더 해석해보면 가치투자란 미래에 더 큰 수익을 안겨줄 수 있는 어떤 가치에 투자한다는 의미가 되겠죠?

사실, 가치투자를 만든 사람은 따로 있어요. 벤저민 그레이엄이라는 미국의 위대한 투자자인데요. 이 분이 세상에 가치투자를 탄생시켰다고 보면 됩니다.

벤저민 그레이엄이 말하는 가치투자의 정의는 다음과 같습니다.

> **[가치투자]**
> 기업의 가치를 판단, 평가해 투자하는 방법으로
> 우량한 기업이 본질가치보다 저평가되었을 때 매수한다.

그림으로 설명해보면 다음과 같아요.

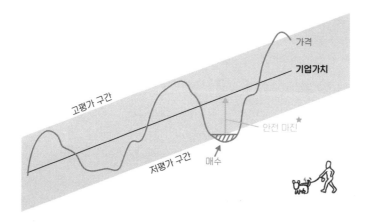

- **기업가치(검정색 선):** 기업가치를 나타내는 선으로, 시간이 흐름에 따라 증가(회사의 가치가 상승)하고 있음을 가정합니다.
- **가격(빨간색 선):** 다양한 변수에 따라 시시각각 변하는 가격(주가 또는 시가총액)을 표시합니다.
- **고평가 구간(가격>기업가치):** 가격이 기업가치보다 높은 구간
- **저평가 구간(가격<기업가치):** 가격이 기업가치보다 낮은 구간
- **안전 마진(기업가치-가격):** 저평가 구간에서 기업가치와 가격의 차이로, 쇼핑에 비유해보면 세일 기간에서의 할인 정도를 나타낸다고 볼 수 있습니다. 안전 마진이 클수록 원래 가격(가치)보다 더 저렴하게 상품(주가)을 구입하는 것입니다.
- **산책하는 강아지와 주인:** 유명한 가치투자자들은 가격과 가치의 관계를 산책하는 강아지와 주인에 비유하기도 합니다. 강아지(가격)는 줄이 묶인 범위에서 주변을 자유롭게 뛰놀지만 궁극

적으로는 주인(가치)이 가는 방향으로 함께 가야만 합니다! 잠시 버티기를 시전할 수는 있어도 결국 주인의 뜻에 따르게 됩니다.

- 그래프의 X축은 시간의 흐름을 나타내고 있다는 점도 참고해주세요!

가치투자를 다시 써보면, 저평가 구간에서 안전 마진을 확보한 상태로 주식을 매수해 이후 주가가 많이 올라 고평가 구간에 돌입했을 때 매도함으로써 수익을 창출하는 투자 기법이라고 말할 수 있어요.

가치투자가 기업의 가치와 주가를 비교해 저평가와 고평가를 판단하고 투자하는 방법이라는 것은 알겠는데, 그러면 기업의 가치는 무엇으로 측정할 수 있을까요? 잠시 상상해보세요. 아마 여러분이 생각한 많은 기준들이 실제로도 그 기업의 가치를 측정하는 데 한 부분 차지하고 있을 것입니다. 기업의 목적은 이윤을 많이 창출하는 것이고, 이를 위해 기업의 어떤 측면을 봐야 하는지 많은 투자자들이 생각을 해왔어요.

딱 떨어지는 정답은 없지만, 다음과 같은 항목들로 기업가치를 엿볼 수 있지 않을까요?

- 가진 재산
- 버는 돈(이윤)
- 기술력
- 우수한 인재
- 브랜드 파워
- 사업 영역

제가 사장이라면 위의 항목들을 내 회사에서 잘 찾을 수 있도록 열심히 노력할 거예요. 그러면 회사는 더욱 성장하고 돈도 더 많이 벌지 않을까 생각합니다.

사실 위에 나열된 가치 요소들 중 숫자로 딱 표현할 수 있는 것은 '가진 재산'과 '버는 돈' 뿐입니다. 이 두 요소는 얼마인지 정확히 표현할 수 있고, 기업 간에 비교도 할 수 있습니다. 다른 요소들은 정성적인 부분이어서 동일 선상에 놓고 비교하기는 쉽지 않아 보여요.

가격은 기업가치를 따라간다

이제 기업가치를 측정하는 대표적인 요소에 대해 알았으니 실제 데이터로 가치투자를 한번 그려볼까요? 현대차와 기아차의 약 20년간의 가치(버는 돈: 순이익)와 가격(시가총액)을 비교해보겠습니다.

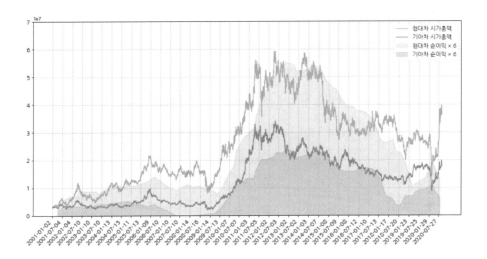

꺾은선그래프는 가격(시가총액)을 보여주고 영역 그래프는 가치(순이익)를 보여주고 있습니다. 초록색은 현대차의 데이터이고, 주황색은 기아차의 데이터입니다. 정말 가격이 가치를 중심으로 등락하는 것을 볼 수 있죠?

눈썰미가 예리한 분들은 "어라? 가격이 가치보다 먼저 움직이네? 오를 때는 가치보다 가격이 먼저 오르고 떨어질 때도 가격이 먼저 떨어지네?"라는 의문을 가질 텐데요. 아주 정확하게 보셨습니다. 가격이 기업가치를 따라간다고 가정했을 때, 어떤 기업의 가치가 향후 높아진다고 예상되면 이 기업의 주식을 미리 사두는 것이 좋겠죠? 남들이 아직 이 기업의 진가(높아질 가치)를 잘 모를 때 선점해야 보다 싼 가격에 이 주식을 살 수 있을 것입니다. 반대의 경우도 마찬가지겠죠? 즉, 많은 투자자들이 미래의 기업가치를 예상하고 선제적으로 주식을 매수·매도하기 때문에 가치보다 가격이 먼저 움직이는 것입니다.

가치투자에서는 주가와 차트에 대해서는 깊게 고민하지 않아요. 중요하게 생각하는 것은 그 기업의 가치가 얼마인지 측정하는 것입니다. 단순히 가치를 측정하는 것뿐만 아니라, 그 기업이 위험한지(파산, 부도, 비리), 가치에 걸맞는 적정 가격(적정 주가, 목표 주가)은 얼마인지, 미래에 그 기업이 더욱 성장할 것인지 여부 등을 깊게 분석하고는 합니다.

11

기업의 성적표,
정기공시
살펴보기

학창 시절, 학기 시험이 끝나고 조마조마하며 부모님께 성적표를 가져다드렸던 경험 있으시죠? 저는 썩 그렇게 유쾌한 경험은 아니었어요. 왜 시험은 1년에 네 번이나 보는지, 시험을 안 보면 안 되는지… 그런 생각들이 들었더랬죠. 언젠가 공부 잘하는 학생을 엿봤는데, 각 과목별로 시험 점수를 분석해 앞으로 어떤 부분을 보강해야 할지 계획을 짜는 것을 보고 놀랐던 기억이 남네요.

기업을 분석하는 첫걸음은 매 분기 발표하는 기업의 성적표를 들여다보는 거예요. 주식 시장에 상장된 기업들은 자본시장법에 의거해 성적표(성과)를 1년에 최소 4회 공개적으로 발표해야 한답니다. 이렇게 의무적으로 분기마다 발표하는 경영 성과보고서를 기업의 '정기공시'라고 합니다. 그렇다면 '공시'는 무엇일까요?

> **[공시]**
> 사업 내용이나 재무 상황, 영업실적 등 기업의 주요 경영 내용을 투자자 등
> 이해관계자들에게 알리는 제도.
> 주식시장에서 가격과 거래에 영향을 줄 수 있는
> 중요 사항에 관한 정보를 알림으로써 공정한 가격 형성을 목적으로 한다.

공시는 투자자들에게 보고하는 회사의 중요 경영 정보라고 할 수 있어요. 회사나 주식에 중대한 영향을 주는 회사의 소식들을 의무적으로 알려야 하는 것입니다. 그렇지 않다면 회사의 내부자들이 내부 정보를 은폐하거나 이용해서 주식 매매를 통해 큰 수익을 얻을 수 있겠죠? 자본시장에서 이러한 반칙을 제재하기 위해 기업들에게 공시의 의무를 부과한 것입니다.

기업의 공시를 살펴보면 매출액, 순이익, 영위하는 사업, 직원의 수, 임원 명부 등 정말 많은 정보가 기록되어 있어요. 그렇다면 이러한 공시는 어디에서 찾아보는 것일까요?

공식적인 보고 창구, 전자공시 시스템

우리나라는 기업들이 보고하는 공시를 온라인에서도 볼 수 있는 시스템이 잘 구축되어 있습니다. 바로 '전자공시 시스템DART'입니다. 투자자들은 언제 어디서든 PC나 스마트폰을 이용해 기업의 공시보고서를 찾아볼 수 있답니다.

DART에 접속해보면 다음과 같은 웹사이트를 볼 수 있습니다. 대략적인 DART 사용법을 알려드릴게요!

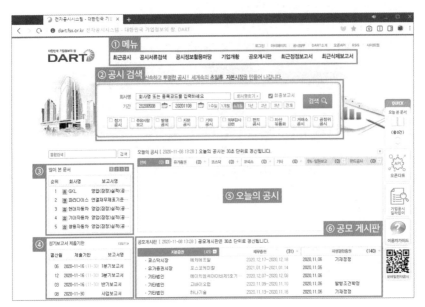

▲ DART 접속 후 첫 화면 네비게이션(https://dart.fss.or.kr/)

① DART 메뉴

전자공시 사이트의 메인 메뉴 네비게이션입니다. 필요에 따라 편리하게 이용할 수 있도록 다양한 종류의 검색 도구들이 마련되어 있습니다.

② 공시 검색

가장 많이 사용하는 기능입니다. 특정 회사에 대한 기업 공시를 검색합니다. 검색 기간이나 공시의 종류를 지정해 검색할 수 있습니다.

③ 많이 본 문서

DART에 접속한 투자자들이 가장 많이 본 공시보고서를 보여줍니다. 마치 네이버의 실시간 검색어 랭킹과 비슷한 기능이죠. 경영 성과가 아주 뛰어나거나 아주 문제가 많거나 등 투자자들 사이에서 핫한 공시들이 주로 출력됩니다.

④ 정기보고서 제출 기한

상장기업들은 1년에 4회 의무적으로 '정기공시'를 보고해야 한다고 말씀드렸죠? 이러한 정기공시를 언제까지 제출해야 하는지 나타냅니다. 학생들에게 숙제를 내주면 제출 기한의 마지막 날에 가장 많이 제출하듯, 기업들도 보고 기간의 마지막 날에 가장 많이 보고서를 올린답니다.

대부분의 기업들은 12월 결산(경영의 마지막 월이 12월인 경우)인 경우가 많고, 12월 결산인 기업들의 분기별 정기보고서 제출 기한은 다음과 같습니다.

- 1분기(1~3월): 5월 15일
- 2분기(4~6월): 8월 15일
- 3분기(7~9월): 11월 15일
- 4분기(10~12월): 다음 해 4월 1일

각 분기별 경영 성과를 해당 날짜까지 보고하게 되어 있습니다. 달력과 영업일에 따라 하루 이틀 차이가 있을 수 있으니 정확한 기한은 DART 홈페이지의 내용을 참조해주세요!

⑤ 오늘의 공시

DART 홈페이지를 보고 있는 당일, 실시간으로 올라오는 공시를 보여주는 테이블입니다. 30초 간격으로 새로고침되어 가장 최근의 공시를 출력하게 되어 있습니다. 정기보고서 제출 마지막 날에는 오늘의 공시 테이블이 아주 뜨겁죠. 이날 올라오는 경영 성과에 따라 많은 기업들의 주가가 요동치고는 한답니다.

⑥ 공모 게시판

기업들이 새로운 주주를 모집하거나 빚으로 자금을 조달할 때 투자자들을 모집하기 위해 사용하는 게시판입니다. 신규기업공개(IPO)나 기존 기업의 주식 추가 발행(유상증자 등), 채권투자자 모집 등 다양한 투자 건에 대해 발행 조건, 투자 모집 금액 등을 확인할 수 있습니다.

DART에서 기업을 검색하고 전자공시 살펴보기

DART에 대한 기본적인 사용법을 알았으니 직접 기업을 찾아서 공시를 읽어볼까요? 아시아나항공(A020560)을 한번 찾아보겠습니다.

▲ DART에서 기업 검색하기

먼저 회사명에 찾고자 하는 기업을 입력합니다. 자동완성으로 회사명이 검색될 수 있으며, '회사명 찾기'를 통해 자음이나 알파벳 순서로도 회사명을 검색할 수 있답니다. 복수의 동명 기업이 검색 결과로 나타날 수 있는데, 회사명 왼쪽의 유 코 기 아이콘을 통해 '코스피', '코스닥', '기타'를 구분하면 됩니다. 최종적으로 '검색'을 클릭해 기업의 공시 리스트를 찾아 들어갑니다.

▲ 아시아나항공 공시 검색 결과

검색 결과를 보면 공시 접수일의 역순으로 아시아나항공의 공시 목록이 출력되는 것을 확인할 수 있습니다. 현재 화면의 공시 목록에는 '정기공시'는 없고 모두 '상시공시'로 기업의 경영 사항이 그때그때 보고된 것을 볼 수 있는데요, 이 중 11월 6일자 공시인 [풍문 또는 보도에 대한 해명(미확정)] 공시를 열어볼까요? 공시의 제목을 클릭해주세요.

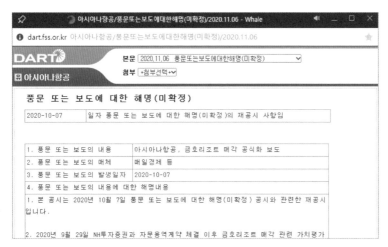

▲ 아시아나항공 11/6 공시 '풍문 또는 보도에 대한 해명(미확정)'

이 공시는 아시아나항공이 금호리조트를 매각한다는 매일경제의 뉴스 보도에 대해 아시아나항공의 공시 책임자가 맞다고 확인해주고 이를 보고하고 있습니다. 정말 세세한 부분까지 투자자들에게 알리고 있죠?

여기서는 지면상의 제약으로 상시공시를 하나밖에 소개하지 못하지만, 독자 여러분은 찾은 기업들의 다양한 공시들을 꼭 한 번씩 읽어봤으면 좋겠습니다! 공시에는 정말 작은 내용들까지 올라오기 때문에 해당 기업의 투자자들에게는 필수 공부 자료라고 할 수 있어요. 워런 버핏은 공시를 보지 않고 하는 주식투자를 "자신의 패도 보지 않고 치는 포커"라고 표현하기도 했답니다. 단타를 통해 주식을 '트레이딩'하는 것이 아닌, 중장기로 기업에 '투자'를 하는 투자자들에게 공시는 정말 필수적으로 읽어야 할 자료인 것이죠. 그 회사의 상황을 낱낱이 파악할 수 있으니까요!

1년에 4회, 기업의 정기공시 살펴보기

앞서 아시아나항공의 공시에서 '정기공시'만 골라서 검색해보도록 하죠. 검색 조건에 '정기공시'를 체크하고 기간을 '전체'로 해 검색해봅시다.

▲ 아시아나항공 정기공시 검색 결과

검색된 정기공시의 이름을 한번 살펴보세요. 분기보고서, 반기보고서, 사업보고서의 이름으로 1년에 네 번 공시가 올라와 있는 모습을 볼 수 있죠? 이러한 정기보고서의 특징은 일련의 양식을 갖추고 있다는 점입니다. 회계보고서 작성 기준에 따라 해당 양식을 준수해 정기보고서를 작성하죠. 가장 최근의 정기보고서를 한번 열어볼까요?

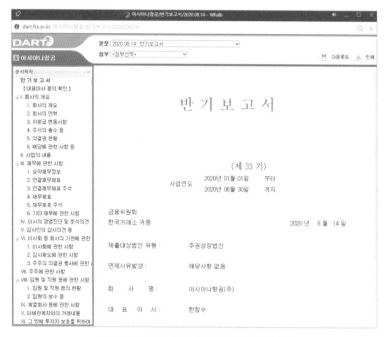

▲ 아시아나항공 정기공시: 반기보고서(2020.06)

왼쪽의 '문서 목차'가 보이나요? 한번 쭉 살펴봐주세요. 어떤가요? 정말 다양한 내용들이 기재되어 있는 것을 볼 수 있습니다. 이러한 구성으로 작성된 보고서가 바로 '정기보고서'입니다. 이러한 형식은 여러 회사에서 모두 공통적으로 사용하는 양식이에요. 다른 회사의 정기보고서도 비슷한 구성으로 이루어져 있다는 이야기입니다.

정기보고서의 주요 목차

I. 회사의 개요

II. 사업의 내용

III. 재무에 관한 사항

IV. 이사의 경영진단 및 분석의견

V. 감사인의 감사의견 등

VI. 이사회 등 회사의 기관에 관한 사항

VII. 주주에 관한 사항

VIII. 임원 및 직원 등에 관한 사항

IX. 계열회사 등에 관한 사항

X. 이해관계자와의 거래내용

XI. 그 밖에 투자자 보호를 위하여 필요한 사항

정기보고서의 내용이 엄청 많지요? 모두 다 읽으면 당연히 좋겠지만, 우리 현대인들은 시간적인 여유가 그리 많지 않은 경우가 대부분이죠. 따라서 투자자의 입장에서 주요 사항으로 보는 부분들만 몇 가지 추려서 살펴보겠습니다. (정기보고서를 처음 접하는 분은 전체의 모든 목차를 한번 구경하시는 것을 강력 추천합니다! 나중에 필요할 때 어떤 내용이 어디에 있는지 아는 것은 매우 큰 도움이 되니까요.)

II. 사업의 내용

기업이 영위하는 비즈니스의 내용뿐만 아니라 각 사업부문별 매출 비율, 시장점유율, 공장가동률 등 사업의 내용과 관련된 사항들이 기재되어 있습니다. 기업을 분석할 때 아주 중요한 부분으로, 처음부터 끝까지 한번 읽어보는 것을 강력 추천합니다.

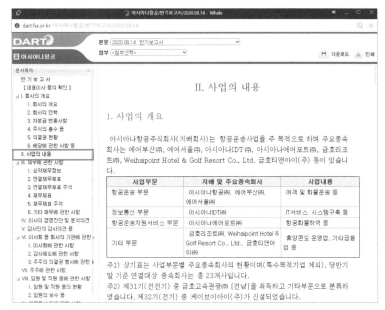

▲ 사업의 내용 중 사업의 개요를 간략히 설명하는 부분

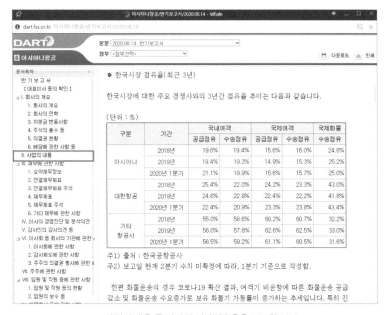

▲ 사업의 내용 중 당사의 시장점유율을 보고한 부분

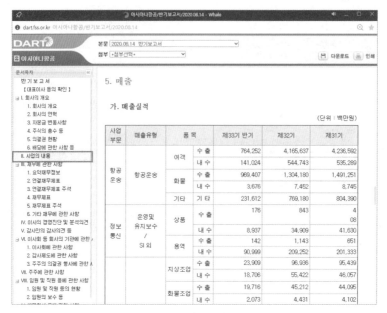

사업 부문	매출유형	품목		제33기 반기	제32기	제31기
항공 운송	항공운송	여객	수 출	764,252	4,165,637	4,236,592
			내 수	141,024	544,743	535,289
		화물	수 출	969,407	1,304,180	1,491,251
			내 수	3,676	7,452	8,745
		기타	기 타	231,612	769,180	804,390
정보 통신	운영및 유지보수 / SI 외	상품	수 출	176	843	4 08
			내 수	8,937	34,909	41,630
		용역	수 출	142	1,143	651
			내 수	90,999	209,252	201,333
		지상조업	수 출	23,909	96,936	95,439
			내 수	18,706	55,422	46,057
		화물조업	수 출	19,716	45,212	44,095
			내 수	2,073	4,431	4,102

(단위 : 백만원)

▲ 사업의 내용 중 각 사업부문별 매출 실적을 표기한 부분

III. 재무에 관한 사항

사업의 내용이 기업의 비즈니스에 대해 설명하는 부분이라면 재무에 관한 사항은 기업의 경영 성과를 회계적인 숫자로 보고하는 부분입니다. 기업의 경영에 따른 재무 상태를 숫자로 구성된 표로 보고하며, 자산, 부채, 매출액, 순이익 등 여러 계정들을 보고 기업의 재무 건전성이나 수익성, 성장성 등을 파악할 수 있습니다.

사업의 내용과 마찬가지로 아주 중요한 부분인데, 아직 재무제표 읽는 법을 배우지 않았으므로 많이 생소하고 어지러울 거예요. 다음 장에서 이러한 재무제표를 읽을 수 있는 방법을 가르쳐드릴 예정입니다.

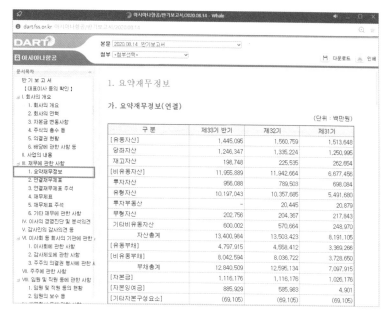

▲ 재무에 관한 사항 중 요약재무정보

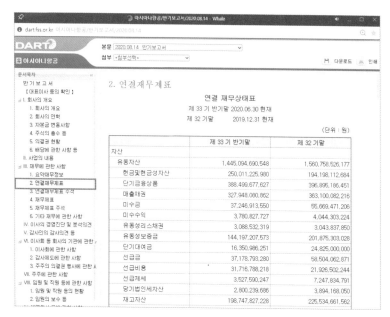

▲ 재무에 관한 사항 중 연결재무제표(자회사를 합산한 재무 보고)

VII. 주주에 관한 사항

기업의 주요 주주에 대한 내용이 나와 있습니다. 대주주 및 주요 주주들이 누구인지, 어느 정도의 지분율로 소유하고 있는지 등을 살펴볼 수 있죠.

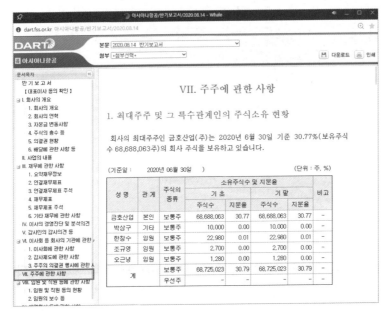

▲ 주주에 관한 사항

VIII. 임원 및 직원 등에 관한 사항

회사의 주요 임원진 소개와 직원 현황을 볼 수 있습니다. 임원들의 약력이나 역할들에 대해서도 기재되어 있죠. 직원들의 경우 전체 직원 수나 평균 근속 연수, 연간 급여 등에 대해 표시하고 있습니다. 취준생들이 많이 찾는 내용들이기도 하죠.

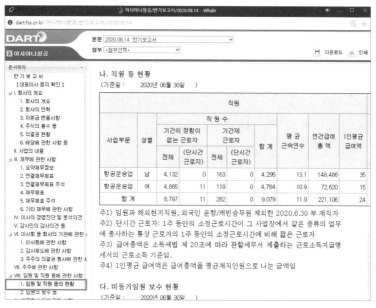

▲ 임원 및 직원 등에 관한 사항 중 임원 및 직원 등의 현황

일반적인 투자자들은 정기보고서에서 제시한 주요 항목들을 먼저 파악합니다. 기업이 마음에 든다면 나머지 부분들을 상세히 살펴보겠죠? 정기보고서가 아주 많은 내용들을 포함하기 때문에 기업을 상세히 파악하기에 더할 나위 없이 좋습니다. 그러나 전업투자자가 아닌 이상 시간이 충분하지 않기 때문에 중요한 순서대로 우선 살펴보는 것이죠.

증권 정보 웹사이트

정기보고서는 어떤 각도에서 보면 매우 딱딱합니다. 투자자의 입장이 아닌 기업의 입장에서, 기업이 금융감독원에 공식적으로 '보고'하는 문서이기 때문이죠. 그렇다면 투자자의 입장에서 보다 사용성이 좋고 유려한 증권 정보 웹사이트는 없을까요? 본격적으로 정기보고서를 읽기 전 깔끔하게 요약 정보를 보면 좋겠는데 말이죠.

밸류스튜디오퀀트

'밸류스튜디오퀀트Value Studio Quant, VSQUANT'는 가장 빠르게 기업에 대한 전반적인 정보를 훑어볼 수 있는 웹사이트입니다. 유려한 웹 UI/UX가 장점이며 이를 통해 투자자에게 필수적인 정보를 빠르게 전달해주고 있습니다. 실시간으로 각종 투자 지표가 계산되는 것은 이 웹서비스만의 특장점인 것 같습니다.

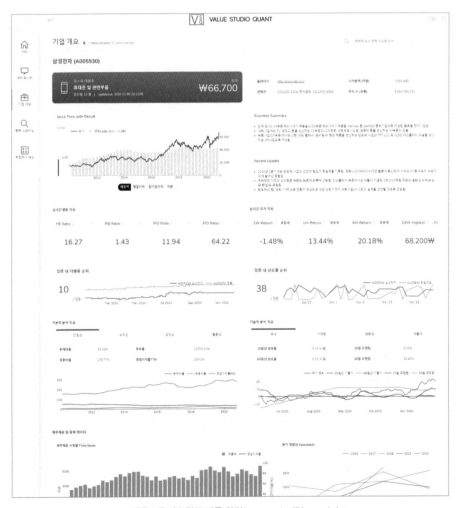

▲ 밸류스튜디오퀀트 제공 화면(vsquant.kr 또는 vsq.kr)

컴퍼니가이드

기업의 정보를 요약해 파악할 수 있는 또 하나의 웹서비스는 에프엔가이드가 운영하는 '컴퍼니가이드'입니다. 기업의 주가 흐름, 사업의 내용, 재무제표, 투자 의견 등 다양한 정보를 요약해 한눈에 파악할 수 있습니다.

▲ 컴퍼니가이드 제공 화면(https://comp.fnguide.com/)

기업에 대한 정보를 어디서 얻을 수 있는지, 정기보고서는 어떻게 구성되어 있는지 잘 보셨나요? 지금까지 기업 분석을 위한 재료인 정보나 보고서들은 어디서 얻을 수 있는지 알려드렸어요. 그러나 기본적 분석을 통해 기업의 근본적인 내재가치를 알아내기 위해서는 정보를 단순히 검색하는 것을 넘어 재무제표와 회계에 대해 어느 정도 알아야 합니다. 재무제표와 회계보고서를 통해 기업의 속사정과 숫자를 파악할 수 있기 때문이죠.

다가올 장에서는 기본적 분석에 필요한 이러한 지식들과 도구들에 대해 차근차근 설명하겠습니다.

12

재무제표와 손익계산서 읽는 법

앞서 잠시 보여드렸던 정기보고서의 재무에 관한 사항 부분이 기억나시나요? 엄청난 표와 숫자가 떠오른다고요? 네… 그 부분이 맞습니다. 이번 장에서는 바로 그 재무에 관한 사항을 읽어내는 방법에 대해 배울 거예요. 조금 다른 말로 표현해보자면 '재무제표'를 읽는 방법을 배우는 것입니다. 재무제표가 무엇일까요?

[재무제표]
회계상 재무 현황을 기록해 보고하기 위한 문서.
기업의 경영에 따른 재무 상태를 파악하기 위해
회계원칙에 따라 간단하게 표시한 재무보고서를 말한다.

재무제표는 기업의 성과를 숫자로 나타내는 보고서입니다. 재무제표는 ①재무상태표 ② 손익계산서 ③현금흐름표 ④자본변동표 ⑤주석 이렇게 5요소로 이뤄져 있습니다. 이 중 손익계산서를 잠시 예로 보여드릴게요.

	(2020.1.1 ~ 2020.06.30)	(2019.1.1 ~ 2019.12.31)	(2018.1.1 ~ 2018.12.31)
매출액	2,180,139	6,965,789	7,183,387
영업이익(손실)	(268,581)	(443,713)	28,233
계속사업이익(손실)	(633,264)	(817,886)	(195,861)
당기순이익(손실)	(633,264)	(817,886)	(195,861)
지배기업 소유주지분	(592,304)	(785,277)	(197,883)
비지배지분	(40,960)	(32,609)	2,022
기타포괄손익	8,637	(10,103)	(36,368)
총포괄이익(손실)	(624,627)	(827,989)	(232,229)
기본주당순이익(손실)	(2,653)원	(3,626)원	(964)원
희석주당순이익(손실)	(2,653)원	(3,626)원	(964)원
연결에 포함된 회사수	24	24	27

주1) 상기요약표는 한국채택국제회계기준에 따라 작성하였습니다.

▲ 아시아나항공 반기보고서(2020.06.) 요약재무정보 중 손익계산서

재무제표에는 이렇게 숫자와 기간으로 표시되는 표들이 많습니다. 기업의 주요 재무 성과에 대해 기간별, 항목별로 보고하는 것이죠. 투자자들은 재무제표를 통해 기업의 부채나 자본, 매출액이나 이익 등 숫자로 집계되는 성과들을 확인할 수 있답니다. 그렇다면 우리가 투자를 위해 재무제표를 살펴봐야 하는 이유는 무엇일까요?

기업을 평가하는 기준

재무제표에는 기업의 경영 성과에 대한 재무 지표들이 숫자로 표기되어 있습니다. 투자자들은 이를 통해 기업들을 비교하고 안정성이나 우량함을 계산해 판단하죠. 이렇듯 재무제표는 숫자로 표현되기 때문에 기업을 평가하는 정량적인 기준으로 사용하기 안성맞춤입니다.

대다수의 메이저 투자자, 큰손들이 살펴보는 지표

싱가포르 국부펀드, 국민연금 등 메이저 투자자들은 굴리는 자금의 크기가 어마어마합니다. 수천억부터 몇십조에 이르기도 하죠. 그렇기 때문에 투자를 수행할 때 단타를 하기가 매우 어렵습니다. 따라서 주로 기업의 가치에 중장기 투자를 하게 되는데, 이렇게 가치를 기반으로 투자할 경우 재무제표가 아주 중요합니다. 가치를 숫자로 나타내는 가장 중요한 보고서이기 때문이죠. 큰손들이 재무제표를 보지 않고 투자하는 경우는 거의 없을 것입니다.

이론적인 근거(주식과 투자자의 개념)

우리가 주식투자를 하는 이유는 무엇일까요? 결국 많은 수익을 내기 위함일 거예요. 재무제표는 기업이 벌어들이는 수익과 우리가 투자하는 금액을 비교할 수 있게 해줍니다. 재무제표를 통해 이론적인 '투자 수익률'을 계산해낼 수 있는 것이죠. 만약 주식을 100% 매입해 그 기업을 인수한다면 이 수익률이 이론에만 그치지 않고 현실 수익률이 되겠죠?

이렇듯 재무제표는 그 기업을 평가하는 중요한 기준이 된답니다. 심지어 단타 트레이더들에게도 때로는 유용한 정보가 될 수 있어요. 재무제표를 보면 최소한 내일모레가 위험한 파산 예정의 기업은 피할 수 있거든요.

재무제표 읽는 법을 배웠을 때 또 하나의 유용한 점은 언어를 바꿔 해외 기업을 국내와 같은 방법론으로 분석할 수 있다는 점입니다. 우리나라에는 2011년 IFRS가 도입되었어요. 국제 회계 기준을 사용하는 나라들이 많기 때문에 우리나라를 기준으로 재무제표 읽는 법을 배워두면 외국의 재무제표도 해석할 수 있답니다. 이 책에서는 주요 재무제표를 읽는 법을 가르쳐드릴 때 옆에 영문명을 적어두겠습니다. 추후 미국, 유럽 등 해외 기업에 투자할 때 유용하게 사용했으면 좋겠습니다.

재무상태표

재무제표의 첫 번째 요소인 재무상태표^{Balance Sheet}는 '특정 시점에 현재 기업이 보유하고 있는 자산(경제적 자원)과 부채(경제적 의무), 자본의 잔액에 대한 정보를 보고하는 보고서'입니다. 사람의 입장에서 생각해보자면 '오늘'이나 '지금'처럼 특정 시점에 내가 가지고 있는 재산과 빚이 얼마가 있는지 전체를 집계해보는 거죠.

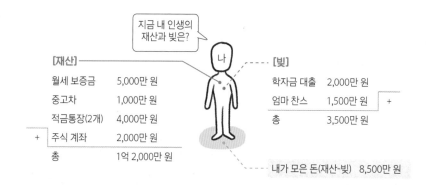

재무상태표는 각 계정의 잔액이 얼마인지 알려주는 것이기 때문에 특정 시점을 기준으로 하게 되어 있습니다. 아주 중요한 부분이에요.

기업의 입장에서 재무상태표의 정의를 보면 생소한 단어들로 이루어져 있어서 감이 잘 안 오는데요, 다음 예시를 보면 아주 쉽게 이해가 될 겁니다.

[예시 1단계] 장사를 하고 싶은 성민이는 자신의 돈 5,000만 원과 부모님에게 빌린 돈 3,000만 원, 은행에서 빌린 돈 4,000만 원으로 중국집을 열려고 합니다.

자산	현금 1억 2,000만 원	부채	부모님 찬스 3,000만 원 은행 대출 4,000만 원
		자본	내 돈(성민) 5,000만 원

- **자산(Assets):** 지금 무엇을 얼마나 갖고 있는지에 대한 상태

- **부채(Liabilities):** 타인의 지분

- **자본(Equity):** 나의 지분(나눅주주)

성민이가 마련한 돈 5,000만 원은 '자본'에 들어갑니다. 부모님과 은행에서 빌려온 돈은 '부채'에 들어가게 되고요. 그렇게 해서 마련한 전체 금액인 현금 1억 2,000만 원은 '자산'에 들어갑니다. 예시와 함께 자산과 부채, 자본에 대한 정의를 살펴보세요. 한결 이해가 편하죠? 성민이네 중국집은 현재 현금 1억 2,000만 원의 자산을 가지고 있고, 이 중에서 빚은 7,000만 원, 자신의 재산은 5,000만 원입니다.

자, 그런데 현금만 가지고 있으면 장사를 할 수 있을까요? 성민이에게 사업할 마음을 먹었으면 어서 중국집을 본격적으로 차리라고 말해봅시다.

[예시 2단계] 사업 자금을 충분히 마련한 성민이는 본격적으로 중국집 오픈을 준비합니다. 사업 자금으로 가게를 구해 보증금을 납부합니다. 인테리어도 하고 주방 용품도 구입하고 배달을 위한 오토바이도 마련합니다. 이제 주방장과 종업원을 구해 사업을 개시할 일만 남았네요!

자산	현금 3,000만 원 점포 보증금 4,000만 원 주방 용품 1,000만 원 인테리어 소품 3,000만 원 배달 오토바이 1,000만 원	부채	부도님 찬스 3,000만 원 은행 대출 4,000만 원
		자본	내 돈(성민) 5,000만 원

- 자산에 대한 소유권을 부채와 자본의 비율로 나타냄

- 자산 = 부채 + 자본

- 현재 가지고 있는 재산들 = 남의 돈 분량 얼마 + 내 돈 분량 얼마

성민이가 마련한 현금 사업 자금으로 이런저런 것들을 구매했군요! 구매한 만큼 해당 항목과 구매 금액, 차감된 현금이 자산에 기록되어 있네요. 성민이의 중국집이 보유하고 있는 재산은 총 1억 2,000만 원으로 다양한 항목들로 이루어져 있고, 이 중 7,000만 원어치는 갚아야 하는 부채, 5,000만 원어치는 자신의 몫인 자본입니다.

이처럼 재무상태표는 현재 기업이 보유하고 있는 자산(경제적 자원)과 부채(경제적 의무), 자본의 잔액에 대한 정보를 보고하고 있답니다. 같은 정의를 예시를 보고 다시 읽어보니 좀 더 쉽게 이해가 되죠? 주식회사의 경우 중국집의 주인이 성민이가 아닌 여러 명으로 쪼개져 있는 사실만 추가로 생각하면 됩니다. 즉, 자본이 주식의 수만큼 쪼개져 있는 것이죠.

알아두면 쓸모 있는 주식 심화학습!

투자자의 입장에서 본 재무상태표

투자자의 입장에서 재무상태표 흐름의 의미에 대해 표현해보면 다음과 같습니다.

주주의 돈[자본]과 남의 돈[부채]을 합쳐서 필요한 재화를 사서[자산] 사업을 한다. 사업의 결과 짭짤한 수익이 발생(손익계산서에 작성)했다.

　→ 남의 돈에 대한 이자를 갚는다. :: 이자 비용
　　→ 남은 돈의 일부를 주주들에게 보답으로 나눠준다. :: 배당
　　　→ 마지막에 남은 돈은 회사의 돈(≒ 주주 돈 = 자본)이 된다.

'채권자'와 '주주'의 가장 큰 차이점은 회사는 채권자에게 빌린 돈을 갚아야 하는 '의무'가 있다는 점입니다. 반면 주주는 이 회사의 '소유권'을 갖기 위해 투자한 개념이므로 회사가 주주에게 돈을 갚아야

할 의무는 없습니다. 대신 회사는 투자자들에게 일종의 보답으로 당기 수익의 일부를 '배당'으로 환원할 수 있습니다. 이러한 배당은 회사의 주주총회에서 의결하며, 회사의 자율이기 때문에 많은 금액을 줄 수도, 아예 안 줄 수도 있답니다.

재무상태표의 자산, 부채, 자본의 개념에 대해 충분히 이해하셨나요? 그렇다면 이제 실제 기업의 재무상태표를 한번 살펴보겠습니다. 컴퍼니가이드에서 삼성전자(A005930)를 검색해볼까요?

IFRS(연결)	2019/09	2019/12	2020/03	2020/06
자산	3,533,860	3,525,645	3,574,575	3,579,595
유동자산 🔢	1,860,421	1,813,853	1,867,397	1,861,368
비유동자산 🔢	1,673,439	1,711,792	1,707,178	1,718,227
기타금융업자산				
부채	899,437	896,841	910,698	881,517
유동부채 🔢	633,032	637,828	647,633	618,637
비유동부채 🔢	266,405	259,013	263,065	262,880
기타금융업부채				
자본	2,634,422	2,628,804	2,663,877	2,698,078
지배기업주주지분 🔢	2,554,035	2,549,155	2,584,818	2,617,454

▲ 삼성전자 재무상태표(컴퍼니가이드 > 기업 정보 > 재무제표)

우리가 방금 배운 자산과 부채, 자본에 대한 수치가 나와 있습니다. 각 계정의 흐름이 어떤가요? 몇 가지 발견한 사실들을 적어봤습니다.

- 자기자본은 269조 원, 부채는 88조 원인 것을 알 수 있습니다. 순자산에 비해 빚이 많지 않은 안정적인 모습입니다. (2020년 6월 기준)
- 주주의 몫인 자본은 꾸준히 증가하고 있습니다. 2019년 9월에 비해 2020년 6월 약 6조 원 증가한 모습입니다.
- 부채의 규모는 큰 변화가 있지 않습니다. 살짝의 증감이 있으나 유의미하게 더 많은 빚을 졌다고 보기는 어렵습니다.

삼성전자는 자본이 지속적으로 증가하는 재무상태표를 보여주고 있습니다. 회사의 재산이 지속적으로 늘어난다는 것은 최소한 투자자에게 부정적인 지표는 아니겠지요?

손익계산서

재무제표의 두 번째 요소인 손익계산서^{Income Statement}는 '일정 기간 동안 기업의 경영 성과를 나타내기 위한 재무제표 양식으로, 모든 수익과 비용을 대비시켜 기간의 순이익을 계산해 보고한 보고서'입니다. 좀 더 쉽게 이야기해보자면, 손익계산서는 일정 기간 동안 기업이 장사를 한 성적표라고도 말할 수 있어요.

성실한 직장인 범현 씨를 예시로 생각해보자면, 일정 기간(예를 들면 올 한 해) 동안 범현 씨가 벌어들인 총 수입은 얼마인지, 지출은 얼마인지, 그래서 올해 범현 씨가 모은 돈은 얼마인지 계산해보는 거예요.

- 직장 월급(400만 원×12) 4,800만 원 - 프리랜서 코딩 개발 1,200만 원	**[총 수입] 6,000만 원**	
- 매달 생활비(100만 원×12) 1,200만 원 - 주거비(월세 50만 원×12) 600만 원 - 데이트 비용 900만 원 - 고성능 노트북 구입 200만 원	**[총 지출] 2,900만 원**	
	순이익 3,100만 원	

직장인 **범현**
(프로그래머)

손익계산서는 일정 기간 동안의 수입에서 지출을 제하고 순이익을 계산합니다. 어느 시점부터 어느 시점까지 '기간'에 대해 집계하게 되어 있는 것이죠. 앞서 재무상태표가 특정 시점을 기준으로 하는 것과 다르죠? 중요한 차이점이니 다시 한 번 기억해주세요!

사람들은 보통 월별 가계부를 쓰거나 1년 단위 장부를 작성하곤 하죠? 기업들은 일반적으로 공시의 최소 의무 단위인 3개월 동안의 손익계산서를 집계해 발표합니다.

자, 그럼 손익계산서라는 것을 한번 뜯어볼까요?

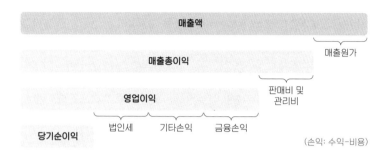

(손익: 수익-비용)

기업의 손익계산서는 물건을 판매한 총 금액인 '매출액'에서 시작해 비용들을 차례대로 제해 마침내 최종 손익인 '당기순이익'까지 도달하게 됩니다.

손익계산서에서 각 계정들의 의미는 다음과 같습니다. (옆에 영문명을 함께 적어뒀으니 추후 해외 기업 분석에 함께 참고하기 바랍니다!) '●' 표시는 부분은 손익 계산 도중 '중간 집계'한 수치입니다. 각각의 중간 집계한 계정들은 제각기 의미가 있답니다. '○' 표시는 '비용'에 관한 수치입니다. 총 수익에서 차례대로 제하는 비용에 해당합니다.

- ● **매출액(Sales 혹은 Revenue):** 제품을 판매한 전체 금액입니다. 기업에서 소비자에게 받은 재화의 대금에 대한 전체 금액의 합입니다.

- ○ **매출원가(Cost of Goods Sold):** 매출로 판매한 제품에서 원가에 해당하는 비용입니다. 제품과 관계없는 원가(영업비, 복지비 등)는 이 비용에 속하지 않으며, 직접적으로 제품에 관련된 원가만 포함해 합산한 개념입니다. 제품이 많이 판매되면 개수에 비례해 증가합니다.

- ● **매출총이익(Gross Profit):** 매출액에서 매출원가를 뺀 중간 집계 금액입니다. 매출에서 직접적인 제품원가만을 제한 수익성을 파악할 수 있습니다.

- ○ **판매비 및 관리비(Selling, General & Administrative expenses, SG&A):** 공통적인 성격의 원가에 해당하는 비용입니다. 매출이 발생한 제품과 직접적인 관계는 없지만 공통적인 성격으로 지출한 비용에 해당합니다. 광고비, 사무직의 월급, 사무실 전기세 등의 비용이죠. 제품들을 판매하기 위해 공동 지출한 비용입니다.

- **영업이익(Operating Profit 혹은 Operating Income):** 매출총이익에서 판관비를 뺀 중간 집계 금액입니다. 기업의 영업 활동을 통한 수익성을 파악할 수 있습니다. 이후에 빌려온 부채에 관한 '이자비용' 등을 차감하게 됩니다. 이러한 비용을 차감하기 전 순수하게 그 기업의 사업 활동에서 발생한 수익력을 측정합니다.

- **금융손익(Financial Income/Cost):** 기업의 영업과 관련이 없는 금융 관련 수익과 비용을 반영하는 손익입니다. 기업이 해외에 수출할 때 발생하는 '외환손익', 빌려온 돈에 대한 이자를 내는 '이자비용'과 같은 항목들이 포함됩니다.

- **기타손익(Other Income/Cost):** 기업의 영업과 관련이 없고 금융손익도 아닌 기타수익과 비용을 반영하는 손익입니다. 기업이 가진 자산을 시세차익을 얻고 매각했을 때 발생하는 '자산 처분 이익', 천재지변으로 자산의 손실이 일어났을 때 발생하는 '재해손실'과 같은 항목들이 포함됩니다.

- **법인세(Taxes):** 기업 활동을 영위하고 있는 국가에 납부하는 법인세 세금 비용입니다. 우리나라의 경우 이익의 10~25%가량을 세금으로 납부하도록 법인세 세율이 정해져 있습니다.

- **당기순이익(Net Income):** 영업이익에서 앞에 언급된 여러 다양한 수익과 비용을 제한 최종적인 순이익 금액입니다. 최종적으로 기업의 당기 영업 활동으로 인해 남긴 돈으로 볼 수 있죠. 이렇게 남은 돈의 일부를 배당을 줄 수도 있고, 추후 미래의 신사업을 준비하는 데 투자를 집행할 수도 있습니다.

투자자의 입장에서 손익계산서의 계정들 중 가장 중요한 3개를 꼽아보자면 바로 '매출액', '영업이익', '당기순이익'입니다. 이들은 '3대 실적'으로 부르며, 기업의 수익성을 측정하는 지표로 활용합니다. 매출액은 기업이 물건을 얼마나 많이 팔았는지, 영업이익은 기업의 영업 활동에서 발생한 수익이 얼마인지, 당기순이익은 그래서 최종적으로 기업이 남긴 수익 금액이 얼마인지를 나타냅니다.

손익계산서 각 계정들에 대해 계산 산식과 예시를 보여드리겠습니다.

손익계산서(I/S)	설명
매출(Sales) -매출원가(Cost of Goods Sold)	: 제품을 판매한 총 금액=가격(P)×수량(Q) : 제품의 제조원가의 합(원재료, 기술 등)
매출총이익(Gross Profit) -판매비 및 관리비(SG&A)	: 판매비(광고, 접대비 등), 관리비(급여, 공과금 등)
영업이익(Operating Profit) +금융손익(Financial I/C) +기타손익(Other I/C) -법인세(Taxes)	: 금융 관련 수익-비용(외환이익, 이자비용 등) : 기타수익-비용(자산의 폐기·처분·손실·재평가) : 나라에 내는 세율(한국 최대 25%, 구간별로 상이)
당기순이익	

[예시 손익계산서] 중국집을 1분기 동안 운영한 성민이는 분기 동안 발생했던 수익과 비용에 대해 손익계산서를 작성하고 순이익을 집계해보기로 했습니다. 성민이는 손익계산서에 대해 공부한 후, 다음과 같이 중국집에서 발생한 수익과 비용들을 적어 넣었답니다.

손익계산서	설명
매출(Sales) -매출원가(Cost of Goods Sold)	: 짜장면 가격×개수+짬뽕 가격×개수 … 총합 : 밀가루, 춘장, 해물, 고기 … 총합
매출총이익(Gross Profit) -판매비 및 관리비(SG&A)	: 주방장 월급, 알바 월급, 전단지 광고비 … 총합
영업이익(Operating Profit) +금융손익(Financial I/C) +기타손익(Other I/C) -법인세(Taxes)	: 직원에게 빌려준 돈 이자-은행에서 빌린 대출금 이자 : (일반적으로 큰 수치로 잘 발생하지 않음) : 이익의 (세율)%
당기순이익	**최종적으로 성민이네 중국집에서 남는 돈!**

1분기 동안 성민이네 중국집에서 발생한 순이익은 누구의 것이 될까요? 성민이가 차린 중국집에서 남긴 순이익이니 성민이네 중국집 것이 됩니다. 여기서 성민이네 중국집을 기업으로 바꾸고 성민이 혼자 소유한 것을 다수의 주주들이 소유한 것으로 바꾸면 현실의 기업과 주주의 관계가 됩니다.

당기에 발생한 기업의 순이익은 최종적으로 기업의 것이 되며, 그 기업이라 함은 여러 개의 주식으로 소유권이 쪼개져 있습니다. 결국 기업이 발생시킨 순이익은 주주의 것이 되는 것이죠.

그럼 실제 기업의 손익계산서를 한번 구경해보겠습니다.

IFRS(연결)	2019/09	2019/12	2020/03	2020/06
매출액	620,035	598,848	553,252	529,661
매출원가	399,939	385,545	348,067	319,062
매출총이익	220,096	213,302	205,185	210,599
판매비와관리비 ➕	142,317	141,700	140,711	129,137
영업이익	77,779	71,603	64,473	81,463
영업이익(발표기준)	77,779	71,603	64,473	81,463
금융수익 ➕	27,964	22,971	37,914	17,696
금융원가 ➕	22,559	19,588	34,940	14,618
기타수익 ➕	4,970	5,997	3,155	2,903
기타비용 ➕	3,051	5,395	3,641	10,608
종속기업,공동지배기업및관계기업관련손익 ➕	1,105	1,603	606	862
세전계속사업이익	86,207	77,191	67,569	77,697
법인세비용	23,331	24,921	18,719	22,146
계속영업이익	62,877	52,270	48,849	55,551
중단영업이익				
당기순이익	62,877	52,270	48,849	55,551
지배주주순이익	61,050	52,280	48,896	54,890
비지배주주순이익	1,826	-10	-47	661

▲ 삼성전자 손익계산서(컴퍼니가이드 > 기업 정보 > 재무제표)

우리가 방금 배운 손익계산서의 다양한 항목들이 나와 있죠? 돈은 잘 벌고 있는지, 영업은 잘 하고 있는지 한번 살펴보세요.

- 직전 4분기 동안 매출액은 조금씩 감소하고 있습니다. 제품을 판매한 총 금액이 줄어들고 있는 것이죠.

- 영업이익은 3분기 동안 줄어들다가(7.7조 원 → 6.4조 원) 2020년 6월에 8.1조 원으로 반등한 모습을 보여주고 있습니다.

- 여러 금융손익과 기타비용을 제한 당기순이익의 경우 영업이익과 유사한 흐름을 보여주고 있습니다.

삼성전자는 직전 4분기 동안 적자를 본 적은 없군요! 꾸준하게 순이익을 창출하고 있습니다. 조금 아쉬운 점은 매출이 감소하고 있다는 점인데요. 그럼에도 불구하고 최근 분기에는 수익성이 좋아져서 당기순이익은 반등한 모습을 확인할 수 있었습니다. 앞으로 돈을 더 많이 벌어올 수 있을까요? 한번 기대를 해보겠습니다.

재무상태표와 손익계산서의 관계

재무상태표의 의미는 "주주 돈[자본]과 남의 돈[부채]을 합쳐서 필요한 재화를 사서[자산] 사업을 한다"였죠? 그리고 손익계산서의 의미는 "사업에서 발생한 총 수익을 합하고, 모든 비용을 제해 순이익을 계산한다"였습니다. 그런데 바로 직전 내용에서 당기에 발생한 순이익은 기업의 것이 된다고 말씀드렸죠? 순이익이 기업의 것이 되면 기업의 재산이 늘어난다는 의미인데, 어떤 식으로 재무상태표와 손익계산서에 반영이 될까요?

이 의문에 대한 답은 다음의 관계에서 찾을 수 있습니다.

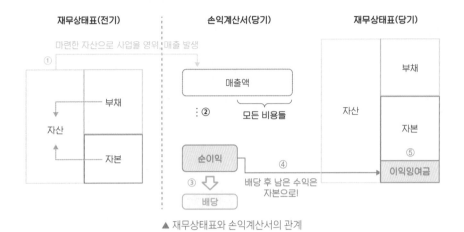

▲ 재무상태표와 손익계산서의 관계

① 기업은 전기의 재무상태표 기준, 나의 돈(자본)과 남의 돈(부채)으로 마련한 자산들이 있습니다. 이러한 자산으로 사업을 영위해 매출을 발생시킵니다. (전기와 당기는 '이전 기간'과 '현재 기간' 을 의미합니다. 1년 단위라면 작년과 올해, 분기 단위라면 이전 분기와 현재 분기를 의미합니다.)

② 당기에 발생한 매출에 대해 모든 수익과 비용을 제해 순이익을 산출합니다.

③ 발생한 순이익 중 일부는 주주에게 배당으로 환원합니다.

④ 발생한 순이익에서 배당 후 남은 최종 순이익은 기업의 것이 됩니다.

⑤ 최종 순이익은 기업의 몫인 '자본'을 증가시키며 자본 내 '이익잉여금'이라는 계정으로 들어갑니다.

기업이 사업을 영위해 발생한 순이익은 그 기업의 '자본'을 증가시키게 됩니다. 여기서 우리는 중요한 인사이트를 얻을 수 있습니다. '사업이 흑자를 내어 순이익을 얻는 경우, 그 기업의 자본이 증가한다'는 사실입니다. 반대로 적자를 내어 손실을 입는 경우 그 기업의 자본은 감소합니다.

[재무상태표와 손익계산서의 관계]
기업의 순이익(손익계산서)은 기업의 자본(재무상태표)을 증가시킨다.
기업의 적자는 기업의 자본을 감소시킨다.

이러한 사실에 기반해 우리는 지난 몇 년간의 그 기업의 재무상태표와 손익계산서를 분석할 수 있습니다. 오랜 기간 동안 순이익을 기록한 기업은 자본이 꾸준히 증가합니다. 반대로 순손실을 기록한 기업은 자본이 지속적으로 감소합니다.

Financial Highlight [연결|분기]		단위 : 억원, %, 배, 천주	전체 연간 분기		
IFRS(연결)					Net Quarter
	2019/06	2019/09	2019/12	2020/03	2020/06
매출액	561,271	620,035	598,848	553,252	529,661
영업이익	65,971	77,779	71,603	64,473	81,463
영업이익(발표기준)	65,971	77,779	71,603	64,473	81,463
당기순이익	51,806	62,877	52,270	48,849	55,551
지배주주순이익	50,645	61,050	52,280	48,896	54,890
비지배주주순이익	1,160	1,826	-10	-47	661
자산총계	3,429,401	3,533,860	3,525,645	3,574,575	3,579,595
부채총계	851,931	899,437	896,841	910,698	881,517
자본총계	2,577,470	2,634,422	2,628,804	2,663,877	2,698,078

▲ 삼성전자 재무상태표(컴퍼니가이드 > Snapshot)

삼성전자(A005930)의 재무상태표를 보면 지속적으로 순이익이 발생해 자본이 꾸준히 증가하는 모습을 확인할 수 있습니다.

Financial Highlight [연결|분기]		단위 : 억원, %, 배, 천주	전체 연간 분기		
IFRS(연결)					Net Quarter
	2019/06	2019/09	2019/12	2020/03	2020/06
매출액	17,454	18,351	16,622	12,937	8,864
영업이익	-1,241	-570	-2,698	-2,920	234
영업이익(발표기준)	-1,241	-570	-2,698	-2,920	234
당기순이익	-2,024	-2,325	-2,938	-6,833	500
지배주주순이익	-1,920	-2,111	-2,920	-6,521	598
비지배주주순이익	-104	-214	-17	-311	-98
자산총계	110,543	109,777	135,034	134,143	134,010
부채총계	95,989	97,681	125,951	132,041	128,405
자본총계	14,555	12,096	9,083	2,103	5,605

▲ 아시아나항공 재무상태표(컴퍼니가이드 > Snapshot)

반면, 아시아나항공(A020560)의 재무상태표를 보면 직전 4분기 동안 적자를 기록해 자본이 감소하는 모습을 볼 수 있습니다.

재무상태표와 손익계산서의 개념 및 관계에 대해 잘 이해하셨나요? 방금 배운 것을 머릿속에 잘 넣어두세요. 이제 이러한 재무제표들을 직접 찾아서 살펴보겠습니다.

정기공시에서 재무제표 찾아보기

정기공시에서 재무제표를 살펴보는 것은 앞서 잠시 다뤄봤었죠? 정기공시의 '재무에 관한 사항' 부분이 기억나실 겁니다. 정기공시의 목차에서 '재무에 관한 사항'을 선택한 후 하위 목차를 통해 보다 상세한 재무제표를 볼 수 있어요.

▲ 파라다이스 분기보고서(2020.09) III. 1. 요약재무정보 상단부의 재무상태표

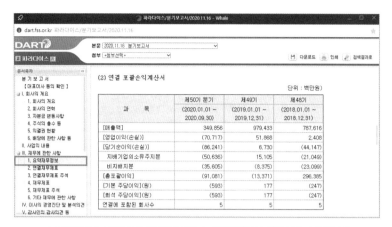

▲ 파라다이스 분기보고서(2020.09) III. 1. 요약재무정보 중반부의 손익계산서

파라다이스(A034230) 정기공시의 목차에서 "III. 재무에 관한 사항 > 요약재무정보"를 선택해봅시다. 요약재무정보는 재무에 관한 사항 전체를 요약해 한눈에 파악할 수 있는 테이블 형태로 출력합니다.

요약재무정보보다 자세한 재무제표를 보고자 한다면 다음의 '연결재무제표'나 '연결재무제표 주석', '재무제표', '재무제표 주석' 등에서 확인할 수 있어요. 연결재무제표와 재무제표의 차이점은 재무제표의 작성 범위입니다. 연결재무제표는 이 회사뿐만 아니라 이 회사가 소유한 자회사나 지분을 가진 관계회사도 합산해 재무제표를 작성합니다. 반면 재무제표는 딱 하나, 이 회사에 대해서만 재무제표를 작성합니다.

특별한 경우가 아니면 자회사도 포함해 분석하는 것이 일반적이므로 연결재무제표를 먼저 살펴봅니다. 분석을 해보니 자회사의 비중이 만만치 않아 이를 분리해서 분석하고 싶을 때 재무제표를 살펴보게 되죠.

▲ 파라다이스 분기보고서(2020.09) III. 2. 연결재무제표 상단부의 재무상태표

▲ 파라다이스 분기보고서(2020.09) III. 2. 연결재무제표 중반부의 손익계산서

분석을 하다 보면 연결재무제표나 재무제표로도 충분하지 않을 수 있습니다. 이 경우 주석을 살펴볼 수 있어요. 주석은 엄연히 재무제표의 5요소 중 하나로, 기업 자율적으로 중요 사항에 대해 자유롭게 작성한 상세 보고서입니다. 자율적으로 작성했기에 기업마다 작성하는 항목이 다릅니다. 따라서 내가 찾고자 하는 항목이 주석에 존재하는지는 직접 살펴봐야 알 수 있어요.

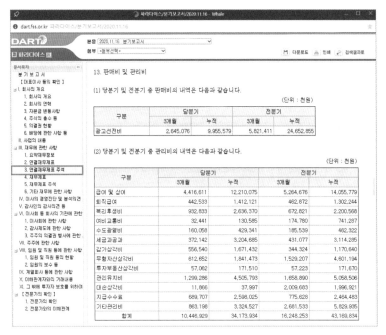

▲ 파라다이스 분기보고서(2020.09) III. 3. 연결재무제표 주석, 판관비 상세.
손익계산서의 '판매비', '관리비'가 보다 구체적으로 제시되어 있습니다.

주석에도 나와 있지 않은 것을 찾고 싶으면 어떻게 해야 할까요? 별수 있나요. 직접 발품을 팔아 정보를 수집하거나(기업 탐방), 기업의 주식담당, IR담당자에 전화해 물어보는 수밖에요. IR담당자에게 문의하는 것은 챕터6에서 추가적으로 가르쳐드리겠습니다.

VSQUANT에서 재무제표 찾아보기

VSQUANT에서는 재무제표의 주요 항목들과 그 변화가 시계열 그래프로 잘 나타나 있습니다. 최소 10년부터 최장 20년 기간의 재무제표 변화를 살펴볼 수 있어요. 단순 재무제표의 계정뿐만 아니라 다양한 응용 지표들(영업이익률, ROE 등)도 함께 그려준다는 점이 장점입니다. 비록 DART 정기공시만큼 자세하지는 않지만 종목의 주요 재무 사항과 시간에 따른 변화를 한눈에 살펴보기에 편리하답니다.

▲ 파라다이스의 주가와 재무 실적 비교. 주가와 주요 재무제표 실적을 시계열로 비교해 보여줍니다.
(vsquant.kr > 기업 개요)

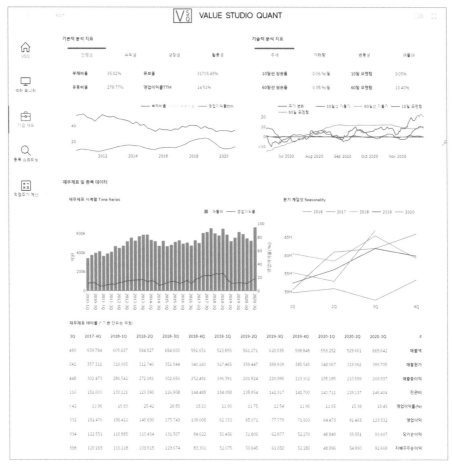

▲ 파라다이스의 기본적 분석 지표 및 재무제표 데이터.
다른 서비스에서 찾아보기 힘든 장기간 재무제표 데이터를 볼 수 있습니다. (vsquant.kr > 기업개요)

일반적으로 투자자들이 어떤 기업의 분석을 시작할 때 잘 요약된 정보부터 훑어보게 됩니다. 이후 이 기업이 다양한 기준을 만족시킨다면 점점 상세하게 분석을 수행하게 되죠. 이 과정에서 보다 자세한 정보를 찾아 나서게 됩니다. 이렇게 하면 별로인 기업에 대해 처음부터 너무 자세히 조사해 진을 빼는 실수를 하지 않을 수 있겠죠?

독자 여러분들도 적재적소에 다양한 서비스를 이용해보세요! 시간도 절약하며 스마트한 투자 생활을 영위할 수 있을 겁니다.

13

재무제표로 판단하는
기업의 안정성

앞서 재무제표란 무엇인지, 재무상태표와 손익계산서는 어떻게 읽는지 배웠어요. 재무
제표를 읽을 준비가 완료된 것이죠!

그렇다면 이제 무엇을 보면 좋을까요? 주식투자에서 제일 위험한 것은 주식이 상장폐지
되는 것입니다. 상장폐지란 모종의 이유로 주식이 더 이상 시장에서 거래되지 못하게 된
것을 의미하는데요. 이 경우 '주식이 휴지 조각이 되었다'고 합니다. 내 돈 주고 산 주식을
더 이상 팔 수 없게 되었으니까요! 기업이 사업 손실을 보고 가진 재산이 마이너스가 되
어 망하면 주식은 상장폐지된답니다.

투자자는 망하거나 곧 망할 것 같은 기업은 피해야겠죠? 그러면 어떤 부분들을 살펴봐야 망하지 않을 기업인지 알 수 있을까요?

망하지 않을 기업의 조건

- 회계적으로 부정을 저지르지는 않았는가?
- 가진 재산(자본) 대비 얼마나 빚을 지고 있는가?
- 빚에 대한 이자는 안정적으로 갚아나갈 수 있는가?
- 사업에서 적자를 보지 않고 안정적으로 흑자를 낼 수 있는가?
- 연속성이 있는 재무제표로써 신뢰할 수 있는가?

망하지 않을 기업의 조건들은 그 기업이 갑자기 채무를 이행하지 못하거나 파산하게 되는 위험한 상황들을 감지해 이를 걸러내는 것을 목적으로 하고 있답니다.

최소한의 안전장치, 회계감사 결과 체크하기

상장기업들은 금융감독원이 정한 원칙과 규칙, IFRS 회계 기준을 준수해 정기보고서와 재무제표를 작성해야 합니다. 또한 회계법인에서는 기업이 작성한 보고서들이 적법하게 올바른 규칙으로 작성되었는지 검사합니다. 이러한 검사는 정기적으로 수행되며 바로 이것을 '회계감사'라고 합니다. 기업이 작성한 장부와 보고서, 재무제표들이 올바르게 작성되었는지, 부정부패 및 비리·횡령은 없었는지 외부 회계법인들이 검증하는 것이죠.

외부 회계법인에서는 이렇게 기업에 대해 회계감사를 하고, 그 결과를 '감사의견'으로 정기보고서에 기록합니다. 감사의견은 '적정의견', '한정의견', '부적정의견', '의견거절' 총 4가지입니다.

투자자가 봐야 할 오직 하나의 의견은 '적정의견'입니다. 다른 의견들은 감사 과정 중 보고서에서 어떤 문제가 발견되었다는 뜻인데요, 나머지 세 의견이 보고되면 해당 기업은 상장폐지 심사에 돌입하게 됩니다. 오로지 '적정의견'만이 해당 기업이 작성한 보고서가 올바르다는 것을 보증하는 것이죠.

어떤 기업이 이익을 내지 못하고 적자를 기록하고 있더라도 규칙을 올바르게 준수해 정기보고서를 작성했다면 '적정의견'을 받기 마련입니다. 즉, 적정의견을 받지 못한 기업들은 최소한의 기본조차 지키지 않았거나 지킬 역량이 없다는 의미인 것이죠.

이러한 감사의견은 정기보고서의 'V. 감사인의 감사의견 등' 부분에서 확인할 수 있습니다.

부정을 저질러 '적정'이 아닌 감사의견을 받은 예시

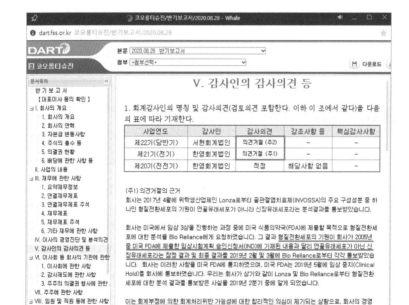

▲ 코오롱티슈진 반기보고서(2020. 06.) 감사인의 감사의견

코오롱티슈진(A950160)은 신약 개발에 대한 성분의 출처를 고의로 속였다는 이유로 상장폐지가 결정되었습니다. 이러한 중대 위반 사항의 발생으로 제21기부터 감사의견이

'의견거절'로 보고되었음을 확인할 수 있었습니다.

투자자가 이러한 감사의견을 볼 수 있다는 사실을 알았다면 처음 '의견거절'의 감사의견이 나왔을 때 이 기업에 대한 투자를 피할 수 있었겠죠?

수익성은 악화되었으나 규정상 문제가 없어 '적정' 감사의견을 받은 예시

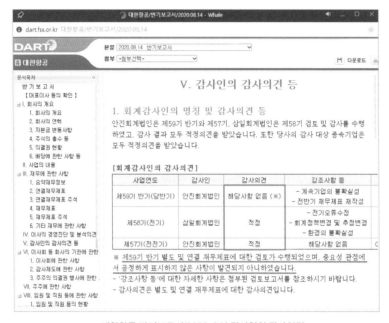

▲ 대한항공 반기보고서(2020. 06.) 감사인의 감사의견

코로나19 사태로 수익성이 악화된 대한항공(A003490)의 반기보고서입니다. 비록 수익성이 악화되었더라도 감사의견에는 문제가 없음을 확인할 수 있죠? 문제가 없을 때는 '해당 사항 없음'이나 보다 긴 문장으로 표현하기도 합니다. 아래의 밑줄 친 부분을 읽어보면 문제가 없다는 것에 대한 표현임을 알 수 있을 거예요.

단, 우측의 강조 사항에 '계속기업의 불확실성'으로 이 회사가 계속 수익성이 악화될 경우 회사의 재무가 매우 어려울 수 있다는 추가 의견을 게재했네요.

기업이 진 빚의 규모와 상환 능력 살펴보기

이제 기업이 진 빚, 채무에 관한 사항들을 점검하겠습니다. 여기서 제시하는 지표들을 점검함으로써 기업의 채무 불이행 위험과 파산 위험에 대해 파악할 수 있을 거예요.

기업의 빚과 순자산을 비교하는 '부채 비율'

재무상태표의 부채 총계와 자본 총계를 통해 부채 비율을 계산할 수 있습니다. 부채 비율은 기업의 자산 중 기업의 몫인 순자산(자본)에 비해 얼마나 많은 빚을 지고 있는지 확인하는 지표입니다. 순자산은 매우 적은데 순자산의 10배, 20배 등 너무 많은 빚을 지고 있다면 기업의 재무가 건전하다고 말하기 어렵겠죠?

$$\text{부채 비율(\%)} = \frac{\text{부채 총계}}{\text{자본 총계}}$$

일반적으로 100% 이하면 매우 안전, 200% 이하면 큰 문제는 없다고 이야기합니다. 다만 건설업, 은행업의 경우 부채 비율이 높은 특성을 가지고 있습니다. 몇몇 업종들은 업종 특성상 부채 비율이 높을 수 있는 것이죠. 이 경우, 동종 업계와 부채 비율을 비교해야 합니다.

비록 부채 비율이 높더라도 현재 사업 환경이 좋아 막대한 이익을 내고 있으면 큰 문제는 없다고 말할 수도 있습니다. 그러나 추후 사업 환경이 급속도로 악화되는 경우에도 높은 부채 비율이 문제를 일으키지 않는다는 보장은 없겠죠?

당장 갚아야 할 빚만큼 현금이 있는지 살펴보는 '유동 비율', '당좌 비율'

재무상태표의 유동 자산과 유동 부채를 통해 유동 비율을 계산할 수 있습니다. 여기서 '유동', '비유동'의 개념에 대해 잠시 설명드려야겠네요.

'유동'과 '비유동'은 1년을 기준으로 자산과 부채를 나누는 기준입니다.

- **유동 자산:** 1년 이내에 현금화할 수 있는 자산
- **비유동 자산:** 현금화에 1년 이상 걸리는 자산
- **유동 부채:** 1년 이내에 갚아야 하는 부채
- **비유동 부채:** 1년 초과로 갚아야 하는 부채

재무상태표에서 '자산'의 하위분류는 유동 자산과 비유동 자산으로 나뉘며, 부채 또한 유동 부채와 비유동 부채의 하위분류로 나뉘어집니다.

유동 비율은 1년 이내에 현금화할 수 있는 자산인 '유동 부채'와 1년 이내에 갚아야 하는 부채인 '유동부채'의 비율을 살펴보는 지표입니다. 당장 갚아야 하는 빚에 대해 현금을 마련할 수 있는지 살펴보는 것이죠. 이 비율이 넉넉하면 기업이 단기간 내 도래하는 부채에 대해 안정적으로 채무를 이행할 수 있다고 봅니다. 100% 이상인 경우가 이상적이며, 60% 미만이면 위험하다 볼 수 있습니다.

$$\text{유동 비율(\%)} = \frac{\text{유동 자산}}{\text{유동 부채}}$$

당좌 비율은 유동 비율에서 한 단계 더 나아간 개념입니다. 재무상태표의 당좌 자산과 유동 부채를 통해 계산할 수 있는 당좌 비율은 유동 비율에 비해 더 보수적으로 채무에 대한 불이행 가능성을 체크한 지표라고 할 수 있습니다. 당좌 자산은 유동 자산 중에서도 더욱 현금화가 용이한 자산들만 포함하도록 되어 있거든요.

$$\text{당좌 비율(\%)} = \frac{\text{당좌 자산}}{\text{유동 부채}}$$

그러나 당좌 자산을 파악하기 위해서는 재무상태표에서 상세한 항목들이 필요하기 때문에 여기서는 약식으로 당좌 자산을 계산해보겠습니다. 약식 당좌 자산은 유동 사산에서

재고 자산을 빼고, 0.2만큼의 매출채권을 빼서 산출합니다.

당좌 자산 ≒ 유동 자산 - 재고 자산 - 0.2매출채권

이 약식 계산의 의미는 '재고 자산'은 팔리지 않은 물건이므로 현금으로 칠 수 없다는 의미이며(팔릴지 안 팔릴지 모르니까 현금에서 제외), '매출채권'은 팔았지만 아직 돈을 받지 못한 채권이므로 20% 정도는 떼인 것으로 가정한다는 의미입니다. 즉, 유동 자산에서 이러한 항목들은 안정적인 현금으로 간주하기 어렵기에 보수적으로 보기 위해 빼주는 것이죠. 마찬가지로 100% 이상인 경우가 이상적이며, 50% 미만이면 위험하다 볼 수 있습니다.

창출하는 수익에서 이자비용이 어느 정도 비중인지 보는 '이자보상배율'

손익계산서의 이자비용과 영업이익을 통해 이자보상배율을 계산할 수 있습니다. 기업이 영업 활동으로 벌어들이는 영업이익에서 이자로 나가는 돈이 어느 정도 비율인지 계산하는 지표입니다. 이 비율이 1인 경우, 영업으로 번 모든 수익이 이자로 전부 지불된다는 의미입니다. 1보다 낮은 경우에는 영업으로 빌린 돈의 이자도 내지 못한다고 보면 되겠죠? 1 미만이면 잠재적인 부실기업으로 볼 수 있습니다.

$$이자보상배율 = \frac{이자비용}{영업이익}$$

기업의 부채 상환 능력 직접 계산해보기(정기공시)

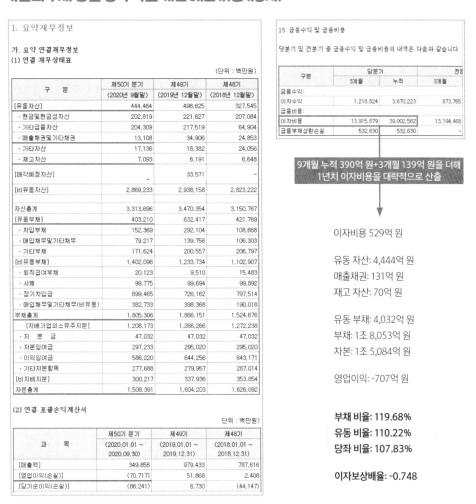

1. 요약재무정보

가. 요약 연결재무정보
(1) 연결 재무상태표

(단위 : 백만원)

구 분	제50기 분기 (2020년 9월말)	제49기 (2019년 12월말)	제48기 (2018년 12월말)
[유동자산]	444,464	498,625	327,545
· 현금및현금성자산	202,819	221,627	207,084
· 기타금융자산	204,309	217,519	64,904
· 매출채권및기타채권	13,108	34,906	24,853
· 기타자산	17,136	18,382	24,056
· 재고자산	7,093	6,191	6,648
[매각예정자산]	-	33,571	-
[비유동자산]	2,869,233	2,938,158	2,823,222
자산총계	3,313,696	3,470,354	3,150,767
[유동부채]	403,210	632,417	421,769
· 차입부채	152,369	292,104	108,668
· 매입채무및기타채무	79,217	139,756	106,303
· 기타부채	171,624	200,557	206,797
[비유동부채]	1,402,096	1,233,734	1,102,907
· 퇴직급여부채	20,123	9,510	15,483
· 사채	99,775	99,694	99,892
· 장기차입금	899,465	726,162	797,514
· 매입채무및기타채무(비유동)	382,733	398,368	190,018
부채총계	1,805,306	1,866,151	1,524,676
[지배기업의소유주지분]	1,208,173	1,266,266	1,272,238
· 자 본 금	47,032	47,032	47,032
· 자본잉여금	297,233	295,020	295,020
· 이익잉여금	586,220	644,256	643,171
· 기타자본항목	277,688	279,957	287,014
[비지배지분]	300,217	337,936	353,854
자본총계	1,508,391	1,604,203	1,626,092

(2) 연결 포괄손익계산서

(단위 : 백만원)

과 목	제50기 분기 (2020.01.01 ~ 2020.09.30)	제49기 (2019.01.01 ~ 2019.12.31)	제48기 (2018.01.01 ~ 2018.12.31)
[매출액]	349,856	979,433	787,616
[영업이익(손실)]	(70,717)	51,868	2,408
[당기순이익(손실)]	(86,241)	6,730	(44,147)

15. 금융수익 및 금융비용

당분기 및 전분기 중 금융수익 및 금융비용의 내역은 다음과 같습니다.

구분	당분기 3개월	당분기 누적	전분기 3개월
금융수익:			
이자수익	1,218,824	3,670,223	873,765
금융비용:			
이자비용	13,915,879	39,002,562	13,194,468
금융부채상환손실	532,630	532,630	-

9개월 누적 390억 원+3개월 139억 원을 더해 1년치 이자비용을 대략적으로 산출

이자비용 529억 원

유동 자산: 4,444억 원
매출채권: 131억 원
재고 자산: 70억 원

유동 부채: 4,032억 원
부채: 1조 8,053억 원
자본: 1조 5,084억 원

영업이익: -707억 원

부채 비율: 119.68%
유동 비율: 110.22%
당좌 비율: 107.83%

이자보상배율: -0.748

▲파라다이스 분기보고서(2020.09) 부채 상환 능력 점검과 계산 결과
(재무에 관한 사항>요약재무정보(좌), 연결재무제표 주석(우))

이렇게 기업의 정기보고서에서 해당 재무제표 항목을 찾아 각종 지표들을 계산할 수 있습니다. 실제로도 한번 연습을 해보세요! 파라다이스(A034230)의 경우 현재 영업이익이 적자죠? 그래서 이자보상배율이 음수인 것을 볼 수 있습니다. 카지노호텔사업을 주력으로 하는 파라다이스가 코로나19 사태에서 적자를 보는 것은 어쩔 수 없을 거예요. 종식

이후의 상황 개선을 기대해야 할 것 같습니다.

이외 부채 비율이나 유동 비율, 당좌 비율은 나름 안정적인 수치입니다. 당장 이 회사가 망할 것 같지는 않아요. 비록 흑자는 내지 못하지만요.

매출과 이익의 안정성 보기

기업의 채무와 파산에 대한 점검을 끝냈으면 다음으로 봐야 할 것은 기업이 사업으로 벌어들이는 이익에 대한 안정성입니다. 매년 적자를 기록하고 있다거나 적자와 흑자를 왔다갔다 반복하고 있으면 안정적으로 수익을 올리고 있다고 이야기하기 어렵겠죠? 기업이 손실 없이 꾸준히 흑자를 기록하고 있는지, 실적에 너무 큰 변동은 없는지 손익계산서를 살펴보시기 바랍니다. 최소 수년간 흑자를 유지했는지 확인해야 합니다.

- 매출액 → 영업이익 → 당기순이익으로 이어지는 숫자 흐름이 안정적이어야 합니다.
- 시간에 따른 매출액의 변동이 너무 크지는 않은지 확인합니다.

2017-4Q	2018-1Q	2018-2Q	2018-3Q	2018-4Q	2019-1Q	2019-2Q	2019-3Q	2019-4Q	2020-1Q	2020-2Q	2020-3Q	#
71,261	56,752	56,112	61,024	69,478	58,788	53,534	58,217	64,217	47,242	53,070	67,376	매출액
62,492	51,331	51,445	52,136	57,601	52,460	48,717	55,201	59,694	44,461	51,788	58,923	매출원가
8,769	5,421	4,667	8,887	11,877	6,328	4,817	3,016	4,523	2,782	1,282	8,453	매출총이익
8,324	6,404	6,949	7,487	9,085	7,648	8,504	7,383	8,742	6,401	6,452	6,810	판관비
0.62	-1.73	-4.07	2.30	4.02	-2.25	-6.89	-7.50	-6.57	-7.66	-9.74	2.44	영업이익률(%)
445	-983	-2,281	1,401	2,793	-1,320	-3,687	-4,367	-4,219	-3,619	-5,170	1,644	영업이익
436	-490	-3,005	175	1,526	-626	-5,502	-4,422	-18,171	-1,989	-5,038	111	당기순이익

▲ LG디스플레이 VSQUANT 기업 개요 하단 재무제표

LCD와 디스플레이 등을 생산하는 LG디스플레이(A034220)의 최근 3년간 재무제표입니다. 영업이익과 당기순이익을 보면 업황에 따라 흑자와 적자를 반복하고 있는 모습을

볼 수 있죠. 흑자와 적자 시점에서의 매출액은 큰 차이가 나진 않아요. 그러나 영업이익률이 원체 낮기 때문에 매출액이 약간만 감소하더라도 당기순이익이 쉽게 적자로 전환됩니다. 이러한 경우 이익의 안정성이 있다고 보기 어렵겠죠?

2017-4Q	2018-1Q	2018-2Q	2018-3Q	2018-4Q	2019-1Q	2019-2Q	2019-3Q	2019-4Q	2020-1Q	2020-2Q	2020-3Q	#
729	712	707	646	802	763	788	755	873	806	747	757	매출액
323	292	294	266	360	328	347	327	374	358	351	357	매출원가
406	419	413	380	443	435	441	428	498	448	396	400	매출총이익
364	331	337	308	371	356	356	344	395	347	322	350	판관비
5.84	12.40	10.75	11.04	8.97	10.37	10.73	11.11	11.86	12.50	9.92	6.61	영업이익률(%)
43	88	76	71	72	79	84	84	104	101	74	50	영업이익
7	67	53	50	63	57	63	63	85	73	44	34	당기순이익

▲ 대원제약 VSQUANT 기업 개요 하단 재무제표

콜대원, 코대원 등의 약을 생산하는 대원제약(A003220)의 최근 3년간 재무제표입니다. 최근 3년간 적자 없이 꾸준히 이익을 기록하고 있죠? 그리고 매출액이 늘어나면 영업이익과 당기순이익도 따라서 늘어나고 매출액이 감소하면 영업이익과 당기순이익도 감소하는 깔끔한 재무 흐름을 볼 수 있습니다. 이러한 재무제표는 앞으로 매출액이 늘어난다면 영업이익과 순이익이 개선될 것이라 예상할 수 있겠죠? 바로 이러한 재무제표를 다음에 배울 '연속성이 있는 재무제표'라고 합니다.

연속성이 있는 재무제표

기업의 손익계산서가 시간에 따라 연속성이 있는지, 수익과 비용의 흐름이 깔끔한지 점검합니다. 이에 부합하는 재무제표를 '연속성이 있는 재무제표'라고 해요. 어떤 의미냐고요? 사람의 예를 들어보겠습니다. 감정 기복이 아주 잦고 그 폭이 큰 친구가 있다고 합시다. 그 친구를 대하는 주변 사람들은 몹시 피곤할 거예요. 아예 인연을 끊는 사람도 생길 정도로요. 왜 그러는지 짐작도 할 수 없는 당황스러운 감정 변화에 처음에는 맞춰주겠지만, 점점 지쳐가다 결국 그 친구를 멀리하게 되는 거죠.

기업의 재무제표를 보는 투자자의 입장도 다르지 않습니다. 어떤 기업의 재무제표를 봤을 때 이 재무제표가 연속성이 있고 예상이 가능해야지만 기업을 분석하고 탐색해볼 의욕이 생길 겁니다. 그렇지 않고 주변 맥락과 전혀 관계없이 자기 마음대로 실적이 이리 뛰고 저리 뛴다면 그 기업을 분석할 마음이 들까요?

어떤 기업의 재무제표가 연속성이 있다는 의미는 일반적으로 다음과 같은 특징들을 포함합니다. 이러한 사항들을 체크해보시기 바랍니다.

- 시간의 흐름에 따른 매출액, 영업이익, 당기순이익 변화의 방향이 최소 수 분기 동안 일관됩니다.
- 당기순이익의 숫자가 영업이익의 50~150% 범위 내에서 존재합니다.
- 계절별 성수기와 비수기가 있을 때, 이러한 특성이 수년간 일관적으로 나타나야 합니다.
- 아주 급격한 실적 변동은 1~2년 내 1회에 한합니다. 기업에 특별 이벤트가 있을 수 있기 때문입니다. 이보다 잦은, 예를 들어 분기마다 들쭉날쭉 발생하는 큰 수치 변동은 기업의 재무제표에 대해 투자자들의 신뢰를 받을 수 없을 것입니다.

2017-4Q	2018-1Q	2018-2Q	2018-3Q	2018-4Q	2019-1Q	2019-2Q	2019-3Q	2019-4Q	2020-1Q	2020-2Q	2020-3Q	#
2,437	2,178	2,664	2,017	2,281	1,676	2,212	1,852	2,436	1,765	2,011	2,218	매출액
1,771	1,834	2,301	1,758	1,670	1,595	1,762	1,494	1,722	1,513	1,637	1,489	매출원가
666	344	363	259	611	81	450	358	715	252	374	730	매출총이익
480	365	395	361	406	359	407	322	389	314	358	377	판관비
7.65	-0.94	-1.21	-5.04	9.00	-16.62	1.94	1.95	13.35	-3.50	0.81	15.92	영업이익률(%)
187	-21	-32	-102	205	-278	43	36	325	-62	16	353	영업이익
154	-9	-20	-56	144	-52	12	182	67	-155	6	-620	당기순이익

▲ SBS VSQUANT 기업 개요 하단 재무제표

공중파 TV 채널로 유명한 미디어기업 SBS(A034120)의 최근 3년치 재무제표입니다. 2018-3Q의 매출액과 당기순이익을 2019-3Q와 비교해봅시다. 2019-3Q에 매출액은 줄어들었지만 영업이익과 당기순이익은 흑자로 전환되었죠? 매출액이 늘어나면 영업이익과 당기순이익이 따라 늘어나는 것이 자연스러운 흐름인데, 그렇지 못한 모습입니다. (물론 이익률의 개선으로 매출액이 줄어도 순이익이 늘어날 수 있습니다. 그러나 숫자가 연속적으로 나타나야 합니다.)

2020-3Q에는 매출액이 다시 크게 증가했습니다. 영업이익은 이를 따라서 증가했는데요. 반면 어찌된 일인지 당기순이익은 역대 최대의 적자를 기록하고 있습니다. 이 기업의 재무제표는 도저히 종잡을 수가 없는 것이죠. 한두 번의 예외 케이스라면 이를 따로 분석하고 참작해줄 수 있지만 도통 파악하기 어렵다면 그냥 다른 기업을 찾아 나서지 않을까요? 나의 분석과 예측이 맞아 떨어질 확률이 너무 낮다고 판단되니까요.

14

기업가치가 증가하는 재무제표는?

앞에서 우리는 망하지 않을 기업, 안정적으로 수익을 창출하는 기업의 조건에 대해 배웠습니다. 이러한 조건들을 만족하는 경우, 최소한 기업이 상장폐지되거나 순식간에 적자로 돌아서서 재무 상황이 악화되는 일이 발생할 확률은 희박할 것입니다. 투자자로서 어느 정도의 안전판은 확보했다고 볼 수 있죠.

그런데, 막상 여기까지 기업을 조사하고 평가해보니 조금 욕심이 납니다. 단순히 안전한 기업을 골라내는 것뿐만 아니라 좋은 기업과 성장하는 기업, 더 나아가 뛰어난 기업들을 찾고 싶어졌어요! 다른 말로 써보자면 '기업가치'가 증가하는 기업들이죠. 현재 기업가치가 높은 기업들도 충분히 좋지만, 저는 기업가치가 현재보다도 미래에 더욱더 증가할만한 기업을 찾고 싶어요.

이러한 기업들은 어떤 특징을 보여주고 있을까요?

영업이익률

영업이익률은 손익계산서의 매출액과 영업이익으로 계산할 수 있으며, 계산식은 다음과 같습니다.

$$영업이익률(\%) = \frac{영업이익}{매출액}$$

영업이익률은 어떤 의미를 가지고 있을까요? 영업이익은 기업이 발생시킨 총 매출액에서 재료원가(매출원가)와 공동원가(판관비)를 뺀 계정입니다. 영업이익의 바깥에서는 영업과 관계없는 금융손익과 기타손익, 세금을 제하죠. 영업이익이란 결국 기업의 본업에서 발생한 순이익을 의미합니다.

이러한 영업이익을 매출액으로 나눈 '영업이익률'은 매출의 몇 퍼센트가 이익으로 남는지를 나타내는 '이익률'의 개념입니다. 상업적으로 이야기할 때 제품을 총 얼마를 팔아서 그중 얼마를 남겼는지 가늠할 수 있는 지표죠. 예를 들어, 5,000원짜리 커피 한 잔을 팔아서 500원 수익을 남겼으면 10%의 영업이익률이고, 1,000원 수익을 남겼으면 20%의 영업이익률이 됩니다.

그렇다면 투자자가 영업이익률에서 찾아볼 수 있는 의미는 무엇이 있을까요? 어떤 기업의 영업이익률이 높다는 의미는 그 기업이 판매하는 제품 또는 서비스의 대체제가 별로 없다는 뜻일 겁니다. 쉽게 이야기해서, 이윤을 많이 남길 만큼(높은 영업이익률) 비싸게 팔아도 소비자들은 그것을 충분히 구매한다는 거죠. 물론, 아무 기업이나 이렇게 비싼 가격에 제품을 판매할 수는 없습니다. 뻔히 옆 동네 경쟁사 제품과 거의 비슷한데 가격만 올려서 구매하는 바보 소비자는 없기 때문이죠.

	갤럭시S9+	갤럭시 노트8	갤럭시S8+	아이폰X
원가	$379 455,000원	$369 394,000원	$343 366,000원	$389.5 416,000원
출고가	1,056,000원	1,094,500원	990,000원	1,360,700원

▲ 갤럭시와 아이폰의 원가와 출고가 비교(출처 https://www.news1.kr/articles/?3263790)

삼성전자 갤럭시 스마트폰과 애플 아이폰의 출고가와 원가를 비교해봤습니다. 실제 부품에 들어가는 원가는 1~2만 원 내외의 차이를 보이는데, 소비자에게 판매되는 출고가는 훨씬 더 큰 차이를 보이고 있습니다. 애플의 아이폰이 비슷한 가격의 부품들을 사용한 갤럭시에 비해 훨씬 더 비싼 가격에 팔리고 있는 이유가 무엇일까요?

일단, 아이폰이 탑재한 운영체제인 iOS는 오직 애플의 기기에서만 사용할 수 있습니다. 반면, 갤럭시가 탑재한 운영체제인 안드로이드는 갤럭시뿐만 아니라 중국의 샤오미, 화웨이 등 다양한 제조사에서도 사용되고 있습니다. 갤럭시는 다른 제조사들의 제품과 완전경쟁을 하고 있는 상태인 것이죠. 이외에도 제품 라인업이 갖는 상징성과 브랜드 이미지, 소비자의 충성도 등이 이러한 이익률의 간극에 영향을 미쳤을 거예요. 많은 연예인들과 셀럽들이 갤럭시가 아닌 아이폰을 선호하는 이유는 이러한 이미지 때문일 가능성이 큽니다.

이렇듯 영업이익률이 높게 나타나는 기업들은 해당 사업 영역에서 독과점적인 지위를 구축하고 강력한 경쟁우위를 가지고 있을 가능성이 큽니다. 이러한 기업이라면 현재의 강점을 바탕으로 수익은 더욱 견고하게 지키고 벌어들인 돈으로는 더 많은 신규 투자를 집행해 향후 기업 성장을 일궈낼 가능성이 높지 않을까요?

높은 영업이익률을 기록하는 회사들을 한번 살펴보세요. 그리고 이렇게 높은 이익률이 발생하는 요인이 어떤 강점에서 오는지 분석해보세요. 찾은 강점이 앞으로 다가올 미래에 더욱더 부각될 것으로 예상된다면 투자자로서 이 기업에 투자를 마다할 이유가 없을 것입니다.

영업이익률로 기업을 분석할 때 체크리스트

- 영업이익률이 너무 낮은 기업은 불황이 오면 쉽게 적자전환될 위험이 있습니다.
- 영업이익률이 너무 높은 것은 양날의 칼입니다. 높은 영업이익률을 보고 경쟁사들이 해당 사업에 뛰어들 가능성이 큽니다.
- 영업이익률은 업종별로도 크게 차이가 납니다. 태생적으로 원가비용이 많이 발생하지 않는 산업들(예. 소프트웨어, 게임)은 영업이익이 높은 편입니다.
- 제조업에서의 영업이익률은 8% 이상 달성한 경우 우수한 편이라고 볼 수 있습니다.

2014	2015	2016	2017	2018	2019	2020-3Qttm	#
470,970	495,214	527,129	535,357	541,698	581,460	583,630	매출액
377,541	396,538	422,816	446,187	461,773	487,666	490,141	매출원가
93,429	98,677	104,313	89,170	79,925	93,794	93,489	매출총이익
67,704	75,134	79,698	82,548	68,351	73,697	79,735	판관비
5.46	4.75	4.67	1.24	2.14	3.46	2.36	영업이익률(%)
25,725	23,543	24,615	6,622	11,575	20,097	13,753	영업이익
29,936	26,306	27,546	9,680	11,559	18,267	8,723	당기순이익

▲ 기아차 VSQUANT 기업 개요 하단 재무제표

K5, K7, 모하비 등 자동차를 생산하는 기아차(A000270)의 약 7년간 재무제표입니다. 영업이익률이 높을 때는 5%가량, 낮을 때는 1% 정도로 한 자릿수를 기록하는 모습입니다. 대표적인 제조업종 중 하나로, 원가율이 높아 영업이익률이 낮은 것을 볼 수 있습니다. 뒤에서 배울 PBR(가격-순자산 비율)의 개념을 살짝 가져오면 기아차의 자본의 고평가 정도를 나타내는 PBR은 이때 시점에 0.82로, 시가총액이 기업 소유 자본의 0.82배 가격이었습니다.

2014	2015	2016	2017	2018	2019	2020-3Qttm	#
4,710	6,034	6,706	9,491	9,821	11,285	17,332	매출액
1,299	2,346	2,740	2,545	4,329	4,984	8,030	매출원가
3,411	3,688	3,966	6,946	5,492	6,300	9,301	매출총이익
1,397	1,099	1,469	1,868	2,105	2,520	2,686	판관비
42.77	42.91	37.24	53.51	34.49	33.50	38.17	영업이익률(%)
2,015	2,590	2,497	5,078	3,387	3,781	6,616	영업이익
1,175	1,583	1,805	3,862	2,536	2,980	5,148	당기순이익

▲ 셀트리온 VSQUANT 기업 개요 하단 재무제표

항암제, 단백질 치료제 등을 생산하는 바이오시밀러기업 셀트리온(A068270)의 최근 7년간의 재무제표입니다. 영업이익률이 30~50%대로 아주 높은데요. 제약·바이오업종의 대표적인 특징 중 하나입니다. 약이나 치료제의 경우 특허로 독과점권을 보장받는 경우가 많이 때문에 경쟁자 없이 비싼 값에 팔 수 있는 것이죠. 셀트리온의 PBR은 12.84로 시가총액이 기업 소유 자본의 12.84배 가격이었습니다.

자기자본이익률 ROE

자기자본이익률^{ROE}은 손익계산서의 당기순이익과 재무상태표의 자본으로 계산할 수 있습니다.

$$ROE(\%) = \frac{당기순이익}{평균\ 자기자본}$$

ROE를 계산하는 수식에서 '평균 자기자본'은 당기순이익이 발생한 기간 동안의 평균적인 자본 수치를 의미합니다. 일반적으로 당기순이익이 발생한 시작과 끝 시점의 두 자본의 평균으로 구해요. 2분기의 ROE를 계산하고자 한다면 평균 자기자본은 '(1분기 말 자본+2분기 말 자본)/2'로 계산이 되는 것이죠. 이것이 영 귀찮다면 그냥 당기의 자본 수치로 계산하는 방법도 있으며, 이렇게도 많이 사용된답니다.

순이익을 자본으로 나눈 비율인 ROE는 투자자에게 어떤 의미로 다가올까요? 워런 버핏이 아주 좋아하는 지표 중 하나인 ROE는 투자자에게는 투자수익률로 간주될 수 있을 만큼 중요한 지표입니다. ROE는 기업이 얼마나 자신의 자본을 잘 활용했느냐에 대한 지표이며, 자본의 성장 속도를 의미하기 때문이죠. 예시를 한번 볼까요?

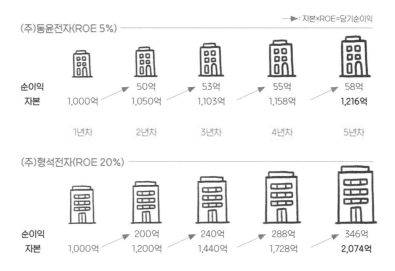

위 그림은 ROE가 다른 두 회사의 5년간의 자본과 순이익의 흐름을 보여주고 있어요. 두 회사 모두 ①배당은 전혀 하지 않고 ②ROE는 5년간 일정하게 유지되고 있음을 가정하고 있는 흐름입니다. 따라서 ROE 수치로 계산되어 산출된 당기순이익이 그대로 자본에 포함되어 자본이 늘어나는 것을 볼 수 있어요.

ROE가 20%인 ㈜형석전자는 5년간 자본이 107% 증가했고 순이익은 약 75% 정도 늘어났죠? 반면 ROE가 5%인 ㈜동윤전자는 5년간 자본이 22%, 순이익은 약 16% 정도 늘어난 것을 볼 수 있습니다.

주가는 기업가치(자본, 순이익)를 따라간다고 가정하는 것이 가치투자라면 ㈜형석전자의 주가는 75~107% 정도 상승했을 것이고 ㈜동윤전자의 주가는 16~22% 정도 상승했을 거예요. 1년차에 같은 자본에서 시작한 두 회사가 ROE의 차이에 따라 5년 뒤 격차를 보이는 것을 볼 수 있습니다.

이와 같이 ROE는 자본의 성장 속도를 나타내기에 투자자에게 투자수익률로 간주될 만큼 아주 중요합니다. ROE가 높다는 것은 결국 기업가치의 증가 속도가 빠르다는 말과 같기 때문입니다.

그런데 사실 ROE가 높은 기업이 좋다는 것은 이제 거의 모든 투자자가 알고 있답니다. 그래서 ROE가 높은 기업은 인기가 아주 높아 이미 주가가 매우 높은 경우가 많아요. 만약 이렇게 너무 고평가된 기업에 투자를 하게 되면 ROE가 높더라도 주가의 하락이 발생해 투자 손실을 입을 수 있겠죠? 그래서 우리는 ROE는 높지만 상대적으로 주가가 싸서 저평가되어 있는 기업을 찾아야 한답니다. 더 나아가 ROE가 현재는 낮지만 앞으로 크게 개선될 것으로 예상되는 기업도 좋습니다.

ROE로 기업을 분석할 때 체크리스트

- ROE는 투자자에게는 투자수익률로 볼 수 있습니다.
- ROE가 높으면 좋으나 ROE가 높은 기업은 주가가 비싼 경우가 많습니다.
- ROE는 높으나 주가는 저평가되어 있는 기업을 찾아야 합니다.
- 항상 높은 ROE를 유지하다가 일순간 높은 ROE가 훼손되었을 때, 투자자들이 실망해 주가가 크게 조정받는 경우가 있습니다. 매번 전교 1등 하는 친구가 전교 10등 했을 때 크게 실망하는 것과 비슷한 현상이죠. 높은 ROE를 유지할 수 있는지 예의주시해야 합니다.

삼성전자 (A005930)

코스피 대형주
휴대폰 및 관련부품
결산월: 12 월 | updated at 2020-12-05 20:12:09

주가
₩66,700

Stock Price with Result

2014	2015	2016	2017	2018	2019	2020-3Qttm	#
2,062,060	2,006,535	2,018,667	2,395,754	2,437,714	2,304,009	2,351,403	매출액
1,282,788	1,234,821	1,202,777	1,292,907	1,323,944	1,472,395	1,452,379	매출원가
779,272	771,714	815,890	1,102,847	1,113,770	831,613	899,023	매출총이익
529,021	507,579	523,484	566,397	524,903	553,928	557,952	판관비
12.14	13.16	14.49	22.39	24.16	12.05	14.51	영업이익률(%)
250,251	264,134	292,407	536,450	588,867	277,685	341,071	영업이익
233,944	190,601	227,261	421,867	443,449	217,389	250,277	당기순이익
230,825	186,946	224,157	413,446	438,909	215,051	248,734	지배주주순이익
13.92	10.64	11.78	19.67	17.90	8.27	8.80	ROE(%)
400	420	570	850	1416	1416	1062	주당 배당금(원)

▲ 삼성전자 VSQUANT 기업 개요

대한민국 대표 기업인 삼성전자(A005930)의 주가 흐름과 재무제표입니다. 2017~2018
년경 ROE가 크게 개선되었고, 이에 같은 시기 주가가 약 2배 정도로 크게 상승한 모습을
볼 수 있습니다. 그 이후에는 ROE가 다시 낮아져 주가가 한동안 횡보하게 됩니다.

성장하는 기업의 재무제표

지금까지 우량한 기업이 되기 위해 필요한 여러 조건들을 배웠어요. 망하지 않을지, 채무를 충분히 이행할 수 있는지, 연속성이 있고 꾸준한 수익이 발생하는지, 이익률은 어느 정도 보장되어 있는지 등 이러한 조건들을 만족하면 좋은 기업, 우량한 기업을 골라냈다고 말할 수 있겠죠?

그렇다면 더 나아가 기업가치가 증가하는 '성장하는' 기업들의 재무제표는 어떤 모습을 하고 있을까요? 성장하는 기업들은 이러한 성장의 흔적이 지나간 재무제표에 남아 있습니다. 기업가치를 나타내는 대표 실적인 매출, 영업이익, 순이익이 지속적으로 증가하는 모습을 보여주는 것이죠. 그리고 이러한 3대 실적의 증대는 주가의 상승으로 귀결되곤 합니다.

여기서 유의해야 할 점은, 이렇게 재무제표에 나타난 3대 실적의 증가는 과거의 일이라는 점이에요. 투자자의 입장에서는 기업의 매출, 영업이익, 순이익의 성장이 미래에도 계속 달성되어야 합니다. 단지 과거의 성장으로만 끝난 것이 아닌, 앞으로의 성장을 담보해야 하는 것이죠. 이를 위해 투자자는 이러한 성장을 달성한 요인을 파악하고 분석해 미래에서도 해당 요인이 실적 성장을 견인할지 살펴야 합니다.

[성장하는 기업이란?]
매출, 영업이익, 순이익이 지속적으로 증가한 기업
그리고 앞으로도 매출, 영업이익, 순이익이 지속적으로 증가할 기업

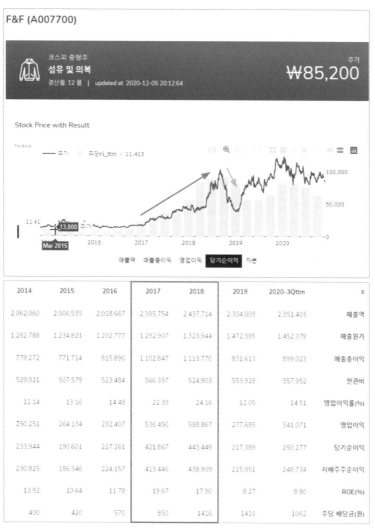

F&F (A007700)

코스피 중형주
섬유 및 의복
결산월: 12 월 | updated at 2020-12-05 20:12:64

주가
₩85,200

Stock Price with Result

2014	2015	2016	2017	2018	2019	2020-3Qttm	#
2,062,060	2,006,535	2,018,667	2,395,754	2,437,714	2,304,009	2,351,403	매출액
1,282,788	1,234,821	1,202,777	1,292,907	1,323,944	1,472,395	1,452,379	매출원가
779,272	771,714	815,890	1,102,847	1,113,770	831,613	899,023	매출총이익
529,021	507,579	523,484	566,397	524,903	553,928	557,952	판관비
12.14	13.16	14.49	22.39	24.16	12.05	14.51	영업이익률(%)
250,251	264,134	292,407	536,450	588,867	277,685	341,071	영업이익
233,944	190,601	227,261	421,867	443,449	217,389	250,277	당기순이익
230,825	186,946	224,157	413,446	438,909	215,051	248,734	지배주주순이익
13.92	10.64	11.78	19.67	17.90	8.27	8.80	ROE(%)
400	420	670	850	1416	1416	1062	주당 배당금(원)

▲ F&F VSQUANT 기업 개요

디스커버리, MLB 등의 브랜드를 가진 패션기업 F&F(A007700)의 주가 흐름과 재무제
표입니다. 2016~2019년 매출액, 영업이익, 당기순이익의 폭발적인 성장을 관찰할 수 있
습니다. 이러한 성장에 힘입어 주가는 2015년 초 대비 무려 8배 상승한 것을 볼 수 있습
니다.

그러나 2018년 하반기에 주가의 큰 조정(약 50%)을 받게 되는데요. 왜 이런 일이 벌어졌을까요? 분기별 재무제표를 한번 살펴봅시다.

#	2015-4Q	2016-1Q	2016-2Q	2016-3Q	2016-4Q	2017-1Q	2017-2Q	2017-3Q	2017-4Q	2018-1Q	2018-2Q	2018-3Q	2018-4Q	2019-1Q	2019-2Q	2019-3Q	2019-4Q
매출액	1,418	917	848	919	1,706	1,125	1,027	1,026	2,427	1,330	1,477	1,397	2,479	1,625	2,013	2,165	3,301
매출원가	632	404	375	427	627	415	368	352	787	450	485	471	874	562	659	675	1,038
매출총이익	786	512	473	492	1,078	710	659	674	1,640	880	992	926	1,605	1,063	1,354	1,490	2,264
판관비	678	466	420	432	782	563	514	527	1,098	700	798	755	1,235	874	1,065	1,164	1,559
영업이익률(%)	7.62	5.07	6.28	6.60	17.34	13.07	14.17	14.35	22.30	13.52	13.09	12.29	14.91	11.59	14.35	15.02	21.36
영업이익	108	46	53	61	296	147	145	147	541	180	193	172	370	188	289	325	705
당기순이익	80	5	32	44	222	120	111	108	411	486	200	134	273	143	210	242	504

분기별 재무제표를 보면 부침은 있지만 쭉쭉 성장해왔던 3대 실적이 2018년 1분기부터 정체 하락하는 모습을 볼 수 있어요. 그동안은 기업의 높은 성장을 맛본 투자자들이 비싼 가격에 주식을 사줬는데, 이러한 기대가 꺾이니까 흑자를 보더라도 주가가 크게 조정받은 것을 볼 수 있죠?

이렇듯, 주가와 성장 그리고 성장의 흐름을 다함께 면밀하게 살펴봐야 정확한 판단을 내릴 수 있답니다.

마지막으로 기업 실적과 주가가 크게 상승한 동국제약(A086450)의 예시를 보고 이번 챕터를 마치도록 하겠습니다. 지금까지 배운 내용을 바탕으로 다음 페이지의 동국제약의 재무제표를 한번 분석해보기를 바랍니다. 직접 분석을 해보는 것 이상의 공부는 없을 것입니다.

동국제약 (A086450)

코스닥 대형주
제약
결산월: 12 월 | updated at 2020-12-05 21:12:21

주가
₩25,650

Stock Price with Result

Multiple
—— 주가 ▦ 주당ni_ttm × 12.985

12.99

매출액 매출총이익 영업이익 **당기순이익** 자본

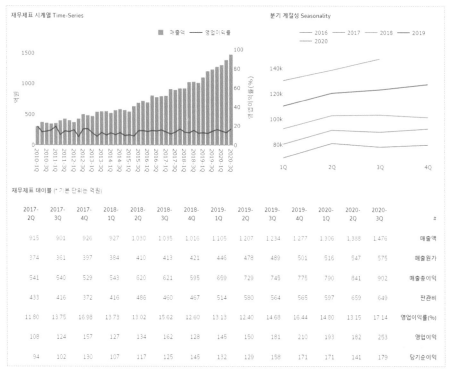

재무제표 시계열 Time-Series

▦ 매출액 —— 영업이익률

분기 계절성 Seasonality

—— 2016 —— 2017 —— 2018 —— 2019
—— 2020

재무제표 테이블 (* 기본 단위는 억원)

	2017-2Q	2017-3Q	2017-4Q	2018-1Q	2018-2Q	2018-3Q	2018-4Q	2019-1Q	2019-2Q	2019-3Q	2019-4Q	2020-1Q	2020-2Q	2020-3Q	#
	915	901	926	927	1,030	1,035	1,016	1,105	1,207	1,234	1,277	1,306	1,388	1,476	매출액
	374	361	397	384	410	413	421	446	478	489	501	516	547	575	매출원가
	541	640	529	543	620	621	595	659	729	745	775	790	841	902	매출총이익
	433	416	372	416	486	460	467	514	580	564	565	597	659	649	판관비
	11.80	13.75	16.98	13.73	13.02	15.62	12.60	13.13	12.40	14.68	16.44	14.80	13.15	17.14	영업이익률(%)
	108	124	157	127	134	162	128	145	150	181	210	193	182	253	영업이익
	94	102	130	107	117	125	145	132	129	158	171	171	141	179	당기순이익

▲ 동국제약 VSQUANT 기업 개요

STOCK
INVEST
MENT

STOCK INVEST MENT

Chapter
5

실전 투자를 위한
기본적 분석

실전 투자를 위한
기본적 분석

이번 챕터에서 우리는 다음과 같은 질문들에 대한 답을 찾을 것입니다.

1. 어떤 주식이 고평가인지 저평가인지 어떻게 알 수 있나요?

  - 밸류에이션이 무엇인가요?

  - 밸류에이션은 어떻게 수행하는 건가요?

2. 주식의 가치를 평가할 수 있는 근거로는 무엇이 있나요?

  - 상대가치평가와 절대가치평가가 무엇인가요?

  - PER, PSR, PBR 등 PXR은 어떤 수치인가요?

3. 주식의 적정 가치를 판단할 수 있나요?

  - 과거 그 기업의 평가를 참고할 수 있나요?

  - 동종 업계나 경쟁사의 가치를 참고할 수 있나요?

4. 적정 주가와 목표 주가는 어떻게 계산하나요?

  - 투자 기간에 따라 적정 주가를 계산하는 공식이 달라지나요?

  - 매수 주가, 적정 주가, 목표 주가의 차이는 무엇인가요?

5. 미래의 주가를 예측할 수 있나요?

  - 기업의 상황은 시시각각 변하는데 어떻게 미래 시점에 대해 밸류에이션을 할 수 있나요?

15

기업의 가치를
도출하는
밸류에이션

챕터4에서는 좋은 기업을 고르는 방법에 대해 배웠습니다. 망하지 않을 기업부터 안정적인 기업 그리고 성장하는 기업들이 보이는 특성들을 배웠죠. 그렇다면 우리는 이런 '좋은 기업'들에 투자하면 되는 걸까요? 과연 '좋은 기업'들은 '좋은 주식'일까요?

안타깝게도 모든 '좋은 기업'이 '좋은 주식'은 아닙니다. 좋은 주식이라 함은 투자자에게 충분한 수익을 안겨다주는 주식일 텐데요. '좋은 기업'들 중 일부는 주식의 가격이 너무 비싸서 기대수익률이 높지 않은 종목들도 많이 있습니다. 그림으로 정리해보자면 다음과 같아요.

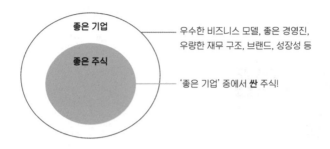

좋아요. 그러면 좋은 기업 중에 '싼' 주식을 고르면 되겠네요. 기업가치보다 저렴한 저평가 주식을 고르는 것이죠. 그러려면 과연 이 주식이 싼지 비싼지 알 수 있어야겠죠? 이렇게 어떤 주식의 적정 가치를 평가하는(싼지 비싼지 판단하는) 작업을 밸류에이션이라고 한답니다. 이번 챕터에서는 특정 주식의 적정 가치와 적정 주가를 계산하는 단계, 주식투자 과정의 꽃 밸류에이션을 수행하는 방법에 대해 배웁니다.

기업의 적정 가치가 얼마인지 어떻게 알 수 있을까요? 가치투자자들은 기업의 내재가치Intrinsic Value를 산출하는 과정을 통해 적정 가치를 구할 수 있다고 생각합니다.

> **[내재가치]**
> 기업이 갖는 본질적인 가치.
> 기업의 순자산, 미래의 수익, 수익창출력, 성장성, 시장점유율, 경쟁우위 등
> 종합적인 항목들을 분석해 산정한다.

즉, 가치투자자들은 기업의 본질적인 내재가치가 그 기업의 적정 가치라고 생각하는 것이죠. 기업이 영위하는 사업, 재무 구조, 이익 등 큰 변화가 발생하지 않으면 기업이 갖는 본질적인 가치는 변하지 않는다고 생각합니다.

가치투자자들은 이러한 내재가치를 투자에 어떤 방식으로 활용할까요? 가치투자자들은 내재가치를 구해 적정 주가를 산정합니다. 그리고 이러한 적정 주가를 현재의 주가와 비

교하죠. 적정 주가보다 현재 주가가 높으면 고평가인 것이고 적정 주가보다 현재 주가가 낮으면 저평가라고 판단합니다.

- **적정 주가 > 현재 주가 :** 시장가격이 가치보다 낮은 상태 → 저평가
- **현재 주가 > 적정 주가 :** 가치보다 시장가격이 높은 상태 → 고평가

이렇게 기업 주가의 '고평가', '저평가'를 판단하는 과정에서 가장 중요한 것은 적정 주가(내재가치)를 판단하는 작업이겠죠? 바로 이렇게 어떤 기업의 내재가치를 구하는 과정이 밸류에이션입니다.

> **[밸류에이션]**
> 기업의 내재가치를 산출해 적정 주가를 구하는 과정.
> 가치투자자는 적정 주가를 현재 주가와 비교해 고평가 또는 저평가를 판단한다.

밸류에이션의 목표

기업의 내재가치를 산출하고 적정 주가를 구하는 과정인 밸류에이션을 통해 우리는 어떤 것을 추구해야 할까요? 투자자에게 밸류에이션 과정과 그 결과는 진입과 청산, 손절에 대한 기준 가격을 정해줍니다. 예를 들면, 기업의 적정 주가를 알고 있기에 다음과 같은 판단이 가능합니다.

㈜기태건설 종목의 적정 주가 산정 후 매매 기준 가격 설정하기
- **주가 30,000원:** 이 정도면 충분히 싸다. → 진입 가격(매수)
- **주가 25,000원:** 이 가격은 말도 안 된다. 내 판단이 틀렸나? → 손절 가격
- **주가 50,000원:** 적정 가격에 도달했네. → 일부 청산(매도)
- **주가 60,000원:** 고평가 영역에 진입했다. → 전량 청산

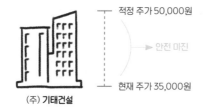

적정 주가 50,000원

안전 마진

안전 마진을 확보해
손실을 최소화하고 수익을 극대화한다.

현재 주가 35,000원

(주) 기태건설

밸류에이션의 결과인 '내재가치', '적정 주가' 그 자체를 구하는 것을 목표로 하는 학자들도 많이 있습니다. 그러나 우리는 적정 주가를 구하는 것으로 만족하면 안 됩니다. 투자자는 앞 예시와 같이 투자에 대한 의사결정을 할 수 있는 기준 가격들을 정하는 것을 밸류에이션의 목표로 삼아야 합니다.

> **[투자자를 위한 밸류에이션 목표]**
> 적정 주가를 산출해 진입·청산·손절에 대한 기준 가격을 설정한다.

밸류에이션의 개념과 과정 그리고 유용성에 대해 이 정도면 충분히 알아본 것 같아요. 그러면 이제 진짜로 '내재가치'를 구해볼까요?

기업의 가치를 평가할 수 있는 지표들

기업의 내재가치를 평가하기 위해 우리가 살펴볼 수 있는 항목들에는 가진 재산, 버는 돈 (이윤), 기술력, 우수한 인재, 브랜드 파워, 사업 영역과 같은 지표들이 있습니다. 이외에도 시장점유율, 경쟁우위, 소비자 충성도 등 다양한 측면들이 기업 내재가치를 평가하는데 함께 고려될 수 있습니다.

밸류에이션 과정에서 어떤 지표들을 사용해야 하는지에 대한 정답은 정해져 있지 않아요. 그렇지만 우리의 밸류에이션 목표가 '숫자(목표 주가 등)'를 정하는 것이라면 우리가 사용하는 지표 또한 숫자의 형태일 때 계산하기 한결 수월하겠죠? 더 나아가 여러 기업 간에 공통적으로 사용되고 비교할 수 있는 지표라면 더욱 좋을 것 같다는 생각이 듭니다.

앞에 나열된 지표들 중 이러한 '숫자'적인 특성을 가진 지표는 어떤 것일까요? 기업이 '가진 재산'과 '버는 돈'이 가장 대표적인 지표입니다. 이와 관련된 계정들을 재무제표에서 찾아보자면 아래와 같은 것들이 있어요.

[숫자적인 특성을 가진 지표들]

순자산(자본), 유동자산, 매출액, 영업이익, 순이익, 영업이익률, ROE

재무상태표와 손익계산서가 머릿속에 떠오르죠? 꼭 여기에 나열된 지표뿐만 아니라 여러분이 상상하는 그 계정을 밸류에이션 계산 과정에 활용해도 됩니다. 유명한 밸류에이션 방법론들은 많지만 정답은 없답니다. 투자자는 수익을 내기 위해 나와 가장 잘 맞는 밸류에이션 기법을 사용하면 되는 것이죠.

절대가치평가와 상대가치평가

밸류에이션 방법론은 크게 두 분류로 나눌 수 있습니다. 바로 '절대가치평가'와 '상대가치평가'입니다. 두 방법론에는 어떤 차이점이 있을까요?

절대가치평가

절대가치평가는 기업의 내재가치를 일종의 수학 공식으로 구합니다. 기업이 소유한 자산을 뜯어보고 청산가치를 계산하기도 하고 앞으로 벌어들일 미래의 수익을 모두 더해 계산하기도 합니다.

이 방법의 특징 중 하나는 밸류에이션을 수행하고자 하는 기업만 있으면 계산이 가능하다는 점입니다. 상대가치평가가 다른 기업들과 '비교'를 통해 적절한 가치를 판단하는 것과 다른 점이죠. 절대가치평가를 수행하는 몇 가지 모델들을 소개하면 다음과 같습니다.

- **자산가치로 계산:** 청산가치법, 장부가치법, 시장평가가치법
- **수익가치로 계산:** DCFM, DDM, RIM

  DCFM(Discounted Cash Flow Model): 미래 순현금흐름을 현재가치로 산정하는 방법

  DDM(Dividend Discount Model): 미래의 배당을 할인해 현재가치로 산정하는 방법

  RIM(Residual Income Model): 보유한 자기자본과 미래 잔여이익의 현재가치를 산정

이 책에서는 위의 모델들에 대해 자세히 설명하지는 않을 거예요. 이러한 절대가치평가 모델들은 주로 학문적으로 사용되는 방법이기 때문이죠. 실제 시장참여자들은 절대가치 평가보다 상대가치평가를 더 많이 사용하고 있답니다. 절대가치평가의 계산이 어떤 식으로 이뤄지는지 대략적인 느낌만 잡고 넘어가도록 하겠습니다.

혹시 중학교 수학 내용을 잘 기억하고 있나요? 학창 시절 배웠던 중학교 수학에 아마 '적금에 대한 만기 수령 금액'을 계산하는 문제가 있었을 거예요. 다음과 같이요.

매년 1만 원씩 이율 2% 5년 만기 적금 가입 시 만기에 내가 수령하게 될 금액은?

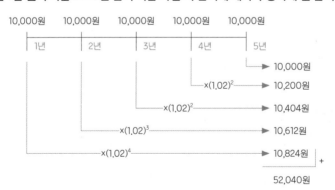

어렴풋이 기억이 나나요? 절대가치평가는 마치 이러한 느낌으로 계산하게 되어 있답니다. 미래의 순이익이나 잔여이익이 수년에서 수십 년간 발생한다고 가정하고, 이에 대해 현재가치를 계산하는 공식이죠. 적금 계산법과 다른 점은 적금은 만기 시점의 금액을 구

한다는 것인데, 절대가치평가에서는 현재가치를 구한다는 것이 다릅니다.

절대가치평가 모델에 대해 좀 더 알고 싶다면 언급된 모델들을 한번 검색해보세요. 사실 그렇게 어려운 개념들은 아닐 거예요. 쉽게 이해하실 수 있을 겁니다.

상대가치평가

상대가치평가는 기업의 내재가치를 다른 기업, 업종 간의 비교를 통해 산출합니다. 유사 기업의 시장가치에 기초한 방법으로, 평가 대상 기업과 동종 혹은 유사 업종의 가치를 다양한 지표로 비교해 참작함으로써 기업가치를 산출하죠. 가치를 짠! 하고 계산해주는 공식을 푸는 것이 아니라 다른 비교 대상을 통해 적정가치를 판단하는 방식입니다. 예를 들면 이런 식이죠.

(주)창우전자

시가총액 5,000억 원
매출액 8,000억 원
순이익 1,600억 원
자본 3,000억 원

(주)태훈전자

시가총액 8,000억 원
매출액 9,000억 원
순이익 900억 원
자본 9,600억 원

(주)범현전자

시가총액 7,000억 원
매출액 3,000억 원
순이익 1,000억 원
자본 5,000억 원

- ㈜태훈전자는 ㈜범현전자 가격의 1.14배로 비싼데 매출액은 3배가 발생하고 있구나!
- ㈜범현전자는 ㈜태훈전자 가격의 0.875배로 싼데 순이익은 1.11배로 좀 더 많구나!
- ㈜창우전자는 ㈜태훈전자 가격의 0.625배로 매우 싼데 순이익은 1.778배로 훨씬 더 많구나!

여기서는 기업의 내재가치를 매출액과 순이익, 자본의 관점에서 살펴봤습니다. 어떤 기업이 가장 저평가되어 있는 것 같나요? 아무래도 수익은 더 많이 내는데 가격은 싼 기업인 ㈜창우전자가 나머지 두 기업보다 상대적으로 좀 더 저평가된 것처럼 보입니다.

즉, 상대가치평가 기법의 핵심은 내재가치(매출액, 순이익)를 현재 시장가격(시가총액)과 비교한 값이 있고, 이 값을 다른 값들과 비교해 상대적으로 저평가인지 고평가인지 살펴보는 것입니다. "㈜창우전자의 순이익은 ㈜태훈전자의 순이익보다 78%가 더 높구나! 그런데 가격은 37% 정도 더 싸네? ㈜창우전자가 상대적으로 저평가된 것 같은데?"와 같은 이야기를 하는 것이죠. 상대가치평가 기법은 여러 가지 비교를 통해 주가 수준의 합리성을 평가한다고 보면 됩니다.

상대가치평가는 다음과 같은 장점들이 있기에 증권사 리서치나 애널리스트, 현업의 자산운용에서도 많이 사용되는 밸류에이션입니다. 따라서 이 책에서는 보다 다루기 쉽고 시장에서도 잘 통하는 상대가치평가를 중심으로 밸류에이션을 풀어나가겠습니다.

- 애널리스트, 기관 및 각종 시장참여자들이 보편적으로 사용하는 방법으로 실제 매매에서도 많이 적용됩니다.
- 절대가치평가는 긴 기간 동안의 가정(예: 5%로 꾸준히 성장, 할인율 등)을 필요로 합니다. 그러나 실제 기업의 경영 환경은 1년을 넘어 분기 단위로 크게 변화하기 때문에 이렇게 긴 기간 동안의 가정은 현실과 괴리가 있는 경우가 많습니다. 상대가치평가는 밸류에이션 과정에서 상대적으로 짧은 기간의 지표를 사용하므로 적시에 적합한 밸류에이션을 도출할 수 있습니다.
- 간편하게 계산할 수 있는 강력한 밸류에이션 기법입니다. 초보자도 쉽게 투자에 활용할 수 있습니다.

16

상대가치평가 지표
PXR: PER, PBR, PSR

상대가치평가의 핵심 지표인 PXR은 "Price X Ratio"의 줄임말로 X는 미지수를 의미합니다. 현재의 시장가격이 내재가치 X의 몇 배인지를 나타내는 지표입니다. X의 자리에는 기업의 내재가치를 나타낼 수 있는 다양한 지표들이 들어갈 수 있습니다.

PXR 지표 중 가장 유명한 지표는 PER, PBR 등이 있는데요, 각각 X의 자리에 순이익 Earning과 자본 Book-value이 들어간 것입니다. 이외에도 매출액 Sales, 영업이익 Operating Profit, 배당 Dividend 등이 내재가치 X로 자주 사용됩니다.

시가총액 8,000억 원

매출액　8,000억 원 → PSR 1
영업이익　1,000억 원 → POR 8
순이익　800억 원 → PER 10
자본　4,000억 원 → PBR 2

(주)서영코스메틱

▲ X를 매출액, 영업이익, 순이익, 자본으로 계산한 가치 지표

이렇게 계산된 PXR은 결국 하나의 의미를 담고 있어요. 바로 "그 기업의 가격(시가총액 혹은 주가)이 가치(X)의 몇 배에 거래되는가?" 이렇게 구한 PXR 수치를 여러 기업들과 산업, 경쟁사들과 비교해 상대적으로 저평가된 기업을 고르는 것이죠.

PXR을 계산할 때 '가격'으로 시가총액을 사용해도 되고 주가를 사용해도 됩니다. 다만 X의 수치를 넣어줄 때 '가격'의 스케일에 맞게 대입해야 한다는 점을 기억해주세요. 가격으로 시가총액을 사용했다면 X도 규모를 맞춰서 기업 전체의 X에 대한 금액을 넣어야 합니다. 가격으로 주가를 사용했다면 분모에는 X를 주식 수로 나눈 주당가치 Xps(X per share, 주당가치 X의 금액)를 사용해야 합니다.

$$PXR = \frac{\text{시가총액}}{\text{가치 X}} = \frac{\text{주가} \times \text{총 주식 수}}{\text{Xps} \times \text{총 주식 수}} = \frac{\text{주가}}{\text{Xps}}$$

(주가를 이용할 때는 분모와 분자의 총 주식 수를 약분합니다.)

저는 이 PXR을 사용할 때 가격 지표로 주가보다는 시가총액을 사용하는 편이에요. 주가를 사용한다면 총 주식 수를 알아야 하는 번거로움이 있기 때문에 가장 순수한 숫자인 '시가총액'과 가치 지표 X의 수치들을 사용한답니다. (게다가 총 주식 수는 기업이 주식을 발행·소각·분할할 수 있어 생각보다 자주 변경된답니다.)

총 주식 수 10,000,000주

$$\frac{\text{시가총액(8,000억 원)}}{\text{순이익(800억 원)}}$$

$$\frac{\text{주가(80,000원)}}{\text{주당순이익(8,000원)}}$$

(주)서영코스메틱

PER 10
(가격으로 시가총액을 이용)

PER 10
(가격으로 주가를 이용)

▲ 가격으로 시가총액을 이용할 때와 주가를 이용할 때 PXR 계산(X: 순이익)

이 수식에서 가치에 해당하는 X만 몇 가지로 바꿔가며 상대가치 지표들을 소개할 예정이에요. 이 PXR 수식을 완전히 이해했다면 이후의 내용은 아주 편안하게 들을 수 있을 것입니다.

PER: 가격-이익 비율

P/E Ratio라고도 부르는 '가격-이익 비율'은 해당 기업의 가격이 순이익의 몇 배에 해당하는지 계산하는 지표입니다. 현대의 투자 스타일은 기업의 순이익을 아주 중요하게 생각하고 있어요. 따라서 순이익과 그 기업의 가격을 비교한 PER은 투자자들이 아주 즐겨 사용하는 가치 지표가 되었답니다.

PER은 다음과 같은 수식으로 계산됩니다.

$$PER = \frac{\text{시가총액}}{\text{당기순이익}} = \frac{\text{주가} \times \text{총 주식 수}}{\text{주당순이익} \times \text{총 주식 수}} = \frac{\text{주가}}{\text{주당순이익}}$$

당기순이익은 1년치의 순이익을 사용합니다. 꼭 1~12월의 연간 순이익을 사용할 필요는 없고, 올해 여름부터 내년 봄이든 한 분기 실적의 4배를 하든 1년치를 만들어서 사용한다고 이해하면 됩니다. 주당순이익$_{\text{Earning Per Share, EPS}}$은 한 주당 순이익을 구하기 위해 단순히 순이익을 총 주식 수로 나눈 것입니다.

순이익은 왜 1년치를 사용할까요? PER이 가지는 또 다른 의미가 '회수 기간'이기 때문에 그렇습니다. 회수 기간이란 어떤 투자 상품에 투자를 했을 때 발생하는 수익으로 본전을 뽑는 기간을 의미하는데요. 예를 들어, 매달 100만 원씩 월세가 나오는 상가를 12억 주고 매수했다면 월세 수입으로 12억을 만들 때까지 걸리는 기간(1년에 1,200만 원 수입이 발생하므로 100년의 회수 기간으로 계산)을 말하는 것이죠.

	(주)창우전자	(주)태훈전자	(주)범현전자	서울 아파트
시가총액	5,000억 원	8,000억 원	7,000억 원	구매 가격 24억 원
순이익	1,600억 원	900억 원	1,000억 원	1년 월세 2,400만 원
PER: 가격이 버는 돈의	3.13배	8.89배	7배	100배
본전을 뽑는 데 필요한 회수 기간	3.13년	8.89년	7년	100년

▲ 시가총액과 순이익을 통한 PER과 회수 기간

재미를 위해 전자회사들 말고 다른 투자 상품 '서울 아파트'를 함께 비교해 그려봤는데요. 이렇게 PER은 회수 기간의 의미를 함께 지니고 있기 때문에 PER을 통해 투자 상품의 수익성을 한눈에 가늠할 수 있답니다.

일반적으로 PER의 숫자가 높으면 이익에 비해 가격이 많이 높은 것이고, PER의 숫자가 낮으면 이익에 비해 가격이 낮은 것이겠죠? 모든 기업의 상황이 제각기 다르기 때문에 딱 잘라서 고평가, 저평가를 이야기하기에는 모순이 있지만, PER은 엄연히 순이익 대비 얼마나 비싼 평가를 받는지를 나타내는 지표랍니다.

• 최근 5년간 우리나라 코스피 전체 기업들의 평균적인 PER은 약 11~16, 코스닥 전체 기업들의 평균적인 PER은 30~55 정도의 수치를 가지고 있습니다.

PSR: 가격-매출액 비율

P/S Ratio라고도 부르는 '가격-매출액 비율'은 해당 기업의 가격이 매출액의 몇 배에 해당하는지 계산하는 지표입니다. 이 가치 지표는 특히 기업의 순이익이 현재는 발생하지

않고 있거나(스타트업이나 초기 투자 단계의 기업) 순이익이 매우 불안정한 경우 PER을 대체해 사용할 수 있다는 장점이 있습니다. 기업의 매출액은 순이익보다는 변동성이 작은 계정이니까요.

PSR은 다음과 같은 수식으로 계산됩니다.

$$PSR = \frac{\text{시가총액}}{\text{매출액}} = \frac{\text{주가} \times \text{총 주식 수}}{\text{주당매출액} \times \text{총 주식 수}} = \frac{\text{주가}}{\text{주당매출액}}$$

PER을 계산할 때와 마찬가지로 매출액은 1년치의 매출액을 사용합니다. 주당매출액^{Sales} Per Share, SPS은 한 주당 매출액을 구하기 위해 단순히 매출액을 총 주식 수로 나눈 것입니다.

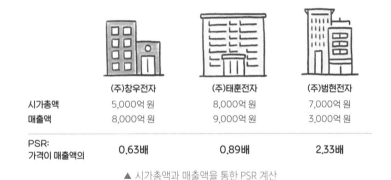

	(주)창우전자	(주)태훈전자	(주)범현전자
시가총액	5,000억 원	8,000억 원	7,000억 원
매출액	8,000억 원	9,000억 원	3,000억 원
PSR: 가격이 매출액의	0.63배	0.89배	2.33배

▲ 시가총액과 매출액을 통한 PSR 계산

PSR을 특히 유용하게 사용할 수 있는 투자 기법 중 하나는 PSR이 매우 낮은 기업을 유심히 째려보고 있다가 수익성이 개선되기 시작할 때 매수하는 것입니다. 이러한 기업들은 매출액 대비 가격이 현저히 낮은 상태이므로 만일 이익률이 개선되는 흐름을 타게 된다면 순이익이 매우 가파르게 성장할 수 있습니다.

- 최근 5년간 우리나라 코스피 전체 기업들의 평균적인 PSR은 약 0.6~0.8, 코스닥 전체 기업들의 평균적인 PSR은 약 1.0~3.5의 수치를 가지고 있습니다.

PBR: 가격-순자산 비율

P/B Ratio라고도 부르는 '가격-순자산 비율'은 해당 기업의 가격이 순자산의 몇 배에 해당하는지 계산하는 지표입니다. 이 가치 지표는 PSR과 비슷하게 현재 순이익이 발생하지 않거나 순이익이 불안정한 기업들을 평가할 때 유용하게 사용할 수 있습니다.

PSR과 구분되는 뚜렷한 특징은 기업의 매출액은 누적되는 계정이 아니지만 기업의 자본은 오랜 기간의 사업 동안 누적된다는 것입니다. (순이익으로 흑자를 내면 지속적으로 누적되죠.) 즉, 오랜 기간 많은 이익을 쌓아올린 기업의 경우, 현재 사업 환경이 좋지 않아 이익이 미미하더라도 PBR 가치 지표로는 매우 저평가된 것처럼 보일 수 있는 것이죠. (이것을 밸류트랩이라고 합니다.)

PBR은 다음과 같은 수식으로 계산됩니다.

$$PSR = \frac{\text{시가총액}}{\text{자본(순자산)}} = \frac{\text{주가} \times \text{총 주식 수}}{\text{주당순자산} \times \text{총 주식 수}} = \frac{\text{주가}}{\text{주당순자산}}$$

자본은 재무상태표의 계정이므로 특정 시점의 자본을 사용하면 됩니다. 주당순자산^{Book-} value Per Share, BPS은 한 주당 순자산(자본)을 구하기 위해 단순히 자본을 총 주식 수로 나눈 것입니다.

	(주)창우전자	(주)태훈전자	(주)범현전자
시가총액	5,000억 원	8,000억 원	7,000억 원
자본	3,000억 원	9,600억 원	5,000억 원
PBR: 가격이 순자산의	1.67배	0.83배	1.4배

▲ 시가총액과 자본을 통한 PBR 계산

PBR로는 기업이 쌓아올린(누적된) 성과를 측정할 수는 있으나 최근의 기업 상태를 반영하기에는 PER과 PSR의 민감함을 따라가지 못합니다. 그렇지만 기업의 '자본'이라는 것은 명실상부한 주주의 재산이므로, 이러한 자본은 기업가치의 하단을 단단하게 지지해줍니다. 즉, 가치평가에서 주가의 하방 제한선을 걸어주는 역할인 것이죠. 이러한 하방 제한선을 측정하는 데 PBR이 유용하게 사용됩니다.

- 최근 5년간 우리나라 코스피 전체 기업들의 평균적인 PBR은 약 0.7~1.1, 코스닥 전체 기업들의 평균적인 PBR은 약 1.6~2.2의 수치를 기록하고 있습니다.

기업마다 다른 적정 PXR 평가

PXR은 특정 가치 지표 X와 비교해 그 기업의 가격이 얼마나 비싼지를 나타낸다고 했죠? 그렇다면 단순히 PXR이 높으면 항상 고평가이고 PXR이 낮으면 무조건 저평가일까요? 다음의 예시를 한번 살펴보죠.

업종	건설	인터넷 서비스
시가총액	2조 7,840억	45조 5,831억
순이익	7,904억	6,571억
PER: 가격이 순이익의	3.52배	69.37배

(시가총액은 2020년 11월 30일 기준. 순이익은 2020-3Q 시점 최근 1년 합산 순이익)

문제를 단순화하기 위해 기업가치를 '순이익'으로 한정해보겠습니다. 어떠세요? PER이 낮은 대림산업이 PER이 높은 네이버보다 무조건 저평가인 것 같나요? PER이 낮은 대림산업의 주가가 더 올라야 할 것 같나요? 꼭 그렇지만은 않다고 느낄 겁니다. 같은 순이익을 벌어오더라도 순이익의 질과 파워가 다를 수 있기 때문이에요. (그렇다 하더라도 이 정도면 차이가 너무 많이 나는 것 같긴 합니다.)

우선, 두 기업의 업종이 다릅니다. 대림산업(A000210)은 'e편한세상'을 대표로 하는 건설사업과 토목, 플랜트, 석유화학사업 등을 영위하고 있어요. 반면 네이버(A035420)는 인터넷 검색 서비스와 쇼핑, 메신저, 콘텐츠, 광고사업 등을 영위하고 있고, 한국 인터넷시장에서의 지위가 막강합니다. 네이버의 영업이익률이 대림산업보다 평균적으로 더 높은 특성을 가지고 있죠.

대림산업이 핵심 사업인 건설에서 더 큰 매출을 올리기 위해서는 다른 회사들과 경쟁을 해야 할 겁니다. 특별한 기술력을 내세우면 비싼 가격에 새로운 건설 프로젝트도 수주할 수 있을 거예요. 그러나 딱히 그렇지 않다면 가격을 낮춤으로써 다른 경쟁사를 이겨야 하는 실정입니다. 반면 네이버는 대한민국의 인터넷시장을 거의 독점하고 있습니다. 새로운 경쟁자가 치고 들어오기도 쉽지 않죠. 따라서 새로운 사업을 하는 데 경쟁사 대비 높은 경쟁우위를 가지고 있고, 원가율도 높지 않습니다. 고객들의 전환비용이 높기 때문에 고객들이 다른 경쟁사의 제품으로 쉽사리 넘어갈 수 없어 보여요.

그렇다면 네이버의 순이익은 대림산업의 순이익보다 질도 좋고 수익력도 높다고 생각할 수 있겠죠? 이러한 경우 네이버의 PER이 대림산업보다 높은 것은 어느 정도 정당화될 수 있답니다. 같은 수치의 순이익이더라도 보다 가치 있다고 평가받기 때문이에요.

이처럼 기업마다 가치 지표 PXR의 적정한 수준이 다르기 때문에 단순히 PXR 숫자만 가지고 고평가·저평가를 판단내리기에는 한계가 있답니다. 가치 지표별로 기업의 특성이 고려되어야 하는 것이죠.

그러면 기업마다 '적정한 PXR 수치'가 어느 정도인지 어떻게 알 수 있을까요? 우리가 서로 다른 여러 기업들의 특성을 고려해 '적정 PXR'이 얼마인지 어떻게 구할 수 있을까요?

17

적정 주가와
목표 주가
계산하기

자, 이제 '적정 주가'와 '목표 주가'를 구하기 위한 준비운동이 어느 정도 마무리되었어요. 아직 모든 부분을 샅샅이 배운 건 아니지만 공식을 알려드리면서 큰 그림을 잡고 이후 진도를 나가도 좋을 것 같습니다.

이번 장에서는 '적정 가격', '목표 가격', 좀 더 나아가 '매수 가격', '손절 가격'의 정의만 살짝 잡고 이들을 계산하는 공식을 공개하도록 하죠.

적정 가격

기업이 가치에 비해 너무 낮지도 높지도 않은 '적당한' PXR 평가를 받을 때의 가격대입니다. 통상적으로 시장이 너무 과열되지도 침체되지도 않은 상황에서 형성됩니다.

목표 가격

자신이 생각했을 때 이 정도의 PXR 평가는 도달할 가능성이 높다고 생각하는 가격대입니다. 이 가격에 도달하면 투자자에게는 매력을 잃었다고 볼 수 있습니다. 목표 가격은 적정 가격보다 높을 수도 있고 낮을 수도 있으며, 이는 투자자의 판단에 달려 있습니다.

매수 가격

이 정도면 너무 싼 가격(낮은 PXR)이라 이 이하의 가격이라면 고민 없이 매수할 수 있는 가격대입니다. 투자자에게 이 주식이 아주 매력적으로 느껴지는 가격이며, 이렇게 싼 가격은 앞으로 보기 힘들 것이라 생각하는 가격대입니다.

손절 가격

투자자가 생각한 가장 싼 가격보다도 더욱 하락해 투자자의 판단 실수를 의심할 수 있는 가격대입니다. 시장 상황을 함께 고려해야 하지만 일반적으로 스스로 정한 가치의 최하단 가격인 '매수 가격'보다 15~20% 정도 가격이 더 하락한다면 투자 오류를 의심해볼 수 있습니다. 내가 발견하지 못했던 가치 저하 요인이나 악재가 있는지 확인하고 다시 밸류에이션해야 합니다.

▲ PER을 기준으로 설정한 4가지 기준 가격의 예시.
현재의 가격이 어떤 기준 가격보다 위에 있을 수도 있고 아래일 수도 있습니다.

이러한 가격들은 모두 하나의 공식에 의해 계산할 수 있습니다. 그럼 이제, 그 공식을 알아보도록 하죠!

적정 주가와 목표 주가 계산 공식

적정 주가와 목표 주가를 계산하기 전에 필요한 것이 하나 있습니다. 바로 '예상 투자 기간'인데요. 예상 투자 기간을 알아야 내가 투자를 종료할 시점에서의 가격을 계산할 수 있답니다. 예를 들어, 내가 A기업에 1년간 투자할 것이라 가정하면 1년 뒤 내가 매도할 때 가격을 구해야겠지요? 이를 위해 1년 뒤 그 기업의 실적을 계산의 재료로 사용할 거예요. 이렇게 구한 1년 뒤의 가격과 현재 가격을 비교해 목표수익률을 구하는 것입니다.

*현재 시가총액이 매수 가격보다 높으므로 10% 정도의 조정을 기다려서 매수한다.
*2년 보유의 목표수익률은 116.6%로 하고 3년 보유의 목표수익률은 183.3%로 한다.

▲ 예상 투자 기간과 해당 기간에 따른 목표 가격. 기업의 실적은 시간에 따라 변화하므로 이에 맞춰 주가를 재산정합니다. 여기서는 목표 가격만 계산했지만 다른 기준 가격들도 계산해야 합니다. 미래 시점의 순이익은 예상치며, 이를 잘 달성하는지 체크해야 합니다.

투자 기간과 종료 시점에 따라 목표 가격이 달라지는 것을 볼 수 있었죠? 이렇듯, 기업의 가치가 시간에 따라 변화하기 때문에 시점에 따라 기준 가격들이 변하는 것을 알 수 있습니다. 이제 이러한 기준 가격들을 구하는 공식에 대해 설명드릴 준비가 끝난 것 같네요. 한번 볼까요?

$$미래의 시가총액 = PXR 평가 레벨 × 미래의 가치 지표 X$$
$$미래의 주가 = PXR 평가 레벨 × 미래의 주당가치 X$$
$$미래의 주당가치 X\ Xps = 미래의 가치 지표 X ÷ 총 주식 수$$

미래의 가격을 구하는 공식에서 현재가 아닌 미래의 기업가치를 사용하는 것은 당연합니다. 왜일까요? 내가 그 기업의 주식을 보유하는 동안 기업의 가치가 변하겠죠? 그렇다면 그 미래 시점에서 업데이트된 기업가치를 이용해 밸류에이션해야 시기적절한 평가가 되는 겁니다. 미래에 기업가치가 증가할 기업은 같은 PXR 평가를 받더라도 미래 가격은 더 높은 것이죠.

공식에서 왼쪽의 항 'PXR 평가 레벨'은 무엇을 말하는 걸까요? 'PXR 평가 레벨'은 내가 자의적으로 정한 평가 레벨입니다. 앞서 배운 내용에서 적정 가격과 목표 가격, 매수 가격 그리고 손절 가격별로 PXR 가격대가 달랐죠? 이렇게 우리가 목적에 맞춰 자의적으로 선정한 기준 가격의 PXR이 바로 'PXR 평가 레벨'입니다. 'PXR 평가 레벨'은 미래의 가치 지표와 다르게 투자자의 주관적인 생각과 선택이 많이 반영됩니다.

미래의 가치 지표는 그 기업이 달성할 미래 실적을 예측하는 것이므로 현재의 기업 실적과 사업 환경이 많이 고려됩니다. 그렇기 때문에 'PXR 평가 레벨'보다 주관적인 부분이 제한되어 있죠.

2020
현재 순이익: 900억 원

미래의 가치 지표 예측

2021(예상)

상황이 좋은 경우 → 1,100억 원
상황이 별로인 경우 → 900억 원
20% 정도의 차이

(주)태훈전자
시가총액: 8,000억 원
현재 PER: 8.89배

PXR 평가 레벨의 선정

PER 9배가 적정 가격이야!

보수적인 투자자
동륜

66% 정도의 차이

PER 15배가 적정 가격이야!

화끈한 투자자
덕현

▲ 미래의 가치 지표는 어느 정도의 바운더리가 있지만 적당한 PXR 평가 레벨을 선정하는 것은 투자자의 주관이 많이 개입됩니다.

그렇다면 각 기준 가격에 해당하는 PXR과 PXR 평가 레벨을 정하는 것이 중요하겠죠? 기준 가격의 PXR 평가를 어떻게 정하는지에 따라 우리의 결론이 크게 달라질 수 있습니다.

PER 9배가 적정 가격이야!

보수적인 투자자 동륜

× 미래의 순이익 900억 원 → 시가총액 8,100억 원
× 미래의 순이익 1,100억 원 → 시가총액 9,900억 원

PER 15배가 적정 가격이야!

화끈한 투자자 덕현

× 미래의 순이익 900억 원 → 시가총액 1조 3,500억 원
× 미래의 순이익 1,100억 원 → 시가총액 1조 6,500억 원

▲ PXR 평가 레벨에 따라 크게 달라지는 가격

그러면 적정한 'PXR 평가 레벨'을 어떻게 하면 가장 잘 선택할 수 있을까요? 너무 긍정적이지도 부정적이지도 않게 정교하게 골라내야 올바른 가치평가가 될 거예요. 나의 목표 가격은 PXR 몇을 골라야 하는지, 매수 가격은 PXR이 몇이어야 적당한지, 딱 알맞는 PXR 평가를 고르는 방법을 알려드리겠습니다. (힌트! PXR의 특징을 한번 떠올려보세요. PXR은 기업 간 상대평가를 위해 계산한 지표랍니다!)

적정한 PXR 평가 찾기: 동종 업계, 유사한 기업과 비교

어떤 PXR 수치를 골라야 정확하게 기업가치를 평가할 수 있을까요? 여기서는 '적정 가격'에 해당하는 PXR 평가를 골라내는 데 집중하겠습니다. 목표 가격은 적정 가격의 PXR 평가보다 조금 더 높은 PXR을 주면 되고, 매수 가격과 손절 가격은 적정 가격 PXR 보다 좀 더 낮은 PXR 수치를 주면 되니까요!

이제부터 '각 기준 가격에 해당하는 PXR 평가 레벨' 대신에 '적정 PXR 레벨', '손절 PXR 레벨', '매수 PXR 레벨'식으로 줄여서 말씀드려볼게요! 줄여 쓰지 않으면 너무 단어가 길어 자칫하면 집중도를 흐릴 것 같은 걱정이 들어서 그렇습니다.

▲ 상품 '로봇청소기'의 가격 비교.
제조사와 기능, 품질, 서비스별로 같은 로봇청소기라도 가격 차이가 있습니다. (출처: 에누리)

'적정 PXR 레벨'을 찾는 첫 번째 방법은 그 기업의 PXR을 유사한 기업, 경쟁사, 동종 업계의 PXR과 비교하는 것입니다. 우리가 평소에 자주 사용하고 있던 방법이죠. 쇼핑에서 예시를 들 수 있어요. 우리가 어떤 제품을 구입하고자 하는데 그 물건과 아주 비슷한 다른 제품, 경쟁사의 제품은 얼마 정도 하는지, 유사 제품들의 가격을 비교하며 살펴보는 과정이 바로 이 방법이라 할 수 있답니다!

이렇게 상품을 비교하듯 여러 유사한 기업들의 PXR을 비교하다 보면 '아, 이 기업은 이 정도의 PXR이 적정한 것 같다'라는 감이 올 거예요. 마치 우리가 어떤 상품을 지속적으로 많이 구매해보면 그 상품이 어느 정도의 가격이면 싸게 나온 건지 아니면 평범한 가격인지 판단할 수 있는 것과 같습니다.

또한 여러 유사한 기업, 경쟁사뿐만 아니라 그 기업이 속한 '업종'이 평균적으로 평가받고 있는 PXR을 아는 것도 적정 PXR을 판단하는 데 도움이 되겠죠? 기업이 영위하는 사업 분야의 업종 PXR도 한번 함께 비교해보세요! 한 기업의 적정 PXR을 판단하기 위해서 최소 5개 이상의 다른 PXR 수치들을 함께 살펴보는 것을 권장합니다!

	PER	12M PER	업종 PER	PBR	배당수익률
엔씨소프트 036570 KSE 코스피 서비스업 FICS 게임 소프트웨어 12월 결산	53.80	19.91	54.30	6.58	0.59%
넷마블 251270 KSE 코스피 서비스업 FICS 게임 소프트웨어 12월 결산	70.21	30.11	54.30	2.26	-
컴투스 078340 KOSDAQ 코스닥 IT S/W & SVC FICS 게임 소프트웨어 12월 결산	17.77	12.67	55.86	2.02	0.91%
네오위즈 095660 KOSDAQ 코스닥 IT S/W & SVC FICS 게임 소프트웨어 12월 결산	19.89	7.47	55.86	1.42	-
NHN 181710 KSE 코스피 서비스업 FICS 게임 소프트웨어 12월 결산	115.27	14.36	54.30	0.87	-
웹젠 069080 KOSDAQ 코스닥 IT S/W & SVC FICS 게임 소프트웨어 12월 결산	28.59	10.91	55.86	3.01	-
펄어비스 263750 KOSDAQ 코스닥 IT S/W & SVC FICS 게임 소프트웨어 12월 결산	19.90	22.40	55.86	5.13	-

▲ 게임업종에 속하는 여러 종목들의 PER 및 업종 PER(출처: 컴퍼니가이드)

적정한 PXR 평가 찾기: 자기 자신의 역사적 PXR 흐름과 비교

적정 PXR 레벨을 찾는 두 번째 방법은 그 기업의 과거 수년 이상 긴 기간 동안의 PXR 흐름을 살펴보는 거예요. 이를 "자기 자신의 역사적 PXR과 비교한다"고 합니다.

바로 직전의 예시처럼 이 비교법을 설명하기 위해 쇼핑의 예를 들겠습니다. 우리가 어떤 제품을 구입하고자 할 때 그 제품의 최근 몇 년간 가격은 어떠했는지 가격의 흐름을 살펴보는 방법이 바로 이 비교법이라 할 수 있습니다. 과거에 동일 제품의 가격이 가장 쌌을 때와 비쌌을 때 어느 정도였는지 가늠하고, 현재 이 정도 가격이면 어느 정도 수준인지 판단하는 것이죠.

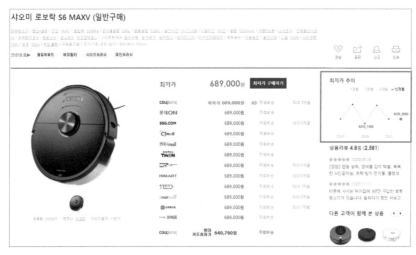

▲ 동일 상품의 역사적인 가격 추이 비교. 동일한 상품이더라도
다양한 요인에 의해 시기별로 가격이 다를 수 있습니다. (출처: 다나와)

단, 여기서 쇼핑할 제품의 과거 가격 비교와 기업의 역사적 PXR 흐름 비교에는 중요한 구별점이 있습니다. 바로 기업은 역사적 흐름의 여러 시점들에서 서로 완전히 동일한 기

업이 아니라는 것이죠. (물론 쇼핑할 제품도 개선을 거듭하며 차기작으로 갱신될 순 있습니다.) 즉, 1년 전의 PXR 수준과 5년 전의 PXR 수준이 많이 다를 수 있으나 제품이 동일하지 않은 것이죠. 아마 기업의 상태가 좋았을 때(제품이 더 잘나갔을 때) PXR이 더 높았을 거예요.

어떤 기업의 PXR이 과거 몇 년 동안 어땠는지 VSQUANT에서 찾아볼 수 있습니다. '기업 개요'에서 실시간 밸류 지표 숫자들을 클릭하면 PXR 추이를 볼 수 있는 팝업이 출력됩니다.

▲ VSQUANT '기업 개요' 화면에서 실시간 밸류 지표 카드를 클릭

▲ 엔씨소프트의 PER 및 PER밴드(VSQUANT P/E Ratio 클릭 시 팝업)

상단의 '시계열 차트'는 기업의 PXR 수치를 지난 몇 년간 그래프로 그린 것입니다. 이를 보고 PXR 평가 레벨이 최고로 높았을 때는 얼마인지, 가장 낮았을 때는 얼마인지 파악할 수 있어요. 엔씨소프트(A036570)의 경우 PER이 가장 높았을 때는 70 정도, 가장 낮았을 때는 15 정도인 모습이네요.

하단의 '밴드 차트'는 기업의 주가와 몇 개의 평가 레벨을 곱한 밸류 지표 X의 흐름을 함께 그려놓은 차트입니다. PER 밴드 차트이므로 초록색선은 '당기순이익 × 39.832' 수치를 그리게 됩니다. 기업의 실적은 1년에 네 번 발표되므로 꺾은선그래프로 그려지는 것을 확인할 수 있습니다. 같은 원리로 분홍색선은 '당기순이익 × 13.277' 수치를 그리는 그래프입니다. 이러한 '밴드 차트'는 현재의 주가가 PER의 몇 개 정도에 위치하는지 파악하기 좋으며, 과거의 주가 수준이 어느 정도의 평가 레벨에 해당하는지 쉽게 알아볼 수 있어요.

현재의 주가는 PER 30 정도의 위치에 있는 것을 볼 수 있죠? 또한 각각의 밴드는 기업 실적의 방향을 의미하기도 해요. 이 실적 밴드가 상승세를 그리면 당기순이익이 증가한 다는 의미입니다.

엔씨소프트는 2009년, 2011년, 2016년 세 번의 기간 동안 평가 레벨이 크게 올라가고 주가도 함께 큰 상승을 보인 것을 확인할 수 있는데요. 이러한 각 시점 시작 지점마다 엔 씨소프트는 히트작 게임을 출시했답니다. 새로 발매된 게임이 시장성이 있다 보고 많은 투자자들이 매수에 동참해 주가를 올리고 PER 평가 레벨을 올린 것이죠.

이렇듯 우리가 역사적 PXR 흐름을 보고 적정 PXR을 판단할 때 기업의 상황도 함께 고 려해야 합니다. 현재 기업이 상황이 좋지 않다면 과거 PXR 흐름에서도 상황이 그리 좋 지 않은 시점의 수치를 참조해야 하는 거고요. 현재 기업의 상황이 매우 좋다면 과거 흐 름에서도 기업이 잘나가는 시점의 PXR 수치를 참고해야 한답니다.

엔씨소프트의 경우 신작 게임이 대박 난 상황에서는 적정 PER 평가 레벨을 35 정도(빨 간색선 부근)로 잡을 수 있겠죠? 별다른 신작 없이 평범한 상황이라면 적정 PER 평가 레 벨을 20 정도(갈색선 부근)로 잡는 게 무난해 보입니다.

어떤가요? 지금까지 우리는 기업 자신의 역사적 PXR 흐름을 보고 현재 시점의 적정 PXR을 고르는 방법에 대해 배웠습니다. 적정한 PXR 평가 레벨을 정하는 것은 기업을 밸류에이션하는 과정에서 핵심 중의 핵심입니다. 독자 여러분들은 유사 기업의 수치 비 교와 역사적 PXR 흐름과 비교 방법들을 모두 이용해 상황과 때에 알맞은 적정 PXR을 선택하길 바랍니다.

고수들의 PXR 활용법

아래의 문장들은 투자 고수들 사이에서 PXR 밸류에이션에 대해 언급되는 주요 장단점과 팁입니다. 언젠가 PXR 밸류에이션에 완전히 익숙해지고 많은 주식투자 경험이 쌓였을 때 이 문장들을 한번 곱씹어보기를 추천합니다.

1. 산업의 PXR에는 한계가 있다. 산업 자체의 고평가 또는 저평가 여부를 고려하지 않기 때문이다. 이를 위해서는 긴 기간 동안 PXR 평가를 살펴보고 적정 여부를 판단해야 한다.

2. 밸류에이션은 100% 정확한 목표 주가를 맞추는 것이 아니다. 시장에서 포지션(나의 매수·매도)을 잡으려면 시장의 공감을 얻어야 하는데, 이를 위해 다른 사람들의 평가를 반영해야 한다. 상대가치 평가 밸류에이션은 다른 사람들의 밸류에이션 평가를 반영할 수 있는 좋은 방법이다. 아무리 좋은 기업이어도 다른 시장참여자들이 알아주지 않으면 소용이 없다.

3. 낮은 PXR 종목을 발견했을 때의 핵심은 이러한 저PXR이 시장의 오해인지 아니면 이유 있는 저 PXR인지 여부다. 어떤 기업은 PER이 3이라도 그만한 이유(경영진의 비리 등)가 있을 수 있다. 이러한 경우 3이라는 아주 낮은 PER이어도 저평가가 아닐 수 있다.

4. 저PXR이 절대적으로 싼 것을 의미하는 것은 맞다. 그러나 해당 산업 혹은 기업이 완전히 망가지거나 앞으로 기대할 부분이 없다면 싼 가격이 맞는 가격일 수 있다. 싸다고 하더라도 앞으로도 쌀 수 있고, 그렇다면 이것은 저평가가 아니다.

5. 그러나 PXR이 높고 낮음은 리스크의 문제임이 확실하다. 높은 PXR은 이를 정당화하는 충분히 많은 요인들이 필요하다. 아주 비싼 기업을 여러 가지 정당화 사유를 붙여 매수하는 것과 아주 싼 기업을 안전 마진으로 매수하는 것 중 어떤 것이 더 위험하겠는가?

6. PXR의 주의점은 과거의 실적으로 계산했다는 것이다. 그러나 주식시장과 시장참여자들은 기업의 '미래'를 보고 투자한다. 즉, 현재 PXR이 아주 높더라도 가까운 장래에 그 기업의 실적이 크게 개선된다면 비싼 가격이 아닐 수 있다. 따라서 그 기업 자체의 수익에 포커스를 두고 분석해야 한다.

7. 미래를 예측하기 쉬운 산업, 기업의 경우 PXR 밸류에이션의 타이밍은 아주 늦다. 어떤 경우 주가는 1년 먼저 모두 다 상승하고 그 이후 발표되는 실적이 따라오기도 한다. 이 경우, 상승하기 전에는 PXR 수치가 높고 오히려 좋은 실적이 발표되기 시작할 때 PXR 수치가 낮다. 주로 경기순환형(cyclical) 산업에서 나타나는 특징이다. 이러한 기업을 저PXR에 사서 고PXR에 파는 행위는 손실을 유발하는 투자 행위다.

18

PXR 평가를 통한
목표 주가
계산하기

지금까지 우리는 4가지 기준 가격과 각각의 기준 가격을 계산하는 공식, 적정 PXR을 산출하는 과정을 학습했습니다. 이제 가치 지표 X를 마음에 드는 것으로 골라 직접 목표 주가까지 계산해내면 이번 장의 모든 내용을 성공적으로 따라왔다고 볼 수 있겠죠?

그럼 한번 도전해봅시다.

순이익을 이용한 PER 밸류에이션

가장 일반적으로 사용되는 PER 밸류에이션입니다. 당기순이익을 가치 지표로 삼아 밸

류에이션을 수행합니다. 일반적으로 투자자들이 아래와 같은 경우 PER 밸류에이션을
즐겨 사용합니다.

- 꾸준하게 순이익이 발생하는 가장 일반적인 경우
- 현재 혹은 미래의 당기순이익이 양수인 경우(음수일 경우 계산 불가)

엔씨소프트 PER 밸류에이션 예시

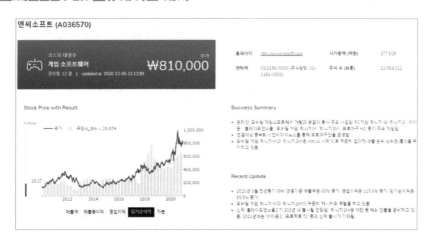

(1) 기준 가격 PER 평가 레벨 산정하기

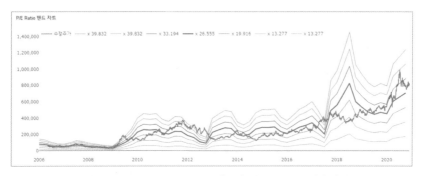

▲ 엔씨소프트(A036570) P/E Ratio 밴드 차트(VSQUANT > 기업 개요)

PER 밴드와 역사적 기업 환경의 변화를 보고 4가지 기준 가격(목표 가격, 적정 가격, 매수 가격, 손절 가격)의 평가 레벨을 산정합니다.

기준 가격별 PER 평가 레벨 선정 예시

- **목표 가격**: PER 35배
- **매수 가격**: PER 18배
- **적정 가격**: PER 25배
- **손절 가격**: PER 15배

적정 가격은 평균선인 보라색 밴드 부근에서 선정했으며, 이외의 밴드는 기업의 현황과 제 개인의 취향을 반영해 선정했습니다.

(2) 미래의 실적 산정하기

향후 1년간 투자하는 것을 가정해봅니다. 따라서 1년 뒤 당기순이익을 구해야 합니다. 최근 몇 년간의 재무제표와 회사의 사정을 참고해 미래의 당기순이익을 예상해봅시다.

2015	2016	2017	2018	2019	2020-3Qttm	#
8,383	9,836	17,587	17,151	17,012	23,887	매출액
2,027	1,876	0	0	0	0	매출원가
6,356	7,960	17,587	17,151	17,012	23,895	매출총이익
3,981	4,672	11,737	11,002	12,222	15,802	판관비
28.33	33.43	33.26	35.85	28.16	33.88	영업이익률(%)
2,375	3,288	5,850	6,149	4,790	8,093	영업이익
1,664	2,714	4,440	4,215	3,592	5,603	당기순이익

1년 뒤, 2021-3Q TTM
예상 당기순이익

6,000억

▲ 엔씨소프트(A036570) 하단 연간 재무제표(VSQUANT > 기업 개요)

TTM은 'Trailing Twelve Month'의 약자로 '최근 1년'을 의미합니다. 2020-3Q TTM 순이

익은 2019-4Q, 2020-1Q, 2020-2Q, 2020-3Q 의 네 분기 순이익을 합산한 값인 것이죠.

미래 실적은 자료 조사와 탐방 등을 통해 훨씬 더 자세히 추정할 수 있습니다만 간단하게 는 회사의 사정을 추론하는 것으로도 수행할 수 있습니다. 1년 뒤 회사의 사정이 좋아질 것으로 예상하면 조금 더 높은 실적을 기록할 것이고, 그렇지 않다면 현재보다 낮은 실적 을 기록할 것입니다. 여기서는 조금 더 좋아질 것으로 가정해 현재 당기순이익보다 조금 더 증액하는 것으로 추정했습니다.

(3) 목표 시가총액 및 주가, 목표수익률 계산하기

앞에서 배운 공식을 이용해 미래의 시가총액, 주가, 수익률을 계산합니다. 시가총액을 총 주식 수로 나누면 주가가 도출되겠죠?

미래의 시가총액 = PER 평가 레벨 × 미래의 당기순이익

목표 시가총액 = 35 × 6,000억 = 21조
적정 시가총액 = 25 × 6,000억 = 15조
매수 시가총액 = 18 × 6,000억 = 10조 8,000억
손절 시가총액 = 15 × 6,000억 = 9조

계산 시점의 현재(2020.11.30) 시가총액 = 17조 7,828억

엔씨소프트 총 주식 수: 21,954,022주

주가 = 시가총액 ÷ 총 주식 수

목표 주가 = 21조 ÷ 21,954,022 = 956,545원
적정 주가 = 15조 ÷ 21,954,022 = 683,246원
매수 주가 = 10조 8,000억 ÷ 21,954,022 = 491,937원
손절 주가 = 9조 ÷ 21,954,022 = 409,948원

계산 시점의 현재(2020.11.30) 주가 = 810,000원

[수익률 계산] 본인의 목적에 따라 적절한 가격들을 골라서 계산합니다.

목표 수익률 → 목표 주가 ÷ 매수 주가 = +94.44%

적정 수익률 → 적정 주가 ÷ 매수 주가 = +38.89%

안전 마진 → 적정 주가 ÷ 현재 주가 = -15.65%(안전 마진 없음)

현재 주가의 목표 수익률 → 목표 주가 ÷ 매수 주가 = +18.09%

매수하기 위해 필요한 조정 → 현재 주가 ÷ 매수 주가 = -39.26% 조정

참 쉽죠? 간단한 계산으로 우리는 이 종목에 대한 밸류에이션을 끝마쳤고, 투자 의사결정에 참고가 될 만한 몇 가지 기준 주가들을 얻을 수 있었습니다. 보아하니, 현재 주가가 그리 저평가되어 있는 상태는 아닌 것 같네요. 가장 높게 잡은 평가 레벨인 '목표 주가'와 현재 주가를 비교했을 때 상승 여력이 +18.09%밖에 되질 않는군요. 다른 종목을 찾아보거나 조정이 와서 매수 주가가 오기를 기다리는 행동을 취할 수 있겠습니다.

매출액을 이용한 PSR 밸류에이션

당기순이익 대신 매출액을 가치 지표로 사용하는 상대가치평가 밸류에이션 기법입니다. 매출액은 거의 모든 경우 항상 양수라는 특징을 가지고 있습니다. 이에 다음과 같은 경우에 즐겨 사용됩니다.

- 업력이 얼마 되지 않은 신생 기업(자본이 아직 많이 쌓이지 않음)
- 현재 이익률이 매우 낮으나 앞으로 높아질 것으로 기대할 수 있는 기업
- 현재 치킨게임을 벌이고 있어 수익성이 낮아 PER로 평가하기 적절치 않을 때
- 기업의 자본이 감가상각이 심해 PBR 밸류에이션이 적합하지 않을 때

대우조선해양 PSR 밸류에이션 예시

(1) 기준 가격 PSR 평가 레벨 산정하기

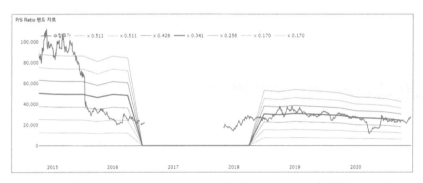

▲대우조선해양(A042660) P/S Ratio 밴드 차트(VSQUANT > 기업 개요)

PSR 밴드와 역사적 기업 환경의 변화를 보고 목표 가격, 적정 가격, 매수 가격, 손절 가격
의 평가 레벨을 산정합니다.

기준 가격별 PSR 평가 레벨 선정 예시

- **목표 가격:** PSR 0.37배
- **매수 가격:** PSR 0.25배

- **적정 가격:** PSR 0.3배
- **손절 가격:** PSR 0.2배

현재 조선업은 치킨게임을 벌이는 중으로, 단기간에 업황 개선이 일어날 것 같지 않아 보다 보수적으로 PSR 평가를 선택했습니다. 적정 가격을 보라색 밴드의 0.34배에서 좀 더 할인해 0.3배로 지정하는 등이죠.

(2) 미래의 실적 산정하기

향후 1년간 투자하는 것을 가정해봅니다. 따라서 1년 뒤 매출액을 구해야 합니다. 최근 몇 년간의 재무제표와 회사의 사정을 참고해 미래의 매출액을 예상해봅시다.

2015	2016	2017	2018	2019	2020-3Qttm	#
154,436	0	0	96,444	83,587	75,540	매출액
170,192	0	0	88,927	78,898	67,593	매출원가
-15,756	0	0	7,517	4,690	7,947	매출총이익
5,489	0	0	-2,732	1,762	2,542	판관비
-13.76	0.00	0.00	10.63	3.50	7.16	영업이익률(%)
-21,245	0	0	10,248	2,928	5,406	영업이익
-22,092	0	0	3,201	-465	1,742	당기순이익

1년 뒤, 2021-3Q TTM
예상 매출액

7조

▲대우조선해양(A042660) 하단 연간 재무제표(VSQUANT > 기업 개요)

최근 3년간 매출액이 지속적으로 감소한 것을 볼 수 있습니다. 따라서 1년 뒤 매출액을 현재보다 감소할 것으로 예상했습니다. 혹 1년 뒤에 조선업의 업황이 크게 나아지리라는 확신이 든다면 예상 매출액을 깎는 것이 아니라 더 증액해주면 됩니다.

(3) 목표 시가총액 및 주가, 목표수익률 계산하기

최종적으로 미래의 시가총액, 주가, 수익률 등을 계산합니다.

미래의 시가총액 = PSR 평가 레벨 × 미래의 매출액

목표 시가총액 = 0.37 × 7조 = 2조 5,900억

적정 시가총액 = 0.3 × 7조 = 2조 1,000억

매수 시가총액 = 0.25 × 7조 = 1조 7,500억

손절 시가총액 = 0.2 × 7조 = 1조 4,000억

계산 시점의 현재(2020.11.30) 시가총액 = 2조 9,022억

대우조선해양 총 주식 수: 107,290,669 주

주가 = 시가총액 ÷ 총 주식 수

목표 주가 = 2조 5,900억 ÷ 107,290,669 = 24,140원

적정 주가 = 2조 1,000억 ÷ 107,290,669 = 19,573원

매수 주가 = 1조 7,500억 ÷ 107,290,669 = 16,311원

손절 주가 = 1조 4,000억 ÷ 107,290,669 = 13,049원

계산 시점의 현재(2020.11.30) 주가 = 27,050원

[수익률 계산] 본인의 목적에 따라 적절한 가격들을 골라서 계산합니다.

목표 수익률 → 목표 주가 ÷ 매수 주가 = +48.00%

적정 수익률 → 적정 주가 ÷ 매수 주가 = +20.00%

안전 마진 → 적정 주가 ÷ 현재 주가 = -27.64%(안전 마진 없음)

현재 주가의 목표 수익률 → 목표 주가 ÷ 매수 주가 = -10.76%

매수하기 위해 필요한 조정 → 현재 주가 ÷ 매수 주가 = -39.70% 조정

밸류에이션 결과, 현재 주가가 가장 높은 평가인 목표 주가보다도 높은 것을 볼 수 있습니다. 1단계에서 기준 가격 PSR 레벨을 정할 때 조금 보수적으로 산정한 것을 고려하더라도 향후 상승 여력이 거의 없게 계산됩니다. 이렇게 계산한 것이 맞다면 앞으로 주가가

상승할 여지는 크지 않아 보입니다. 혹시 주가가 상승한다면 예상보다 조선업의 업황 개선이 빠르게 일어나거나 이 기업에 대한 평가 레벨이 바뀌었을 수 있다는 것을 의미합니다. 그렇다면 밸류에이션 과정 전반을 점검하고 다시 한 번 계산해봐야 합니다.

자본을 이용한 PBR 밸류에이션

자본을 가치 지표로 사용하는 상대가치평가 밸류이에션 방법입니다. 자본은 그 기업의 청산가치(망했을 때 찾을 수 있는 금액)와 밀접한 관계가 있습니다.

PBR 밸류에이션을 주로 사용하는 경우는 보통 아래와 같습니다.

- 은행, 투자회사, 보험사 같은 금융기관을 밸류에이션할 때

- 매출과 순이익이 특정 주기로 크게 발생하고 다른 긴 기간에는 미미한 장치 및 장비산업

- 사업 현황이 좋지 않고 현재 적자를 보고 있어 PER, PSR 밸류에이션이 적합하지 않은 기업

기업은행 PBR 밸류에이션 예시

(1) 기준 가격 PBR 평가 레벨 산정하기

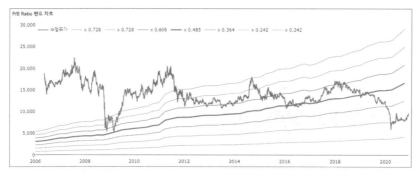

▲ 기업은행(A024110) P/B Ratio 밴드 차트(VSQUANT > 기업 개요)

PBR 밴드와 역사적 기업 환경의 변화를 보고 목표 가격, 적정 가격, 매수 가격, 손절 가격의 평가 레벨을 산정합니다.

기준 가격별 PBR 평가 레벨 선정 예시

- **목표 가격:** PBR 0.48배

- **매수 가격:** PBR 0.32배

- **적정 가격:** PBR 0.4배

- **손절 가격:** PBR 0.26배

밴드를 살펴보면 현재의 가격이 매우 낮은 수준임을 알 수 있습니다. 평가 레벨을 산정할 때 기존의 높은 수치들을 대입한다면 현실과 동떨어진 결과가 나올 수 있어 보수적으로 산정할 겸 낮은 숫자들로 골랐습니다. (아무리 그래도 엄청나게 싼 가격인 것 같긴 합니다. 자본의 0.3배라니요!)

(2) 미래의 실적 산정하기

향후 1년간 투자하는 것을 가정해봅니다. 따라서 1년 뒤 자본을 구해야 합니다. 최근 몇 년간의 재무제표와 회사의 사정을 참고해 미래의 자본을 예상해봅시다.

2015	2016	2017	2018	2019	2020-2Qttm	#
79,866	77,789	80,760	90,406	94,885	91,975	매출액
33,557	28,958	28,160	34,083	37,365	34,967	매출원가
46,309	48,831	52,600	56,323	57,520	57,008	매출총이익
20,967	21,546	21,885	22,987	24,095	23,961	판관비
18.78	19.70	25.12	26.51	23.48	21.69	영업이익률(%)
14,997	15,326	20,283	23,964	22,279	19,947	영업이익
11,506	11,646	15,085	17,643	16,143	14,494	당기순이익
11,430	11,575	15,015	17,542	16,058	14,421	지배주주순이익
6.65	6.45	7.62	8.36	7.09	5.99	ROE(%)
450	480	617	690	670	670	주당 배당금(원)
2,398,428	2,568,514	2,740,697	2,895,094	3,181,110	3,442,058	자산
2,225,490	2,388,040	2,542,680	2,684,153	2,953,344	3,200,266	부채
172,938	180,474	198,017	210,942	227,766	241,792	자본

1년 뒤, 2021-3Q TTM
예상 자본

= 현재 자본 +
미래 1년간 순이익

= 24조 1,792억 +
(예상) 1조 2,000억

≒ **25조 4,000억**

▲ 기업은행(A024110) 하단 연간 재무제표(VSQUANT > 기업 개요)

VSQUANT의 데이터 업데이트가 늦어 기업은행의 경우 2020-2Q TTM이 최신이네요. 자본의 경우 지속적으로 쌓인 계정이기에 조금 러프하게 계산해도 될 것 같습니다. '미래의 자본=현재의 자본+기간의 순이익'이기 때문에 현재의 자본에 적당량의 미래 순이익을 추정해 더해봤습니다. 수익성 악화가 일어날 것이라는 예측이 있어 순이익을 5년 최저 수준인 1조 2,000억 정도로 산정했고, 그 결과 미래의 자본은 25조 4,000억으로 추산되었습니다.

(3) 목표 시가총액 및 주가, 목표수익률 계산하기

최종적으로 미래의 시가총액, 주가, 수익률 등을 계산합니다.

미래의 시가총액 = PBR 평가 레벨 × 미래의 자본

목표 시가총액 = 0.48 × 25조 4,000억 = 11조 7,120억
적정 시가총액 = 0.4 × 25조 4,000억 = 9조 7,600억
매수 시가총액 = 0.32 × 25조 4,000억 = 7조 8,080억
손절 시가총액 = 0.26 × 25조 4,000억 = 6조 3,440억

계산 시점의 현재(2020.11.30) 시가총액 = 6조 8,696억

기업은행 총 주식 수: 738,664,360 주
주가 = 시가총액 ÷ 총 주식 수

목표 주가 = 11조 7,120억 ÷ 738,664,360 = 15,856원
적정 주가 = 9조 7,600억 ÷ 738,664,360 = 13,213원
매수 주가 = 7조 8,080억 ÷ 738,664,360 = 10,570원
손절 주가 = 6조 3,440억 ÷ 738,664,360 = 8,588원

계산 시점의 현재(2020.11.30) 주가 = 9,300원

[수익률 계산] 본인의 목적에 따라 적절한 가격들을 골라서 계산합니다.

목표 수익률 → 목표 주가 ÷ 매수 주가 = +50.00%
적정 수익률 → 적정 주가 ÷ 매수 주가 = +25.00%

안전 마진 → 적정 주가 ÷ 현재 주가 = +42.08% 안전 마진
현재 주가의 목표 수익률 → 목표 주가 ÷ 매수 주가 = +70.49%

매수하기 위해 필요한 조정 → 현재 주가가 매수 주가보다 낮음

기업은행의 밸류에이션 결과는 아주 고무적입니다. 현재 주가가 매우 싸기 때문에 안전 마진도 40%나 확보되어 있고, 목표로 하는 매수 가격보다도 낮아 바로 매수를 진입할 수 있습니다. 상당히 보수적으로 추정한 PBR 평가 레벨로 계산했음에도 불구하고 꽤 높은

상승 여력이 기대됩니다. 이렇게 보수적으로 추정했는데도 높은 상승 여력을 가진 기업들은 보다 편안한 마음으로 매수할 수 있겠죠?

물론 PBR 평가 레벨이 틀렸을 수 있습니다. 그러나 PBR 평가 레벨을 좀 더 낮추더라도 여전히 어느 정도의 상승을 기대해볼 수 있을 것 같네요. 그만큼 현재 주가가 낮은 가격대에 위치하고 있기 때문이죠.

잘 따라오셨나요? PER, PSR, PBR을 이용한 세 예시 모두 PXR 밸류에이션 기법에 근거하기 때문에 계산 방법이 비슷한 것을 볼 수 있죠? 소개한 PER, PSR, PBR 이외에도 POR, PDR 등 다양한 상대가치평가 지표들을 사용하더라도 동일하게 밸류에이션 산출을 할 수 있답니다.

밸류에이션은 많이 계산해볼수록, 다양한 측면에서 바라보고 다수의 케이스들을 살펴볼수록 더욱더 정교해지게 됩니다. 정확도가 올라가는 것이죠. 요리의 달인들이 한 번의 움켜쥠으로 식재료를 정확히 200그램 집어낼 수 있는 것처럼 투자자도 많은 연습을 통해 신뢰성 있는 미래 주가를 계산해낼 수 있답니다.

19

변화하는 미래를 예측하는 밸류에이션

적정 PXR 레벨과 미래의 실적을 통해 투자자들은 적정 주가, 목표 주가 등 다양한 기준 가격을 계산할 수 있게 되었어요. 그런데 우리가 투자할 기업들은 시간에 따라 사업 환경이 획획 바뀝니다. 특히 요즘과 같이 전 세계가 연결되어 있고 기술 발전이 빠른 시대는 사업 환경이 하루가 다르게 변화하는 것이 일상이죠.

그렇다면 우리가 밸류에이션을 수행할 때 이러한 사업 변화들을 고려하면 어떨까요? 미래에 발생할 다양한 경우의 수들을 정리해놓고 대비하는 것이죠. 예를 들면 "기업의 상황이 좋을 때는 5만 원, 나쁠 때는 4만 2,000원이 적정 가격이다"라든지 "이번 신제품이 성공하면 내년 순이익은 1,200억, 망하면 내년 순이익은 750억"과 같이 기업의 시나리오를 가정하는 것이죠.

이렇게 미래 시점에서 기업의 다양한 사업 시나리오에 따라 밸류에이션하는 것을 '시나리오 기반 밸류에이션'이라 합니다. 투자자들은 이러한 시나리오 기반 밸류에이션을 통해 예측 가능한 범위 내에서 기업을 가정해 보다 유연하고 적응적으로 투자에 임할 수 있게 됩니다.

▲ 대한항공(A003490)의 사업 환경 시나리오에 따른 밸류에이션 예시

기업 실적의 경우의 수, 상단과 하단

기업의 적정 가격을 구하는 공식은 크게 두 항으로 이루어져 있었습니다. 투자자들의 평가 수준에 해당하는 '적정 PXR'과 미래 시점의 기업가치인 '가치 지표 X'가 바로 그것이죠. 앞서 미래 시점의 기업가치 X를 정확히 추정할 수는 없다고 말씀드렸죠? 기업의 사업 환경이 계속 변화하기에 6개월, 1년 등 추정하는 미래 실적의 시점이 멀수록 추정한 미래의 기업가치 X는 정확도가 떨어질 거예요. 그러면 이를 보완하기 위해서 어떻게 해야 할까요?

미래의 기업가치 X를 보다 정확하게 예측하는 방법을 설명하기 위해 예시 문제를 하나 가져왔어요. 꼬마 서영이의 5년 뒤 키를 맞춰보는 문제입니다.

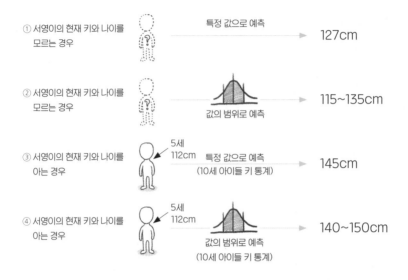

① 서영이의 현재 키와 나이를 모르는 경우 → 특정 값으로 예측 → 127cm

② 서영이의 현재 키와 나이를 모르는 경우 → 값의 범위로 예측 → 115~135cm

③ 서영이의 현재 키와 나이를 아는 경우 / 5세 112cm → 특정 값으로 예측 (10세 아이들 키 통계) → 145cm

④ 서영이의 현재 키와 나이를 아는 경우 / 5세 112cm → 값의 범위로 예측 (10세 아이들 키 통계) → 140~150cm

①은 현재 아무런 정보가 없는 경우입니다. 서영이의 5년 뒤 키를 맞추기 위해 '감'을 이용하거나 꼬마들의 키에 대한 통계를 참고해 적당한 수치를 고르겠죠? ②는 여기에서 더 나아가 미래의 키는 115~135cm 사이에 위치할 것이라고 '범위'로 예측한 거예요. 이렇게 범위로 예측하면 ①처럼 정확한 수치를 예측하는 것보다 맞출 확률이 훨씬 올라가겠죠? ③과 ④는 서영이에 대한 정보를 얻고 미래의 키를 추측하는 경우입니다. 다섯 살 서영이의 키는 또래보다 약간 큰 편이랍니다. ③에서는 열 살 꼬마들의 키에서 약간 더 크게 추정을 한 거고요. ④에서는 열 살 꼬마들의 키 통계의 구간을 참고해 조금 더 크게 추정을 한 겁니다. 현재의 정보를 알고 범위로 예측한 ④의 경우가 5년 뒤 서영이의 키를 가장 정확하게 맞춘 예측이 되겠죠?

범위로 추정하는 것의 장점은 미래의 추정이 나의 예측 범위 내에 있을 가능성이 크다는 거예요. 이를 통해 최고의 상황과 최악의 상황을 미리 가정하고 대응책을 마련해놓을 수 있답니다. (5년 뒤 서영이의 키가 110cm 미만일 가능성은 아주 낮을 거예요. 이미 112cm 이기 때문에 키가 하나도 자라지 않더라도 112cm겠죠?)

미래의 기업가치 X를 추정할 때도 현재의 기업가치를 참고해 미래 실적 X를 상단과 하단의 범위로써 추정한다면 우리의 예상이 보다 정확히 들어맞을 거예요. 기업의 상황이 좋을 때, 사업이 대박 났을 때를 상단의 실적으로 추정하고 반대로 기업의 상황이 최악일 때, 사업이 어려울 때를 하단의 실적으로 추정하면 됩니다. 좋은 시나리오를 가정해 미래 실적 X를 계산하고 나쁜 시나리오를 가정해 미래 실적 X를 계산해내는 것이죠.

그럼 이러한 방식으로 삼성전자의 미래 실적 X를 예측해볼까요?

삼성전자의 1년 뒤(2021-3Q) 미래 실적 예측

2011	2012	2013	2014	2015	2016	2017	2018	2019	2020-3Qttm	#
1,650,018	2,011,036	2,286,927	2,062,060	2,006,535	2,018,667	2,395,754	2,437,714	2,304,009	2,351,403	매출액
1,121,451	1,266,519	1,376,963	1,282,788	1,234,821	1,202,777	1,292,907	1,323,944	1,472,395	1,452,379	매출원가
528,567	744,517	909,964	779,272	771,714	815,890	1,102,847	1,113,770	831,613	899,023	매출총이익
372,124	454,023	542,113	529,021	507,579	523,484	566,397	524,903	553,928	557,952	판관비
9.48	14.44	16.08	12.14	13.16	14.49	22.39	24.16	12.05	14.51	영업이익률(%)
156,443	290,493	367,850	250,251	264,134	292,407	536,450	588,867	277,685	341,071	영업이익
137,590	238,453	304,748	233,944	190,601	227,261	421,867	443,449	217,389	250,277	당기순이익
133,826	231,854	298,212	230,825	186,946	224,157	413,446	438,909	215,051	248,734	지배주주순이익
13.58	19.63	20.31	13.92	10.64	11.78	19.67	17.90	8.27	8.80	ROE(%)
110	160	286	400	420	570	850	1416	1416	1062	주당 배당금(원)
1,558,003	1,810,716	2,140,750	2,304,230	2,421,795	2,621,743	3,017,521	3,393,572	3,525,645	3,757,890	자산
544,866	595,914	640,590	623,348	631,197	692,113	872,607	916,041	896,841	996,526	부채
1,013,136	1,214,802	1,500,160	1,680,882	1,790,598	1,929,630	2,144,914	2,477,532	2,628,804	2,845,606	자본

스마트폰 호황기
순이익 25~30조

반도체 호황기
순이익 40~45조

현재의 자본 = 약 285조

예상 시나리오	전 사업부 평범한 실적	스마트폰 호황	반도체 호황	스마트폰+반도체 호황	이외 다른 사업부 전부 호황
예상 당기순이익	15~20조	20~25조	45~50조	50~55조	55~60조

순이익+현재의 자본=미래의 자본

예상자본	300~305조	305~310조	330~335조	335~340조	340~345조

▲과거 실적과 경영 환경을 참고해 시나리오별(1년 뒤 미래 실적) 범위로 예측하기(VSQUANT>기업 개요)

이렇게 삼성전자의 미래 실적을 범위로 예측해봤습니다. 아무래도 기업을 상세히 분석해 실적을 추정한 것이 아니기에 이 결과를 너무 맹신하면 안 되겠죠? 그러나 미래 순이익이 최소 실적인 15조, 최대 실적인 60조의 범위 안에 있을 확률은 매우 높을 거예요. 실적의 상한선과 하한선 정보를 얻는 것만으로도 충분히 유의미한 결과랍니다. 이것으로 우리는 상단 주가와 하단 주가가 어느 정도의 가격인지 추측할 수 있으니까요!

그럼 이제 이 시나리오별 미래 실적 범위를 이용해 밸류에이션을 수행하고 각각에 해당하는 주가를 산출해볼까요?

시나리오와 실적을 결합해 밸류에이션하기

기업의 사업 환경에 대한 시나리오를 가정해 미래 실적 X의 범위를 구할 수 있었어요. 이제 이를 이용해 본격적으로 밸류에이션을 수행해보겠습니다.

미래 실적 X에다가 우리가 정한 PXR 레벨을 곱하면 주식의 가격을 구할 수 있었죠? 미래의 실적 X에 대한 범위 그리고 PXR 레벨에 대해 다양한 숫자를 대입해보고 각각의 결과를 테이블로 나타낼 수 있답니다.

PER 시나리오 밸류에이션

(1) PER 평가 레벨 범위 잡기

밸류에이션 테이블을 작성할 PER 평가 레벨의 범위를 정합니다. 여기서는 PER 밴드 차트를 보고 PER 6~12배로 잡아보겠습니다. 숫자가 낮으면 저평가 시기일 것이고, 숫자가 높으면 고평가 시기겠죠? 과거에 기록했던 수치 중 유의미한 구간에서의 최댓값과 최솟값을 적당히 선정합니다.

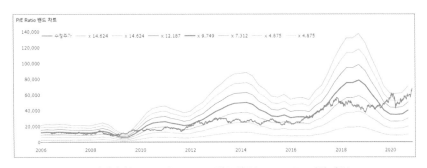

▲ 삼성전자(A005930) P/E Ratio 밴드 차트(VSQUANT > 기업 개요)

(2) PER 범위와 실적 범위로 밸류에이션 테이블 작성하기

앞서 잡은 PER 범위와 미래의 순이익을 곱해 미래의 시가총액 테이블을 작성합니다.

		Bad Scenario			Nomal Scenario				Good Scenario		
		15조	20조	25조	30조	35조	40조	45조	50조	55조	60조
	x 6	90조	120조	150조	180조	210조	240조	270조	300조	330조	360조
PER	x 8	120조	160조	200조	240조	280조	320조	360조	400조	440조	480조
평가	x 10	150조	200조	250조	300조	350조	400조	450조	500조	550조	600조
레벨	x 11	165조	220조	275조	330조	385조	440조	495조	550조	605조	660조
	x 12	180조	240조	300조	360조	420조	480조	540조	600조	660조	720조

위 표의 1행 위에 걸쳐진 머리글: **1년 뒤 미래 실적 (당기순이익)**
왼쪽 세로 라벨: 고평가 레벨 ↓

▲ PER 평가 레벨과 미래 순이익의 곱으로 작성된 밸류에이션 테이블(시가총액)

각 경우의 수에 따른 시가총액을 잘 볼 수 있었죠? 이 테이블을 주가로 변환하기 위해서는 각 셀을 '총 주식 수'로 나누어주면 된답니다. 삼성전자의 총 주식 수 5,969,782,550으로 나누어봅시다.

		Bad Scenario			Nomal Scenario				Good Scenario		
		15조	20조	25조	30조	35조	40조	45조	50조	55조	60조
	x 6	15,076	20,101	25,127	30,152	35,177	40,202	45,228	50,253	55,278	60,304
PER	x 8	20,101	26,802	33,502	40,202	46,903	53,603	60,304	67,004	73,705	80,405
평가	x 10	25,127	33,502	41,878	50,253	58,629	67,004	75,380	83,755	92,131	100,506
레벨	x 11	27,639	36,852	46,065	55,278	64,491	73,705	82,918	92,131	101,344	110,557
	x 12	30,152	40,202	50,253	60,304	70,354	80,405	90,456	100,506	110,557	120,607

▲ 최종적으로 계산된 시나리오 PER 밸류에이션 테이블(주가)

주가 밸류에이션 테이블을 보니 확 와 닿으시죠? 삼성전자 주가의 최저가는 1만 5,073원, 최고가는 12만 607원으로 계산되었네요. 두 가격의 차이가 너무 커서 무의미해 보이지만 이 가격은 주가가 위치할 수 있는 극단 가격이라고 보면 됩니다. 현재의 위치가 이 극단에 가까워진다는 것만 알아도 투자 판단에 큰 도움이 된답니다. 만약 삼성전자의 주가가 12만 원을 넘는다면 그 시점에 우리는 주식이 터무니없이 비싸다 판단하고 주식을 매도해 수익을 실현할 수 있으니까요! 또한 미래의 실적별로 주가를 미리 산정해놓았으니 실제 미래 시점이 왔을 때 주가의 고평가·저평가 여부를 판단하기도 용이하답니다.

PBR 시나리오 밸류에이션

(1) PBR 평가 레벨 범위 잡기

밸류에이션 테이블을 작성할 PBR 평가 레벨의 범위를 정합니다. 여기서는 PBR 밴드 차트를 보고 PBR 0.7~1.5배로 잡아보겠습니다. 마찬가지로 숫자가 낮으면 저평가인 것이고 숫자가 높으면 고평가겠죠?

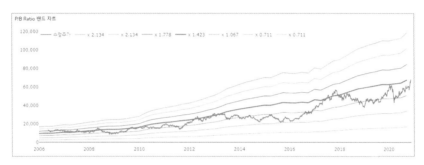

▲삼성전자(A005930) P/B Ratio 밴드 차트(VSQUANT > 기업 개요)

(2) PBR 범위와 실적 범위로 밸류에이션 테이블 작성하기

앞서 잡은 PBR 범위와 미래의 자본을 곱해 테이블을 작성합니다.

더 좋은 시나리오 →

		1년 뒤 미래 실적 (자본)									
		Bad Scenario			Nomal Scenario				Good Scenario		
		300조	305조	310조	315조	320조	325조	330조	335조	340조	345조
고평가 ↓	x 0.70	210조	214조	217조	221조	224조	228조	231조	235조	238조	242조
	x 0.90	270조	275조	279조	284조	288조	293조	297조	302조	306조	311조
PER 평가 레벨	x 1.10	330조	336조	341조	347조	352조	358조	363조	369조	374조	380조
	x 1.30	390조	397조	403조	410조	416조	423조	429조	436조	442조	449조
	x 1.50	450조	458조	465조	473조	480조	488조	495조	503조	510조	518조

▲PBR 평가 레벨과 미래 자본의 곱으로 작성된 밸류에이션 테이블(시가총액)

작성된 시가총액 밸류에이션 테이블에 총 주식 수를 나누어 주가 테이블을 구해봅시다.

		Bad Scenario			Nomal Scenario				Good Scenario		
		300조	305조	310조	315조	320조	325조	330조	335조	340조	345조
PER 평가 레벨	x 6	35,177	35,763	36,350	36,936	37,522	38,109	38,695	39,281	39,867	40,454
	x 8	45,228	45,982	46,735	47,489	48,243	48,997	49,751	50,504	51,258	52,012
	x 10	55,278	56,200	57,121	58,042	58,964	59,885	60,806	61,728	62,649	63,570
	x 11	65,329	66,418	67,507	68,595	69,684	70,773	71,862	72,951	74,040	75,128
	x 12	75,380	76,636	77,892	79,149	80,405	81,661	82,918	84,174	85,430	86,687

▲ 최종적으로 계산된 시나리오 PBR 밸류에이션 테이블(주가)

PBR을 기반으로 계산한 테이블은 PER 기반 테이블보다 주가 변동이 더 적은 것을 알수 있습니다. PBR 테이블에서의 주가 최저 가격은 3만 5,177원, 최대 가격은 8만 6,687원인 것을 볼 수 있죠? 아무래도 수치 변동이 큰 순이익보다는 누적하며 쌓아가는 자본이 보다 적은 변동으로 주가를 산출해내게 됩니다.

PER 시나리오 밸류에이션 테이블, PBR 밸류에이션 테이블 둘 중에 딱 하나의 정답을 고를 수는 없습니다. 투자란 복잡다단한 행위니까요. 다만 각각의 가치 지표에 대해 여러 시나리오의 예상 주가를 계산해보고 이것들이 어느 정도인지 감을 잡을 수 있다는 게 중요한 거예요.

시나리오 밸류에이션 테이블 어떠셨나요? 한눈에 쫙 들어오는 밸류에이션이죠? 이를 가격 차트와 비교하면 우리가 현재 어떤 투자 판단을 내려야 할지 한결 수월하게 결정할 수 있답니다.

STOCK INVEST MENT

Chapter
6

기본적 분석
심화학습

기본적 분석
심화학습

이번 챕터에서 우리는 다음과 같은 질문들에 대한 답을 찾을 것입니다.

1. 기업의 미래 실적을 예측할 수 있나요?
- 비즈니스 모델이란 무엇인가요?
- 좋은 비즈니스 모델의 특징이 무엇이죠?
- 미래 실적을 계산하는 수식은 어떻게 되나요?
- 실적이 증가하는 대표적인 유형은 어떤 것들이 있나요?

2. 기업에 대한 고급 정보를 얻을 수 있는 채널이 있나요?
- 기업의 IR담당자는 어떤 일을 하는 사람들인가요?
- IR담당자에서 문의를 하려면 어떻게 해야 하나요?
- 애널리스트 보고서는 어디서 찾을 수 있나요?
- 산업 리포트는 어디서 찾을 수 있나요?

3. 가치투자의 스타일은 어떤 것들이 있나요?
- 유명한 대가들의 가치투자 스타일은 어떤가요?
- 가치투자 스타일별 조건은 어떻게 되나요?

20

직접 예측해보는
기업의 실적

지금부터는 기본적 분석을 더욱 고도화할 수 있는 기법들을 배울 거예요. 기업의 실적을 더욱 세밀하게 추정할 수 있는 방법을 배우고 이러한 방법을 바탕으로 미래의 실적을 추정합니다. 또한 기업을 조사할 수 있는 다양한 정보원과 이를 활용하는 방법을 배움으로써 보다 정교하게 추정한 실적에 대한 검증을 수행합니다. 마지막 부분에서는 가치투자로 성공한 투자 대가들로부터 그들의 투자 스타일을 배웁니다.

우리는 기업의 적정 주가와 목표 주가를 구할 때 미래의 실적을 사용한다는 것을 배웠어요. 이전 챕터들에서는 미래의 실적을 대략적으로 예측해 사용했죠. 그러나 사실 우리가 마음만 먹으면 미래의 실적을 훨씬 더 정교하고 정확하게 추론할 수도 있답니다. 정확한 미래 실적의 추정은 보다 정확한 적정 주가와 목표 주가를 도출하겠죠?

미래 실적을 정확하게 추정하기 위해서는 비즈니스 모델을 파악해야 합니다. 비즈니스 모델의 정의뿐만 아니라 분석하고자 하는 기업의 비즈니스 모델을 낱낱이 파악해야 하죠.

> **[비즈니스 모델]**
> 기업이 어떤 제품이나 서비스를 어떻게 소비자에게 제공하고,
> 그래서 어떤 방식으로 돈을 버는지에 대한 구조와 흐름

비즈니스 모델에 대한 딱딱한 정의는 위와 같습니다. 그러나 좀 더 쉽게 이야기해보고 싶어요. 어떤 기업의 비즈니스 모델을 안다는 것은 그 기업이 어떻게 돈을 벌고 있는지 파악했다는 것이라고 설명하고 싶네요.

정확한 미래 실적의 추정을 위해 그 기업이 어떻게 돈을 벌고 있는지 왜 알아야 할까요? 아래 그림을 보면 그 이유를 이해할 수 있습니다.

▲ 미래 실적의 추정을 위한 단계

비즈니스 모델 파악

기업이 현재 어떤 구조로 어떻게 돈을 벌고 있는지 파악합니다. 제품을 판매해서 이윤을 남기는지 아니면 서비스를 제공해서 월 구독료로 수익을 남기는지 등 수익 구조를 파악하는 것이죠.

비즈니스 모델 분석

파악한 기업의 비즈니스 모델이 기업에서 어느 정도의 비중을 차지하고 있는지, 그리고

모델이 주변 산업과 환경, 경쟁사와는 어떤 관계를 맺고 있는지 분석합니다. 이러한 분석을 통해 모델 주변의 환경이 특정 방향으로 변화할 때 모델에 긍정적인 영향을 미치는지 부정적인 영향을 미치는지 예상할 수 있습니다.

비즈니스 환경 추론

앞으로 비즈니스 환경이 어떤 식으로 펼쳐질지 예상합니다. 비즈니스 환경의 변화는 국제 질서, 정치, 정부 정책, 기술 변화 등 다양한 요인의 영향을 받습니다. 관련 내용에 대한 조사와 추론을 통해 각 모델별 비즈니스 환경이 미래에 어떻게 펼쳐질지 예상합니다.

미래 실적 방향 추론

예측한 비즈니스 환경으로부터 기업의 비즈니스 모델들이 받는 영향을 추측하고 이러한 긍정적 또는 부정적 영향들이 각 모델의 수익성, 손익에 얼마나 영향을 미칠지 추론합니다. 마지막으로 이러한 변화들을 모두 합산해 최종적인 미래 기업 손익에는 어떤 방향으로 얼마나 영향을 미칠지 산출합니다.

우리가 어떤 기업의 비즈니스 모델을 정확히 알게 되면 어떤 환경에서 그 기업이 더 많은 수익을 낼지 알 수 있습니다. 그렇기 때문에 우리가 기업의 미래 실적을 정교하게 추정하기 위해서는 그 기업의 비즈니스 모델을 파악하고 완전히 이해해야 하는 것이죠. 기업의 수익이 어떤 환경에서 어떤 식으로 변화하는지 알게 되면 미래의 사업 환경 변화를 예측하고 추론해 기업의 미래 실적을 어느 정도 예상할 수 있습니다.

비즈니스 모델 예시: VAN

독자 여러분들은 실생활에서 체크카드와 신용카드를 많이 사용하나요? 아마 90% 이상의 결제를 카드로 하고 있을 겁니다. 우리 실생활에 아주 밀접한 카드와 카드 결제에서 비즈니스 모델의 좋은 예시를 찾을 수 있어요.

▲ 카드 결제와 결제 자금의 흐름

고객과 상점(가맹점), 카드사는 위 그림과 같은 관계를 가지고 있죠. 고객은 상점에서 물건을 구매하고 카드로 물건값을 결제합니다. 그러면 상점은 결제 전표를 근거로 해당 카드사에 판매한 물건의 대금을 요청하고요. 카드사는 추후 카드값을 고객에게 청구하고 물건의 대금을 상점에 지급하게 됩니다.

그런데 여기서 문제는 카드사가 한두 군데가 아니라는 점이에요. 국민카드, 삼성카드, 신한카드, 롯데카드, 우리카드 등 엄청나게 많은 카드사가 있죠? 각 상점 주인들은 카드 결제를 위해 많은 카드사들과 모두 계약을 맺어야 합니다. 아주 번거롭고 귀찮은 작업이죠? 여기서 VAN^{Value Added Network}사업자들이 등장합니다.

▲ 대표적인 VAN사업자들

KG이니시스와 나이스정보통신, 어디선가 본 기억이 있죠? VAN사업자들은 수많은 카드사들과 계약을 맺습니다. 그리고 상점은 하나의 VAN사업자와 계약을 맺습니다. 상점에서 어떤 카드를 이용해 결제하든 VAN사업자의 망을 통해 모든 카드사와 통신해 결제 거래를 이행합니다. 이렇게 VAN사업자들은 수많은 카드사와 상점 사이에 결제가 편리하게 이루어질 수 있도록 시스템을 구축하고 통신을 중개하는 역할을 합니다.

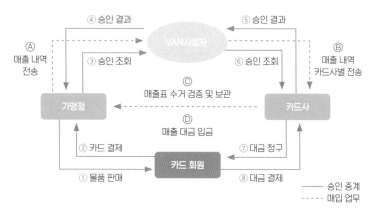

▲ VAN사업자의 결제 중개 과정

VAN사업자의 사업 구조에 대해 잘 알 수 있었죠? 그렇다면 VAN사업자들은 돈을 어떻게 버는 걸까요? VAN사업자들은 많은 상점들(가맹점)을 모집해 결제 단말기를 설치해줍니다. 그리고 그 결제 단말기를 이용해 결제되는 건별로 수수료를 챙기죠. VAN사업자들은 이 중개수수료를 주 수익원으로 하고 있습니다. 흔히 말하는 '카드 수수료'에 카드사가 가져가는 수수료뿐만 아니라 이렇게 중간 중개하는 VAN사업자가 가져가는 수수료도 있는 것이죠.

VAN사업자의 비즈니스 모델을 한 문장으로 요약해보면 다음과 같습니다.

"VAN사업자는 수많은 카드사와 가맹점의 결제 거래를 중개하며, 중개수수료를 받아 수익을 올린다."

비즈니스 모델에 대해 간단하게 분석해봤어요. 그렇다면 비즈니스 환경 추론과 실적의 방향 예측도 한번 해볼까요? VAN사업자들이 더 많은 수익을 올리기 위해서는 어떤 일이 일어나야 할까요? 아마 다음과 같은 현상이 일어나면 더 많은 수익을 올릴 수 있을 거예요.

- 더 많은 가맹점을 확보해 더 많은 카드 결제 거래 건수를 확보할 때

- 현금보다 카드가 선호되는 등 사회 전반적으로 카드 결제 금액이 늘어나는 환경일 때

- 중개수수료를 더 올릴 수 있을 때

이러한 환경이 갖춰지면 VAN사업자들이 더 많은 수익을 올릴 수 있을 것으로 쉽게 예상할 수 있죠? 실제로 이러한 환경 변화가 일어났을 때 VAN사업자들의 주가는 큰 상승을 보여줬답니다.

이렇듯, 해당 기업의 비즈니스 모델을 파악하면 어떤 환경에서 그 기업의 수익성이 좋아질지 예상 가능하게 되고, 이를 이용해 투자에 나설 수 있게 됩니다.

좋은 비즈니스 모델

세상에는 수많은 기업들이 있고 수만 가지의 비즈니스 모델이 있을 거예요. 많은 기업들은 제각기 비즈니스 모델을 구축해 저마다의 방법으로 돈을 벌고 있습니다. 이러한 비즈니스 모델들을 대표적인 몇 가지 유형으로 정리해볼 수 있지 않을까요? 그리고 이 중에서 투자자들이 주로 선호할만한 비즈니스 모델이 따로 있지 않을까요?

일반적으로 다음과 같은 비즈니스 모델들을 좋은 비즈니스 모델이라 여기는 투자자들이 많습니다. 몇 가지 예시를 살펴보도록 하죠.

좋은 비즈니스 모델의 예

1. 자신의 사업 영역에서 독과점적인 지위를 구축한 모델

자신의 사업 영역에서 어마어마한 시장점유율을 차지(독과점)하고 있는 기업들은 높은 수익을 손쉽게 올릴 수 있습니다. 왜냐하면 자신이 만드는 제품의 수요는 항상 있는데,

이를 만들 수 있는 것은 오직 자기 자신 혹은 소수의 과점 기업들만이 가능하기 때문이죠. 가격결정력이 소비자가 아닌 생산자에게 있는 셈입니다.

소비자의 입장에서는 이러한 독과점적인 지위를 구축한 기업이 그리 달갑지 않겠지만 투자자의 입장에서는 자신의 수익성을 확고히 지킬 수 있는 독과점 기업들이 매력적일 거예요.

▲ 자신의 사업 영역에서 독과점적 지위를 구축한 기술 기업들

2. 비즈니스 모델이 이해하기 쉽고 간단하며, 손쉽게 수익을 창출하는 모델

비즈니스 모델이 간결하면 투자자들이 접근하기 한결 편하고 매력을 느끼기에도 좋습니다. 아무리 기업이 막대한 수익을 벌어오고 어마어마한 성장을 일궈내고 있다 하더라도 그 기업의 비즈니스 모델을 제대로 이해할 수 없으면 투자를 꺼리는 투자자들이 많거든요.

이해하기 쉬운 비즈니스 모델에서 더 나아가 돈을 쉽게 버는 모델이라면 더욱 좋습니다. 마치 대동강 물을 떠다 파는 봉이 김선달처럼 정말 날로 먹겠다 싶을 정도로 손쉽게 수익을 창출하는 기업들이 있는데, 이런 비즈니스 모델에서 수익성만 보장된다면 투자자들이 투자를 마다할 이유가 없겠죠?

▲ 사업이 이해하기 쉽고 지속적인 수요가 보장되는 기업들

3. 한 번 구매 시 반복적인 추가 구매를 유도하는 모델

이 비즈니스 모델은 카트리지형 모델이라고도 합니다. 어떤 제품을 팔았을 때 지속적으로 유지·보수 관련 매출이 발생하거나 주기적인 소모품 매출이 발생하는 사업들을 이야기하는데요. 대표적으로 프린터 회사들과 면도기 회사들이 있습니다. 프린터와 복사기 등 업무용 인쇄장치를 구입하면 지속적으로 잉크나 토너를 구입하게 됩니다. 면도기도 마찬가지로 면도기 본체를 구매하면 주기적으로 면도기 칼날을 구매해야 하죠.

이러한 비즈니스를 영위하는 기업들은 한 번 본체를 팔면 카트리지 매출이 수개월에서 수년간 보장되는 특징이 있습니다. 이에 본체를 원가 이하로 판매하기도 해요. 어차피 앞으로 계속 사게 될 카트리지에서 더 높은 수익을 창출하면 되니까요.

▲ 한 번 본체를 판매하면 지속적으로 카트리지를 판매할 수 있는 기업들

4. 사업의 사이클마다 재투자로 인한 자본의 낭비가 발생하지 않는 모델

사업을 진행하면서 새로운 제품을 출시할 때마다 막대한 투자(공장 등)가 필요한 사업들이 있습니다. 대표적으로 자동차산업이 그러한데요. 신차 모델을 개발하고 출시할 때마다 이에 맞춰 공장과 생산라인을 셋업해야 합니다. 소비자들의 요구는 시대가 갈수록 깐깐해지기 때문에 기존의 생산라인으로는 이러한 요구를 충족시켜주기 어렵죠. 따라서 이러한 기업들은 발생한 수익의 상당 부분을 사업을 유지하기 위해 재투자해야 합니다.

워런 버핏은 이렇게 재투자로 인해 자본의 낭비가 발생하는 기업을 별로 좋아하지 않았어요. 수익의 많은 부분을 자꾸 재투자하게 된다면 주주에게 돌아오는 수익을 훼손한다고 생각했기 때문이죠.

▲ 소비자들의 보편적 기호로 재투자 없이 지속적인 수익 창출이 가능한 기업들

5. 사회의 지원과 기업의 성장이 서로 시너지를 낼 수 있는 모델

전 지구적 또는 국가적으로 중요한 문제를 해결해줄 수 있는 제품이나 서비스를 만드는 사업을 이야기합니다. 이러한 사업이 수익성 또한 충분히 보장되고 미래를 이끌어나갈 수 있다면 많은 사람들과 단체, 조직, 국가의 지원과 응원을 받으며 사업을 확장시킬 수 있습니다. 이렇게 확장되는 사업은 다시 국가와 사회의 문제를 해결해주기에 기업과 사회가 서로 윈윈하는 선순환인 것이죠. 기업이 사회의 문제를 해결해줌과 동시에 이 과정에서 충분한 수익성이 보여야 합니다.

▲ 전 지구적인 환경·자원 문제를 상업적으로 해결하고자 하는 기업들

어떤가요? 여러분이 느끼기에도 좋은 비즈니스 모델이라 생각되나요? 주식투자로 수익을 내기 위해서는 내재가치를 분석하는 것도 중요하지만 다른 투자자들을 설득하는 것도 중요합니다. 나만 이 기업이 좋다고 알고 있고 앞으로도 다른 사람들은 이 기업이 좋은지 모른다면 주가가 오를 가능성은 별로 없을 거예요. 다른 사람이 보기에도 충분히 매력적인 기업을 골라야 투자에서 훌륭한 수익을 낼 수 있답니다.

실적이 증가하는 대표적인 유형

기업의 실적이 크게 증가하는 몇 가지 정형화된 유형들이 있습니다. 이러한 유형에 대해 미리 알아둔다면 추후 비슷한 상황이 왔을 때 이들 기업의 수익이 크게 증가하리라고 예상할 수 있겠죠? 몇 가지 유형에 대해 소개하고 예시를 보겠습니다. 추후 투자 시에 이러한 유형을 한번 찾아보시기 바랍니다.

메가트렌드 주도 유형

이 유형에 해당하는 기업들은 세상의 큰 변화의 흐름에 소속해 있으며, 산업의 변화나 소비 트렌드의 변화를 업고 산업군의 성장을 주도해 실적이 크게 증가합니다. 거스를 수 없는 변화의 흐름에서 수혜를 입는 사업군인 것이죠.

수액, 식염수, 앰플

▲ '실버산업', '고령화' 메가트렌드를 업고 성장한 대한약품(A023910).
노령인구의 비중이 증가할수록 기초 의약품의 수요가 증가합니다.

'메가트렌드 주도 유형'에서 보다 강한 실적 증가를 보이기 위한 주요 조건들은 다음과 같습니다.

- 메가트렌드의 잠재적 시장 규모가 거대해야 합니다.
- 기업의 생산 능력이 메가트렌드를 따라갈 만큼 충분해야 합니다.
- 기업이 지속적으로 트렌드를 리드할 수 있는 강점, 경쟁력을 지녀야 합니다.

기술 세대교체 주도 유형

이 유형에 해당하는 기업들은 기술적으로 다음 세대의 기술이라 언젠가는 세대교체가 될 신기술을 보유하고 있습니다. 이러한 기술 세대교체가 실현될 때 필연적으로 실적의 성장이 일어납니다. 이러한 성장을 보통 구조적 성장이라고 부릅니다. 한 번 새로운 기술을 맛본 소비자들이 기존 구세대 기술로 회귀하지 못하기 때문에 이러한 기업들의 성장은 필연적입니다.

▲ 5G 기술 세대교체의 수혜를 입은 통신 부품 회사 와이솔(A122990).
5G에서는 4G보다 통신 주파수 신호를 훨씬 더 많이 사용합니다.

'기술 세대교체 주도 유형'에서 보다 강한 실적 증가를 보이기 위한 주요 조건들은 다음 과 같습니다.

- 다음 세대의 기술이 현재 기술보다 명백하게 많은 부분에서 우위여야 합니다.
- 세대교체가 수행될 기술의 총 시장 규모가 커야 합니다.
- 세대교체의 기간이 너무 길지는 않아야 합니다.
- 발생할 기술 세대교체가 선택적이 아닌 필연적이어야 합니다.

히트 상품 출시, 해외 진출 성공 유형

이 유형은 기업이 히트 상품을 출시하거나 기존 상품을 해외에 수출했는데 소위 말해서

'대박'이 난 경우를 지칭합니다. 기존 사업들의 매출 실적은 크게 줄지 않은 채 새로 출시한 제품의 반응이 좋은 경우 혹은 해외 진출 성공으로 매출이 크게 증가한 경우 3대 실적의 성장이 일어나게 되는 것이죠. 단, 이러한 '대박'의 크기가 기존에 영위하던 사업 대비 충분히 더 커야겠죠? 그래야 그 기업에 있어 큰 성장이 일어났다고 이야기할 수 있을 테니까요.

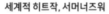

세계적 히트작, 서머너즈워

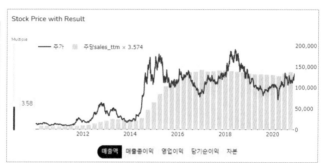

▲ 전 세계적인 히트 RPG게임 '서머너즈워'를 출시한 게임회사 컴투스(A078340).
2014년 서머너즈워 출시 이후 회사의 순이익과 주가는 5배 이상 상승했습니다.

이러한 '히트 상품 출시, 해외 진출 성공 유형'에서 보다 강한 실적 증가를 보이기 위한 주요 조건들은 다음과 같습니다.

- 신제품, 히트 상품이 전체 매출에서 차지하는 비중이 커야 합니다.
- 신제품의 생산 능력이 수요를 따라갈 만큼 충분해야 합니다.
- 더 많은 생산 시 원가의 추가적인 증가가 미미하거나 없어야 합니다.
- 경쟁사가 쉽게 모방할 수 없는 제품이어야 합니다.

Q, P, C와 매출 비중으로 미래의 실적 계산하기

지금까지는 간접적으로 기업의 실적을 추정하는 방법에 대해 배웠어요. 전반적인 기업

사업 환경의 변화로부터 추측하거나 비즈니스 모델의 특성, 실적 증가의 유형 등으로 미래의 실적을 가늠해봤었죠. 그러나 우리는 앞서 손익계산서의 개념과 흐름에 대해 배웠죠? 이를 이용해서 보다 직접적으로 기업의 미래 실적을 추론할 수 있답니다. 바로 Q, P, C를 통해서요.

[Q, P, C를 통한 기업의 미래 실적 추정]

- **Q(Quantity, 수량):** 기업이 제품을 판매한 총 개수입니다.
- **P(Price, 가격):** 기업이 제품을 판매한 판매 가격입니다.
- **C(Cost, 비용):** 기업이 제품 판매까지 사용한 비용입니다.

Q, P, C를 통해 우리는 기업의 매출과 순이익을 예측할 수 있습니다.

매출액 = (기업의 모든 제품에 대해) Q × P의 총합

순이익 = 매출액 - C = (Q × P의 총합) - (C의 총합)

손익계산서상에서 당기순이익은 아래와 같이 계산이 되었죠?

당기순이익 = 매출액 - 매출원가 - 판매비 및 관리비 - (여러 가지 손익) - 법인세

여기서 매출액은 Q과 P로 계산하는 항목이고, 차감되는 나머지 항목들은 전부 C에 해당합니다. 매출원가는 Q에 비례해 증가하겠죠? (제품의 원가니까요!) 그 밖에 판매비 및 관리비, 여러 가지 손익 등은 큰 변동이 없는 경우가 많아요. 그리고 영업이익에서 대략 20% 정도를 법인세로 낸다고 추측하면 됩니다.

로봇청소기와 스마트폰을 주력 제품으로 하는 (주)범현전자의 실적을 한번 추정해보겠습니다.

▲ 스마트폰과 로봇청소기를 만드는 (주)범현전자의 Q, P, C 실적 추정

이렇게 기업이 어떤 제품을 얼마나 파는지 알고 그 원가와 비용에 대해 파악할 수 있다면 손쉽게 기업의 실적을 추정할 수 있습니다. 추후 제품의 판매량이나 가격의 변화가 발생해도 같은 방식으로 미래 실적 추정이 가능하죠.

▲ 변화한 사업 환경에서 Q, P, C로 (주)범현전자의 실적 재추정

1. 로봇청소기시장 경쟁 격화로 인해 가격 인하, 판매량 저하

2. 스마트폰 고성능화로 인한 고급 부품 차용으로 대당 원가 증가

   → 약간의 매출 감소와 원가율 상승으로 인해 수익성이 감소

기업의 비즈니스 모델을 안다는 것은 정확히 어떤 것을 팔아서 얼마의 비용으로 수익을 남길 수 있는지 아는 것입니다. 그렇다면 이를 통해 위의 예시와 같이 아주 정교하게 실적을 추정할 수 있는 것이죠. 설사 제품의 판매량(Q)과 판매 가격(P), 비용(C)을 정확히 모르더라도 다음과 같이 참작한다면 간접적으로도 추론이 가능합니다.

Q와 P에 대해 정확히 파악할 수 없는 경우

1. 매출의 성장률로 간접적으로 추론하는 방법

예) 올해 매출이 1,000억 원인데 내년에는 10% 성장할 것으로 가정해 1,100억 원으로 매출을 추정

2. 시장 전체의 크기와 점유율로 추론하는 방법

예) 로봇청소기시장 전체의 크기가 연간 1조 원 수준이고 올해의 점유율은 10%일 때 내년의 점유율을 13%로 가정해 1,300억 원으로 매출을 추정

3. 사업부문별 성장률로 추론하는 방법

예) 올해 매출이 1,000억 원인 로봇청소기의 내년 매출 성장은 10%, 올해 매출이 2,000억 원인 스마트폰의 내년 매출 성장은 2%라 가정해 내년 전체 매출을 3,140억 원(1,100억+2,040억)으로 추정

C에 대해 정확히 파악할 수 없는 경우

1. 매출원가율로 추론하는 방법

'사업의 내용'에는 주요 제품의 가격 추이와 원재료의 가격 추이가 보고되어 있습니다. 이를 통해 매출원가율의 변화를 간접적으로 추론할 수 있습니다.

예) 올해의 매출원가율은 50%였으나 내년에는 경쟁 심화로 P는 하락, C는 상승해 매출원가율이 60%로 증가할 것으로 전망. 내년 기대 매출 3,000억 원에 매출원가율을 제한 1,200억 원이 예상 매출총이익

2. 영업이익률로 추론하는 방법

매출원가율로 추론할 경우 매출총이익에서 판관비를 추가적으로 빼주어야 합니다. 판관비가 안정적이지 않고 매출에 따라 크게 변한다면 매출원가율이 아닌 영업이익률의 변화로 추론할 수 있습니다.

예) 올해의 영업이익률은 40%였으나 내년에는 원가율도 증가하고 판관비도 증가해 영업이익률이 30%로 하락할 것을 전망. 이에 따라 내년 기대 매출액 3,000억 원에 영업이익률을 곱한 900억 원이 예상 영업이익

3. 순이익률로 추론하는 방법

매출원가율, 영업이익률로 추론하기 어렵거나 너무 상세해서 보다 간단한 추론 방법이 필요할 때 사용합니다. 매출에 순이익률을 곱하면 바로 당기순이익이 계산되는 것을 이용합니다.

예) 올해의 순이익률은 33%였으나 내년의 순이익률은 8%포인트 하락할 것으로 전망. 따라서 내년 기대 매출액 3,000억 원에 순이익률 25%를 곱한 750억 원이 예상 당기순이익

이제 배운 내용들을 이용해서 실제 기업의 예상 실적을 추정해볼까요?

에이치엘사이언스 예상 실적 추정

에이치엘사이언스(A239610)는 다양한 건강기능식품을 만드는 회사입니다. 면역에 좋다는 새싹보리, 간 건강을 위한 닥터슈퍼칸, 관절연골에 효능을 발휘하는 우슬조인트 등을 주력 제품으로 하고 있는데요. 홈쇼핑을 주력으로 다양한 채널을 통해 소비자들에게 이러한 제품들을 판매하고 있죠.

▲ 에이치엘사이언스의 주력 건강기능식품들

에이치엘사이언스는 '건강기능식품을 만들어서 판매한다'라는 간단한 비즈니스 모델을 가지고 있습니다. 이에 따라 주력 제품들의 판매량 추이를 분석한다면 미래 실적을 예측해볼 수 있겠네요. 최근 재무제표가 2020년 3분기(2020-3Q)인 시점이고, 이 시점까지의 정기공시와 재무제표들을 예제로 2020년 말 실적과 2021년 말 실적을 한번 추정해보겠습니다.

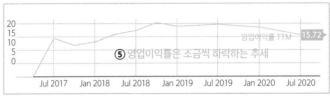

① 2020-3Q 까지 9개월 누적

(단위: 천원)

품목	제21기 3분기(당기)	제20기(전기)	제19기(전저기)
석류농축액류	18,192,725	39,028,573	44,022,817
새싹보리착즙분말	48,067,092	49,680,693	939,637
밀크씨슬류	7,743,252	10,982,120	11,180,056
장건강제품류	8,935,729	15,192,069	-
다이어트제품류	16,172,472	8,040,635	-
기타	12,522,157	5,336,766	7,965,960
합계	111,633,427	128,260,856	64,108,470

2020-3Q 분기보고서 매출에 관한 사항 중 매출 실적

⑤ 영업이익률은 조금씩 하락하는 추세
영업이익률 TTM 15.72

Jul 2017 Jan 2018 Jul 2018 Jan 2019 Jul 2019 Jan 2020 Jul 2020

VSQUANT 기업 개요 > 기본적 분석 지표

$\times \frac{4}{3}$ 하여 러프하게 1년치 추정

품목	② 제21기(2020)	③올해+올해의 성장분=	④ 제22기(2021)
석류농축액류	241억	역성장: 241+(241-390)=	92억
새싹보리착즙분말	640억	성장: 640+(640-496)=	784억
밀크씨슬류	103억	역성장: 103+(103-109)=	97억
장건강제품류	119억	역성장: 119+(119-152)=	86억
다이어트제품류	215억	성장: 215+(21580)=	350억
기타	167억	성장: 167+(167-53)=	281억
합계	1,485억	1년 뒤 동일한 성장이라 가정	1,690억

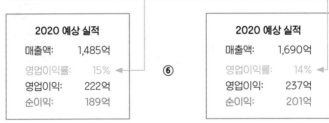

2020 예상 실적

매출액: 1,485억

영업이익률: 15% ⑥

영업이익: 222억

순이익: 189억

2020 예상 실적

매출액: 1,690억

영업이익률: 14%

영업이익: 237억

순이익: 201억

지난 기간 동안 순이익은 영업이익률의 85% 수준이었음

▲ 매출 비중과 영업이익률을 통한 에이치엘사이언스의 미래 실적 추정(2020-2021)

DART에서 찾은 2020년 3분기 정기공시와 VSQUANT에서 얻은 영업이익률 흐름을 가지고 2020년과 2021년의 미래 실적을 추정했습니다.

① 3분기까지의 누적 실적으로 1년치 실적 추정하기

정기공시 '사업의 내용'에서 2020-3Q까지의 누적 매출액을 찾을 수 있었습니다. 만약 12개월 동안의 매출이 9개월 동안 발생한 매출의 4/3배라고 가정한다면 각 제품의 매출에 4/3을 곱해 2020년 1년치 매출을 러프하게 추정할 수 있습니다. 물론 시기별로 크게 차이가 나거나 계절성이 매우 큰 매출인 경우 이러한 방법은 부정확할 수 있습니다. 여기서는 쉽고 빠르게 가늠해보기 위해 러프한 가정을 사용합니다.

② 추정한 주요 품목별 2020년 예상 매출 및 총 매출

제품별 3분기 누적 매출에서 4/3을 곱해 1년치로 만든 결과입니다. 각 제품군별로 2020년 한 해 얼마의 매출을 달성할지 계산되어 있습니다. '새싹보리착즙분말' 제품군이 가장 큰 비중을 차지하고 있네요.

③ 2021년의 실적 = 2020년의 실적 + 2020년의 2019년 대비 실적 변화

간편하게 올해 1년간의 변화가 내년 1년 동안에도 일어난다고 러프하게 가정할 수 있습니다. 올해 작년 연봉보다 500만 원 늘어났다면 내년에도 연봉이 500만 원 늘어날 것이라 가정하는 것이죠. 즉, 2021년 실적을 2020년 실적에다가 2020년의 변화치를 더해서 추정하는 것입니다. 이 또한 그때그때 경영 환경과 미래의 사업 변화에 따라 크게 달라질 수 있으나, 여기서는 추정의 예시를 들기 위해 이러한 가정으로 계산했습니다.

④ 2020년의 증가량으로 추정한 2021년의 예상 매출

2020년의 변화치가 유지된다고 가정했을 때 계산된 2021년의 예상 매출입니다. 성장하는 제품군도 있고 역성장하는 제품군도 있네요. 2020년 예상 총 매출액은 1,690억 원으로 계산된 것을 볼 수 있습니다.

⑤ 영업이익률의 추세를 보고 향후 영업이익률을 예상

'영업이익률이 연속적으로 변화한다'고 가정하고 과거의 영업이익률 추이를 우선 살펴봅니다. 2018년 중순, 20%가량의 최고 영업이익률을 찍고 그 이후로는 조금씩 하락하는 모습입니다. 마찬가지로 쉬운 추정을 위해 앞으로도 조금씩 하락한다고 예상(2020년 15%, 2021년 14%)했습니다. 만약 우리가 몇 년간의 영업이익률이 변화한 이유와 과정을 안다면 이렇게 추세로써 추정하지 않고 보다 정확히 논리적으로 추론해낼 수 있을 것입니다. (특히 제품의 판매가 P, 판매량 Q, 매출원가율 및 원재료의 가격 C의 흐름을 안다면 훨씬 더 정확하게 추론할 수 있겠죠?)

⑥ 추정한 매출액과 영업이익률로 예상 영업이익 및 당기순이익 추산하기

이제 2020년, 2021년 예상 매출액과 예상 영업이익률로 예상 영업이익과 예상 당기순이익을 계산할 수 있습니다. 영업이익은 매출액에 영업이익률을 곱해 산출했습니다. 순이익은 과거 몇 년간의 순이익과 영업이익의 비율을 고려해 순이익이 영업이익의 85% 수준에 결정되는 것을 알았고, 이를 영업이익에 곱해 산출했습니다.

이제 이렇게 산정한 예상 실적으로 밸류에이션을 수행하면 되겠죠? 여기서 보여드린 방식은 아주 러프한 방식 중 하나입니다. 그러나 독자 여러분도 이 과정을 보며 '어? 나도 충분히 할 수 있겠는데?' 하는 생각이 들었을 거예요. 그리고 어떻게 하면 보다 더 정교하게 추정할 수 있는지 아이디어도 떠올렸을 겁니다.

그렇습니다. 여기서부터는 누가 더 자세히 자료를 조사하고 발품을 팔아 추론의 근거를 찾는 싸움입니다. 다음 장에서는 더 자세히 자료 조사를 할 수 있는 방법들을 몇 가지 가르쳐드리겠습니다.

21

분석을
정교하게 만드는
고급 정보 수집

이번 장에서는 투자에 도움이 될 수 있는 고급 정보를 찾는 방법들에 대해 알아볼 거예요. 지금까지 우리는 주로 VSQUANT, 컴퍼니가이드, 전자공시 DART 같은 투자정보사이트에서 투자 정보나 재무제표 등을 찾아 이용했습니다. 여기서 찾은 정보들로도 충분히 의미 있는 분석을 할 수 있지만, 또 다른 고급 정보들을 찾아낼 수 있다면 보다 정교한 분석을 수행할 수 있겠죠? 투자정보사이트에서는 찾을 수 없는 고급 정보들은 여러분의 투자수익률을 증진시킬 수 있는 좋은 재료가 되어줄 거예요.

기업 홈페이지 탐방

첫 번째 방법은 기업의 공식 홈페이지를 탐방하는 거예요. 공식 홈페이지는 그 기업의 간판입니다. 대외적으로 널리 공개되는 웹사이트이고 수많은 사람들이 자유로이 접속할 수 있죠. 이에 투자자를 생각하는 뛰어난 기업들은 보통 공식 홈페이지 관리에도 심혈을 기울인답니다.

기업의 홈페이지를 찾는 것은 그리 어렵지 않습니다. VSQAUNT 기업 개요에 나와 있는 홈페이지 URL을 통해 접속할 수 있고, 기업 정기공시의 '회사의 개요'에도 기재되어 있습니다. 물론 네이버나 구글 등 검색사이트에서 해당 기업의 이름을 검색해도 나올 거예요.

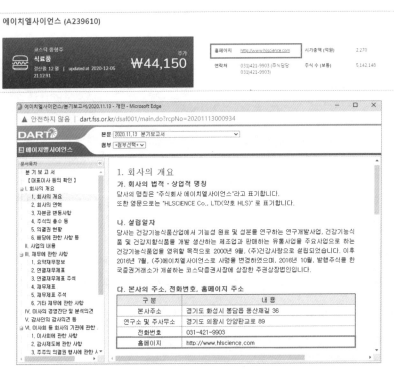

▲ VSQUANT 기업 개요, 정기공시 '회사의 개요'에 기재되어 있는 홈페이지 주소

▲ 네이버 검색을 통해 회사 홈페이지 찾기

기업 홈페이지에는 그 기업이 자랑하고 강조할만한 내용들이 잘 나타나 있습니다. 여러분이 사장이라면 우리 기업의 비전, 우수한 경영진과 사업 영역, 뛰어난 기술력, 경영 성과 등을 자랑하고 싶지 않을까요? 엄격한 전자공시에서는 잘 보여줄 수 없는 이러한 강점들을 기업 자신의 홈페이지에서는 자유 형식으로 멋지게 자랑할 수 있습니다.

좋은 회사들의 홈페이지는 아래와 같은 특성들이 있어요.

- 경영 철학과 비전이 잘 나타나 있습니다.
- 인재에 대한 중요성을 알고 훌륭한 대우를 해준다는 사실을 알 수 있습니다.
- 자신의 사업 영역과 강점을 명확히 설명합니다.
- 미래의 사업 계획과 실행에 대해 구체적으로 기술합니다.
- 자신의 회사에서 가장 자랑할만한 강점에 대해 쉽게 알아볼 수 있습니다.

기업 IR 자료 찾아보기

투자자가 놓쳐서는 안 될 또 하나의 자료가 있어요. 바로 IR자료입니다. IR은 'Investor Relations'의 약자로, 투자자들을 대상으로 기업 설명 및 홍보를 통해 투자 유치를 원활하게 하는 활동을 의미합니다. 주주총회, 투자자 유치, 보도자료 배포, 기자간담회 등이 대표적인 IR 활동들이에요.

기업들은 왜 이러한 IR 활동을 하는 걸까요? 크게 3가지 이유가 있습니다.

첫 번째로 투자 유치를 위해서입니다. 기업이 가진 장점과 비전을 투자자들에게 설득하고 이를 실행하기 위한 사업 비용을 조달하는 것이죠.

두 번째로 기업의 가치 평가를 제고하기 위함이에요. 기업이 다방면에서 아주 우수하고 멋진 수익을 올리고 있어도 이를 제대로 알리지 않는다면 기업의 가치(대표적으로 시가총액)가 시장에서 제대로 평가받지 못할 거예요. 반면 여러 IR 활동들을 통해 기업의 가치를 올린다면 투자를 받기도 쉬워지고 은행에서 돈을 빌려도 보다 낮은 이율로 자금을 조달할 수 있답니다.

세 번째는 투자자와의 커뮤니케이션을 위해서입니다. 투자자들과 공감대를 형성하고 기업의 향후 전망과 계획에 대해 피드백과 의견을 수합하는 것이죠. 투자자들은 이러한 커뮤니케이션을 통해 보다 효율적인 투자 활동을 수행하고요.

이렇듯 IR 활동은 기업에게 여러 긍정적인 효과를 가져다주기에 기업들이 상당히 신경을 쓰는 부분입니다. 여기서 주로 사용되는 발표 자료가 바로 IR 자료예요. 기업들의 IR 자료는 기업공시채널 KIND라는 웹사이트(kind.krx.co.kr)에서 얻을 수 있답니다.

▲ KIND에서는 회사명, 기간, 제목 등으로 IR 자료를 검색할 수 있습니다.
(전체 메뉴 보기 > IR일정/IR자료실 > IR자료실)

어떤 회사들은 이 공식 채널을 통하지 않고 자체 홈페이지에 IR 자료를 업로드하거나 비공개 IR 자료를 이용해 IR 활동을 하기도 한답니다. 따라서 여력이 닿는다면 KIND 이외에도 다양한 곳에서 검색을 통해 더 많은 IR 자료를 발견할 수도 있습니다.

다음 자료는 KIND에서 실제로 다운받은 스튜디오드래곤(A253450)의 IR 자료입니다. 아주 다양한 정보가 담겨 있는데, 여기서는 몇 페이지 정도만 골라서 한번 보여드릴게요. IR 자료에서는 공시에서 쉽게 파악하기 어려운 기업의 사업 전략을 보다 간결하고 깔끔하게 설명해준답니다.

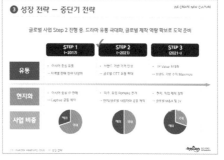

기업의 IR 담당자에게 문의하기

기업에서 IR 활동을 주 업무로 담당하고 있는 직원이 있는데요. 바로 IR 담당자입니다. 일반적으로 CFO^{Chief Financial Officer, 최고재무관리자}의 직속 부서에서 담당하죠. 일반 투자자들을 상대하는 IR 담당자를 '주식 담당'이라 부르며 '주식 담당'은 상장기업의 기업정보란에 표기되는 공식 명칭입니다. 투자업계에서는 이를 줄여 '주담'이라고 부르죠.

투자자들은 전화 등으로 접촉해 주담에게 질의할 수 있는 권리가 있답니다. 방법은 어렵지 않습니다. 주담 전화번호로 전화를 건 뒤 "OO기업의 주주입니다. 해당 기업의 주식에 투자를 하고 있는데, 궁금한 점이 있어서 전화 드렸습니다" 하며 말문을 튼 뒤 인터뷰를 수행하면 됩니다. 주식 담당의 전화번호는 VSQUANT나 정기공시에서 찾을 수 있습니다.

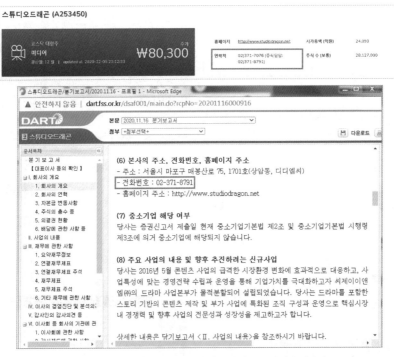

▲ VSQUANT 기업 개요, 정기공시에 나와 있는 주식 담당 연락처

이러한 '주담 통화'는 일반적으로 정기공시나 IR 자료 등 공개된 자료에서 찾을 수 없는 내용을 수집하기 위해 수행하는 경우가 많습니다.

알아두면 쓸모 있는 주식 심화학습!

[주담 통화 질문 답변 예시]

제가 과거에 코텍(A052330)이라는 기업에 투자했을 때 주담 통화 내용을 예시로 보여드리겠습니다. 한번 살펴보시고 여러분의 주담 통화에 참고해보세요.

Q. 부채 비율이 20%밖에 안 되는데 왜 부채를 쓰지 않고 유상증자를 하나요?

A. 단기적으로 쓸 자금 같으면 단기차입금으로 채워버리는데 어차피 다시 갚아야 하기도 하고 한 번 확보해서 앞으로 쭉 써야 할 비용으로 생각하기에 그렇다. 생산 증설 계획 같은 것은 없으며, 전부 원재료를 매입하는 데 사용할 것이다. 경영진이 앞으로 상황을 좋게 봐서 아예 유상증자를 실시한 것이다. 즉, 경영자의 스타일이다.

Q. 매출 채권 비중이 전년 대비 2배 수준으로 매우 높은데 혹시 결제일자 같은 기준이 있나요?

A. 선적 후 60일까지 결제를 받고 있다. 많은 물량이 6월 말에 선적되었으므로 늦어도 8월에는 현금으로 들어올 것이다.

Q. 작년에 토비스 대비 실적이 감소했던 이유가 IGT의 피인수로 인한 투자 지연 때문인가요?

A. 물론 그런 것도 있지만 냉철하게 이야기해서 IGT가 시장을 밸리(Valley)에게 빼앗긴 것이다.

Q. 산업용 모니터를 패널을 납품받아서 만드는데, 대기업 대비 경쟁우위, 해자가 무엇인가요?

A. 단순하게 말하자면 대기업의 모니터사업은 대기업이 주도하는 시장이다. (소비자의 니즈를 파악하긴 하지만) 코텍이 사업하는 시장은 고객사인 카지노회사들의 요구대로 차별화해 만들어주는 게 핵심이다. 컨슈머의 요구에 발 빠르게 대응할 수 있는 것. 우리는 대한민국 디스플레이회사는 1위 삼성, 2위 LG 다음에 코텍이라 생각한다.

증권사 리포트 활용하기

기업에 관한 양질의 정보를 찾는 또 하나의 좋은 소스는 '증권사 리포트'입니다. 미래에 셋대우, 삼성증권, 하나금융투자, NH투자증권 등 많은 증권사들은 리서치&연구 조직을 가지고 있습니다. 이들을 활용해 시장을 연구하기도 하고 산업과 기업을 분석하기도 합니다. 리서치팀들은 연구, 분석한 결과로 리포트를 작성해 공개하는데요. 이러한 리포트들의 퀄리티가 높아 투자자들이 활용하기에 아주 좋습니다.

이러한 증권사 리포트들은 '현대모비스 pdf' 등의 키워드로 구글 검색해 찾을 수도 있지만, 여기서는 리포트들을 한곳에 모아놓은 좋은 사이트를 하나 소개해드리겠습니다. 바로 '한경 컨센서스(http://consensus.hankyung.com/)'입니다. 한경 컨센서스에는 기업과 산업을 위한 리포트뿐만 아니라 시장, 파생, 경제 등 다양한 분야의 리포트들도 함께 존재합니다.

▲한경 컨센서스 '산업' 탭에서는 산업 관련 리포트들을, '기업' 탭에서는
개별 기업에 대해 작성한 리포트를 볼 수 있습니다.

정말 다양한 리포트들이 올라와 있는 것을 볼 수 있죠? 여러분은 이들을 골라 공부하기만 하면 된답니다. 하나금융투자에서 발간한 현대미포조선(A010620)의 기업 리포트를 예시로 다운받아 열어보겠습니다.

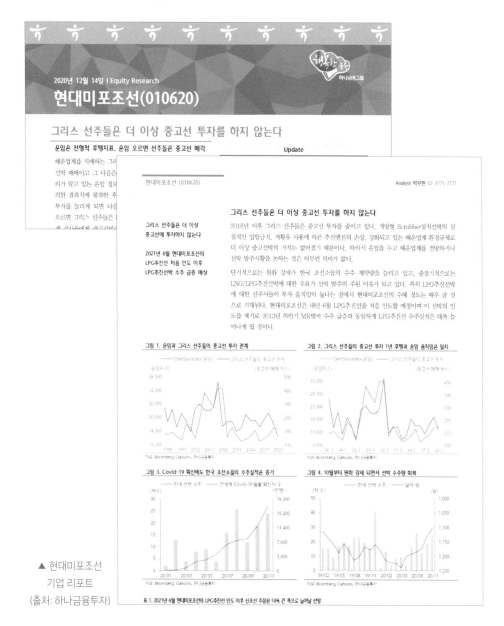

▲ 현대미포조선
기업 리포트
(출처: 하나금융투자)

깔끔하게 정리된 자료와 도표, 그래프들을 볼 수 있습니다. 당연한 이야기지만 증권사 리포트도 각 증권사마다 내용이 다르고 주장이 다를 수 있습니다. 투자자의 입장에서 여러 의견을 청취하고 이를 취합, 취사선택하는 것만으로도 훌륭한 자료 수집이 될 수 있는 것이죠.

검색 사이트를 이용한 정보 찾기

이전까지 소개한 정보 수집 방법들은 어떻게 보면 나름 격식을 갖춘 채널들로부터 수집하는 방법인데요. 이제 그 밖에 야생에서 정보를 수집하는 방법들을 몇 가지 소개해드리겠습니다. 어떤 부분들은 이미 여러분들도 많이 활용하고 있던 방법일 거예요.

뉴스 검색

기업과 경제에 관련된 소식을 찾는 가장 기본적인 루트입니다. IT 기술이 발달하기 이전에는 주로 경제신문을 통해서 정보를 찾았답니다. 요즘은 모두들 인터넷 검색을 활용하는 편이죠. 뉴스를 검색할 때 한 가지 팁을 드리자면 네이버에는 날짜를 지정해서 뉴스를 검색할 수 있는 기능이 있답니다. 주가 흐름과 함께 관련된 뉴스를 찾아보기에 유용한 기능이죠.

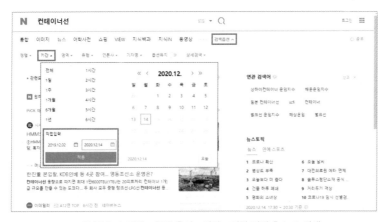

▲ 네이버 뉴스 검색 > 검색 옵션 > 기간 > 기간 지정 후 뉴스 검색

유튜브 검색

가장 급부상하는 매체입니다. 특히 최근에는 식견을 가진 투자자들이 유튜브로 대거 진출해 양질의 콘텐츠들을 소개하고 있습니다. 이러한 채널들을 잘 선별해 구독하는 것만으로도 상당한 투자 지식을 쌓을 수 있을 것입니다. 게다가 요즘은 따끈따끈한 최신 소식을 전하는 채널들도 많아져서 실시간 정보를 수집하기에도 큰 무리가 없답니다.

유명한 투자 관련 채널들을 몇 곳 소개해드리겠습니다. 독자 여러분도 필요한 정보들을 유튜브로 검색하다 보면 분석의 깊이가 있는데 재미도 있는 그런 채널들을 발견할 수 있을 거예요.

슈카월드: 경제와 산업 전반을 아주 쉽게 풀어서 재미있게 설명해주는 채널입니다. 슈카 님은 증권사 펀드매니저 출신으로 화려한 입담을 풀어놓는 재미가 있죠.

삼프로TV: 김동환, 이진우, 정영진 님이 운영하는 경제 콘텐츠 채널입니다. 세 분의 토론 이외에도 유수의 저명한 학자, 투자자들을 인터뷰하는 영상들을 업로드합니다.

내일은 투자왕: 이루다투자자문을 설립한 김단테 님의 유튜브 채널입니다. 자산배분투자와 올웨더 포트폴리오에 대한 분석 콘텐츠가 많으며, 이외에 해외 유명 투자자들의 인터뷰와 투자 포지션 변경 등을 생동감 있게 중계합니다.

시간여행TV: 300억 슈퍼개미 시간여행 님의 유튜브 채널입니다. 큰 수익을 올리기까지의 투자 과정들을 소개하고 있으며, 시장과 매매, 트레이딩에서 수익을 올릴 수 있는 유용한 꿀팁들을 알려주고 있습니다.

호돌이 투자연구소: 반도체 전공의 박사님이 운영하는 유튜브 채널입니다. 특히 우리나라 주식의 거진 반 이상이 IT, 반도체 관련 주식이므로 이 분야의 식견이 필요하다면 호돌이 님의 깊이 있는 분석이 큰 도움이 될 것입니다.

발로 뛰어 자료 수집하기, 기업 탐방

이 방법은 시간이 많이 들고 상당한 노력과 정성이 필요한 자료 수집 방법입니다. 발로 직접 뛰며 투자 관련 자료를 수집하고 기업과 산업을 탐방하는 것인데요. 거대 자금을 운용하는 펀드매니저나 슈퍼개미, 열성 투자자들이 종종 사용하는 자료 수집 방법입니다. 꽤나 많은 노력이 들지만 이 방법은 남들이 결코 쉽게 발견할 수 없는 고급 정보를 찾아낼 수도 있다는 강점이 있습니다.

발로 뛰어 자료를 수집하는 방법에 정석은 없습니다. 내가 원하는 자료를 찾기 위해 지구 어느 곳이든 찾아가는 것이죠. 아웃도어의 판매량을 살펴보기 위해 TV광고와 홈쇼핑 판매 추이, 백화점에서 손님들의 반응과 매장의 북적거림을 조사할 수도 있고, 조선업의 호황을 판단하기 위해 직접 조선소 부근의 식당을 찾아가 요식업 종사자들에게 주변 동향을 수집하기도 합니다. 필요한 정보가 있을 법한 장소, 사람들을 찾아가서 수집하는 것이죠. 직접 기업에 찾아가기도 합니다.

다만 한 가지 알아둬야 할 것은 개인투자자 자격으로는 기업 탐방을 하기 쉽지 않다는 것입니다. 펀드매니저나 기관투자자들이 기업을 방문할 경우 기업의 IR팀, 때로는 대표이사까지도 이들을 맞이하며 기업을 소개하고 질문 답변 시간을 가지는데요. 규모가 큰 투자자들이 시장에 미치는 영향력이 막강하기 때문에 기업 입장에서도 이러한 탐방 요구를 거절하기 쉽지 않습니다. 그러나 개인투자자의 힘은 상대적으로 미미하기에 기업이 이러한 기업 탐방을 준비해주거나 허락해줄 가능성이 높지 않죠. 따라서 개인투자자들은 좀 더 간접적인 방법으로 자료 조사를 수행하곤 한답니다.

대가들의 투자법

벤저민 그레이엄, 워런 버핏, 피터 린치, 데이비드 드레먼

지금까지 가치투자의 세계에 흠뻑 빠져봤습니다. 이제 가치투자에 대한 학습을 마무리하고 챕터를 정리하려고 해요. 가치투자가 어떤 개념이었죠? 가치투자는 "기업의 가치를 평가해 투자하는 방법으로, 우량한 기업이 본질가치보다 저평가되었을 때 매수한다"는 개념으로 투자하는 것이었어요. 그런데 여기서 '우량한 기업'을 어떤 것으로 정의하느냐, '저평가'를 어떤 것으로 측정하느냐에 따라 가치투자도 여러 갈래로 나눌 수 있답니다. '우량한 기업'을 단순히 자산가치가 많은 기업으로 정의할 수도 있고, 정말 뛰어난 성장을 기록하는 기업으로 정의할 수도 있죠. '저평가'를 PXR 수치상의 저평가로 볼 수도 있고, 미래가치 대비 현재가치의 저평가 정도로 볼 수도 있답니다. 정말 다양한 스타일의

가치투자가 있을 수 있는 것이죠.

이번 장에서는 가치투자 세계에서 뛰어난 성과를 거둔 투자의 구루들을 소개하려고 합니다. 단순히 인물 소개에만 그치는 것이 아니라 이들은 어떤 스타일의 가치투자를 했고 어떤 조건으로 기업을 선별했는지 살펴볼 거예요. 구루들 모두 가치투자로 뛰어난 수익을 냈지만 투자했던 기업의 스타일은 조금씩 달랐기에 이에 대해 공부해보는 것이죠. 가치투자를 장식하는 마지막 내용으로 적절하죠?

독자 여러분들도 다양한 스타일의 가치투자를 한번 살펴보고 나와 잘 맞을 것 같은 스타일을 골라보거나 나만의 스타일을 탄생시켜보기 바랍니다. 멋진 방법으로 뛰어난 수익을 거두기를 기원할게요!

매우 저렴한 기업에 투자한 벤저민 그레이엄

 벤저민 그레이엄은 가치투자를 '창시'한 투자 구루입니다. 워런 버핏의 스승으로도 유명한 투자가죠. 벤저민 그레이엄은 '안전 마진'을 강조한 보수적인 투자자였습니다. 이에 주로 PXR이 낮은 기업에 투자해 주가와 가치의 차액을 수익으로 취하는 투자를 집행했답니다.

초창기 가치투자 클럽 멤버로 현대의 투자자들에게 과거의 숫자인 재무제표에 지나치게 의존한다는 비판을 받기도 하지만 그의 투자 방식은 여전히 유효합니다.

염가 기업에 투자한다!

그레이엄의 투자 스타일을 그림으로 한번 나타내봤습니다. 뒤에 등장하는 구루들의 스타일도 모두 그려볼 예정이니 그림을 잘 살펴보고 직선의 기울기는 무엇을 의미하는지, 투자 시점은 어떤 것을 뜻하는지 곰곰이 고민해보기 바랍니다!

투자했던 기업들의 조건(예시)

- 현재 PER이 과거 5년 평균 PER의 40% 미만인 종목

- PBR이 0.35 이하인 종목

- 시가총액이 순유동자산의 2/3 이하인 종목

- 과거 10년간 8번 이상 흑자를 기록한 종목

대표적인 투자 사례(기업들)

- 구겐하임개발회사: 구리 회사를 여럿 거느린 모회사

- 듀퐁: 화학 기업

- 노던파이프라인: 석유 송유관 회사

대표 저서

- 《현명한 투자자》, 《증권 분석》

우량한 기업에 장기투자한 워런 버핏

 '오마하의 현인' 워런 버핏은 부자 순위에 항상 이름을 올리는 투자자입니다. 현재 살아 있는 투자 구루 중에서는 가장 성공한 투자자라고 볼 수 있는데요. 워런 버핏은 초창기 벤저민 그레이엄식의 '단순 저평가 가치투자'를 선호했습니다. 그러나 점차 시장이 효율화되며 기존의 방식으로는 수익을 올리기 점점 어려워지자 새로운 투자 방식을 고안해냈죠.

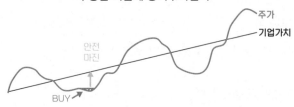

우량한 기업에 장기투자한다!

워런 버핏은 '뛰어난 기업, 우량한 기업을 적당한 가격에 사서 장기투자'하는 방식을 고안해내게 됩니다. 이를 위해서는 기업에 대한 깊은 이해와 분석이 필수였죠. 따라서 워런 버핏은 자신이 완벽히 이해한 기업만 매수하는 철학을 가지게 됩니다. (현대의 투자자들은 이러한 방식 때문에 애플, 아마존과 같은 빅테크 기업들을 놓쳤다고 비판하기도 합니다.) 워런 버핏은 독점기업과 재투자 없이도 뛰어난 수익을 내는 기업들을 선호했답니다.

투자했던 기업들의 조건(예시)

- 사업의 내용을 이해하기 쉬운 기업
- 사업을 이어나가는 데 재투자가 적은 기업
- 독점기업, 프랜차이즈형 기업
- 순이익률이 업종 평균을 초과하는 기업
- 최근 3년간 ROE가 20% 이상인 기업
- 5년 후 '기업가치 > 현재 주가'인 기업
- "주식시장에는 극소수의 살 만한 종목과 나머지 쓰레기가 있다."

대표적인 투자 사례(기업들)

- 마스터카드: 다국적 금융 결제망&플랫폼
- 디즈니: 콘텐츠 및 캐릭터 엔터테인먼트
- 코카콜라: 식음료

대표 저서

- 워런 버핏이 직접 저술한 책은 한 권도 없습니다. 다만 워런 버핏의 회사 버크셔해서웨이가 주 주들에게 보내는 편지를 묶은 책이나 워런 버핏의 글과 말을 충실하게 반영한 주변 사람들의 책이 있습니다.

- 《워런 버핏의 주주서한》, 《워런 버핏 바이블》

고속 성장하는 중소형 주를 좋아했던 피터 린치

벤저민 그레이엄과 워런 버핏이 가치투자의 길을 묵묵히 걸은 순교자 와 같은 이미지라면 피터 린치는 가장 '인기 있는' 가치투자자입니다. 미국에서 가장 유명한 전설적인 펀드매니저인 피터 린치는 '전설이 되 어 떠난 월가의 영웅'이란 수식어로도 유명합니다. 실생활 속에서, 주변에서 투자할 기업 들을 불쑥불쑥 발굴해낸 것으로 유명하며, 어찌 보면 쉬워 보이는 방식으로 뛰어난 수익 을 창출합니다. 일반 투자자들이 일상생활에서 더 좋은 회사들을 접할 수 있으므로 펀드 매니저들보다 더 뛰어난 수익을 낼 수 있다고 믿기도 했죠.

고속 성장하는 중소형주에 투자한다!

주가

기업가치

안전 마진

BUY →

피터 린치는 '정보의 비대칭성'을 적극 이용했던 투자자였습니다. 남들이 다 아는 주식에 서는 큰 수익이 날 수 없다 판단했고, 이에 남들이 거들떠보지도 않는 주식에서 진주 같 은 종목들을 발굴하기 위해 큰 노력을 기울였답니다.

피터 린치는 여의도에서도 아주 인기 있는 투자자로, 피터 린치의 투자 서적들은 마치 《수학의 정석》과 같은 지위로 간주되고 있답니다.

투자했던 기업들의 조건(예시)

- 수익에 비해서 현재 낮은 주가, 장기적인 수익률 성장이 큰 기업
- 따분한 비인기 사양산업 속의 진주 같은 기업
- 기관이 보유하지 않은 작은 고성장 기업
- (평균 EPS 성장률/PER) 상위 기업

대표적인 투자 사례(기업들)

- 헤인스: 팬티스타킹을 제작하는 회사. 아내의 평으로 기업을 발굴
- 타코벨: 멕시코 음식 '타코' 전문 회사. 인기를 맛본 후 미 전역에 퍼지기 전에 투자
- 라퀸타: 모텔 체인. 투숙 후 좋은 서비스에 매력을 느껴 투자

대표 저서

- 《전설로 떠나는 월가의 영웅》, 《피터 린치의 이기는 투자》, 《피터 린치의 투자 이야기》

최악의 상황인 기업에 투자한 데이비드 드레먼

데이비드 드레먼은 '역발상 투자'로 아주 유명한 가치투자자입니다. 악재가 넘쳐 곤두박질칠 때 주식을 사고 호재가 넘쳐날 때 주식을 파는 방법은 어찌 보면 지극히 평범한 투자 기법이지만 이를 실제로 실행하는 것은 결코 쉽지 않습니다. 대중심리와 거리를 둬야 하는 방식이기 때문이죠. 남들은 다 틀렸다고 할 때 홀로 옳다고 외칠 수 있는 확신과 실행력이 있어야 합니다.

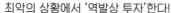

최악의 상황에서 '역발상 투자'한다!

데이비드 드레먼은 이러한 역발상 투자 스타일로 시장에서 외면받고 버림받은 종목들을 골라 2~3년, 길게는 8년 넘게도 보유하며 멋진 수익을 창출해냅니다. 종목을 살 때도 보통 떨어진 종목을 사는 것이 아닌, 값이 떨어질 대로 떨어진 '쓰레기' 주식을 남들이 쳐다보지도 않는 '떨이' 가격에 매수했죠. 그러나 데이비드 드레먼은 이러한 '쓰레기' 주식을 사는 데도 주의할 점이 있다는 것을 우리에게 깨우쳐줍니다. 최악의 상황인 주식을 매수하는데 그 기업이 재무 상태가 너무 안 좋아서 조만간 파산하거나 망한다면 큰 손실을 피할 수 없겠죠?

이에 데이비드 드레먼은 '최악'의 상황이긴 한데 조만간 망할 위험은 현저히 낮은 비인기 주식이나 산업 사이클의 하단인 주식, 악재가 발생한 기업들 위주로 투자했답니다. 즉, 아무리 '쓰레기' 기업을 매수하더라도 조만간 망할 것 같은 '진짜 쓰레기'를 사는 것은 아니었던 것이죠.

투자했던 기업들의 조건(예시)

- 업황이 더 이상 나빠질 수 없는 기업에 투자해 2~8년간 보유

- PER, PBR, PSR, PCR, PDR 기준으로 가장 저평가된 기업

- 일시적으로 실적이 부진한 시장 소외주

- 시장의 관심 밖이면서 20% 이상 저평가된 종목

- 시장에서 헐값에 거래되는 비인기주, 저평가 종목

대표적인 투자 사례(기업들)

- 알트리아그룹: 세계적 담배회사 필립모리스의 모회사로, 미국 내 담배사업을 영위

- BHP그룹: 세계 최대의 광산업체였던 호주 소재의 회사

- 아나다코페트롤리엄: 석유 및 탄화수소 탐사 및 채굴회사

대표 저서

- 《역발상 투자》

STOCK INVESTMENT

3부

차트 트레이딩을 배워보자!

주가와 거래량을 활용하는 기술적 분석 과외수업

3부에서는 기술적 분석과 차트 트레이딩에 대해 배울 거예요. 먼저 챕터7에서는 기술적 분석에서 가장 널리 알려진 개념들에 대해 설명할 예정입니다. 유명한 지표들에는 어떤 것들이 있고, 이를 실제로 우리가 사용하기 위해서는 어떻게 해야 하는지 알려드릴 거예요.

챕터8에서는 기술적 분석의 철학과 접근 방법들을 알아볼 거예요. 이를 통해 트레이딩의 기본 개념을 잡고 실전 매매에서 활용할 수 있는 손절가, 익절가 산출 방법을 배울 겁니다. 더 나아가 손실 리스크를 관리하며 기술적 분석으로 산출된 가격들을 실전 트레이딩에 접목시킬 거예요.

챕터9는 보다 어려운 고급 기술적 지표에 대해 배우는 시간입니다. 이러한 지표들은 왜 탄생했는지, 어떤 상황에서 어떤 특성을 보이는지 알아볼 거예요. 그리고 이를 실제 과거 데이터를 통해 검증해보고 어땠는지 잠깐 살펴볼 예정입니다. 이를 통해 기술적 분석의 효용을 가늠할 수 있을 거예요.

그럼, 준비되셨나요? 차트 트레이딩의 세계에 첫걸음을 내딛어봅시다:)

STOCK INVEST MENT

Chapter
7

처음 배우는
기술적 분석

Chapter **7**

처음 배우는
기술적 분석

이번 챕터에서 우리는 다음과 같은 질문들에 대한 답을 찾을 것입니다.

1. 차트는 어떻게 보는 건가요?

- 봉 차트를 그리는 주기에는 어떤 의미가 있나요?

- 주요 지표들에 대해 설정값을 바꿀 수 있나요?

- 여러 지표들을 동시에 볼 수 있나요?

2. 이동평균선이 무엇인가요? 어떻게 쓰는 건가요?

- 이동평균선은 어떤 식으로 계산하는 건가요?

- 이동평균선의 의미는 무엇인가요?

3. 볼린저밴드란 무엇인가요?

- 볼린저밴드는 어떤 식으로 계산되나요?

- 볼린저밴드의 의미는 무엇인가요?

4. 거래량과 주가의 관계는 어떻게 되나요?

- 거래량이 높은 경우 어떠한 특성을 보이나요?

- 매물대 차트는 무엇인가요? 어떻게 보나요?

- 매물대 차트는 어떤 식으로 그려지는 건가요?

- 매물대 차트의 의미는 무엇이고 어떻게 활용할 수 있나요?

22

차트
트레이딩이란?

'차트 트레이딩', '차트 매매법', '기술적 분석' 같은 단어들을 들어본 적이 있나요? 아마 어디선가 어렴풋이나마 들어봤을 텐데요. 이 방법들에서 찾아볼 수 있는 공통점은 바로 가격과 거래량으로 그려진 '차트'를 분석한다는 거예요. 그렇다면 차트를 왜 분석하는 걸 까요?

차트를 분석하는 이유는 여러 가지가 있어요. 첫 번째는 미래를 예측하기 위함입니다. 앞 으로의 가격을 예측해 투자에 참고하기 위함이죠. 두 번째는 해당 종목의 과거 차트 히스 토리를 읽고 해석해 여러 가지 기준 가격대를 고르기 위함입니다. 익절가, 손절가 등 투자 에 현실적으로 도움이 될 만한 매매 타이밍을 잡는 것이죠. 세 번째는 다른 투자자들의 심리를 읽기 위함입니다. 기본적 분석만으로는 파악할 수 없는, 시장참여자들의 심리가 과열인지 또는 침체인지 알아내는 것이죠. 이를 통해 나의 매매 판단에 도움을 줄 것입니다.

그러면, 어떻게 분석해야 이 목적들에 부합한 올바른 기술적 분석일까요?

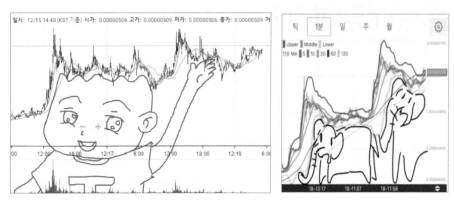

▲ 재치 있는 풍자로 큰 웃음을 줬던 '기영이 매매법', '코끼리 매매법'

위 그림은 2017년 코인투자 광풍 당시 유명해진 그림 차트 분석입니다. 이 그림을 그린 사람도 이 분석법이 '상승'과 '하락'을 예측할 수 있으리라고 생각한 것은 아니겠죠. 가상화폐는 주식과 다르게 실물자산이 존재하지 않아 가치를 평가하기 어렵습니다. 이에 가격과 거래량 차트 위주로 투자할 수밖에 없었는데요. 이렇게 그림을 그려 분석하는 것이 유의미한 기술적 분석이 아닌 것은 웃었던 사람들도 아마 알고 있었을 거예요.

그러면 어떻게 차트를 분석해야 유의미한 결과를 도출할 수 있을까요? 우선, 기술적 분석을 이루는 근간은 바로 '수요'와 '공급'입니다. 어떤 주식의 가격이 결정될 때 이 주식을 사고자 하는 사람들이 많으면(수요가 공급을 초과) 가격이 오릅니다. 반대로 이 주식을 팔고자 하는 사람들이 더 많으면(공급이 수요를 초과) 이 주식의 가격은 떨어질 거예요. 이렇게 기술적 분석은 '가격은 수요와 공급의 균형으로 이루어진다'는 가정을 핵심으로 하고 있습니다.

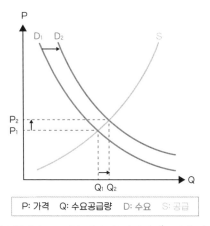

| P: 가격   Q: 수요공급량   D: 수요   S: 공급 |

▲ 수요와 공급곡선. 수요가 늘어날수록 가격(만나는 점)은 비싸집니다.

[차트 트레이딩]
주식의 가격은 수요와 공급이 결정한다는 가정을 기반으로
차트에 대한 기술적 분석을 통해 유의미한 매매가 및 타이밍을 잡는 기법

기술적 분석가들은 수요-공급 가정을 핵심으로 여러 가지 차트 지표와 분석법들을 개발했습니다. 열심히 연구한 결과 다음과 같은 것들을 찾아낼 수 있었죠. 그리고 이를 통해 수익을 창출하고자 했습니다.

패턴 분석

꾸준히 반복되는 일종의 '패턴pattern'을 찾아내는 것이 목적입니다. 패턴이란 차트나 지표 등에서 나타나는 흐름과 모양을 말하는데, 이러한 흐름과 그 결과가 수~수십 회 이상 반복되는 현상을 찾아내는 것이죠. 앞으로 이러한 패턴이 또 발생하면 과거와 유사한 결과를 낼 것이라 예상할 수 있습니다.

추세 분석

주식의 '추세'는 일종의 관성입니다. 원래 자신이 움직이던 방향으로 앞으로도 움직이려는 경향이죠. 상승하던 주식은 추세가 무너지지 않는 한 앞으로도 계속 상승하리라 보고, 하락하던 주식은 추세가 반전되지 않는 한 계속 하락하리라 보는 것입니다. 이 과정에서 이 '추세'를 올바르게 찾아내기 위한 분석이죠.

주기 분석

반복적으로 일어나는 현상을 연구하고 이를 투자에 활용하는 분석입니다. 대표적으로 '변동성 순환'이라는 현상이 있죠. 이는 주가가 급변하는 '변동성 구간'과 주가가 상대적으로 안정된 '안정 구간'이 반복되며 나타난다는 이론입니다. 거래가 마구 날뛰고 종잡을 수 없는 구간이 지나가면 한동안 거래가 잠잠해지고, 이것이 한참 되면 다시 급격한 거래의 변동이 나타난다는 것입니다. 이렇게 주기적인 현상을 이용해 수익을 창출하는 분석법이죠.

확률 분석

미래의 가격이나 방향성에 대한 확률을 계산해내는 분석법입니다. 예를 들면 "1만 5,000원의 가격에서는 가격이 상승할 확률은 80%, 하락할 확률은 20%야. 하지만 1만 8,000원의 가격에서는 상승할 확률 30%, 하락할 확률 70%로 낮은 가격일 때보다 상승 확률이 적지"와 같은 식으로 말하는 것이죠. 시장과 주식의 가격 흐름에 대해 분석해 특정 상황에서의 확률을 계산하는 분석법입니다.

어떤가요? 기술적 분석, 차트 트레이딩도 충분히 흥미가 있는 분야죠? 이외에도 다양한 분석 목표를 가지고 기술적 분석가들이 연구를 수행하고 있답니다.

기술적 분석의 가장 큰 의미는 '매매 타이밍'을 잡는다는 것입니다. 기본적 분석 결과 그 기업이 '저평가 구간'에 있으면 아무 때나 그 주식을 사도 되는 걸까요? 만약 그 주식에 소위 '물려 있는' 높은 가격에 매수한 투자자들이 많다면 비록 지금 저평가되어 있더라도 그 주식은 하락할 확률이 더 높지 않을까요? 언제쯤까지 하락해야 이 주식이 '바닥'이라고 말할 수 있을까요? 이러한 관점에서 해답을 줄 수 있는 것이 기술적 분석, 차트 트레이딩입니다. 나름대로의 이론과 분석법을 가지고 올바르게 수행하면 '기영이 매매법'이 아닌 확률 통계적으로 유의미한 매매법을 발견할 수 있습니다.

23

주식 차트
내 맘대로
다루기

우리는 이번 챕터에서 이동평균선, 볼린저밴드, 거래량, 매물대 4가지 지표에 대해 배울 거예요. 이 중 거래량과 이동평균선은 기본 차트에서도 확인할 수 있습니다. 나머지 볼린 저밴드와 매물대는 우리가 따로 설정을 지정해야 차트에서 볼 수 있답니다. 본격적으로 유명한 지표들에 대해 학습하기 전에 이 지표들을 우리가 볼 수 있도록 차트를 설정해볼 게요.

최종 목표는 우리가 이번 챕터에서 배울 네 지표들을 모두 차트에 띄워보는 것입니다. 스마트폰 MTS를 기준으로 설명을 드릴 테니 따라해보기 바랍니다!

스마트폰 MTS에서 내 맘대로 차트 만들기

스마트폰의 mPOP MTS에서 차트를 띄우고 원하는 대로 차트를 한번 만들어보겠습니다. mPOP MTS 〉 메뉴 〉 국내 주식 〉 종합 차트에서 시작합니다!

▲ 종합 차트 > 설정 아이콘 > 설정 버튼 > '차트 설정' 화면

종합 차트 화면에서 우상단의 ①톱니 아이콘을 누르면 가운데 화면처럼 관련 메뉴가 출력되는데, 여기서 ②'설정'을 누릅니다. 그러면 차트에 대한 설정을 지정하는 '차트 설정' 화면(오른쪽 화면)으로 진입합니다. 여기서 이제 새로운 지표를 한번 추가해봅시다.

▲ '채널 지표' 탭 클릭 > 목록에서 '매물대', 'Bollinger Band' 체크

우리가 찾는 매물대와 볼린저밴드는 채널 지표에 해당한답니다. 따라서 '채널 지표' 탭을 클릭해 이동해주세요. 그리고 채널 지표에서 '매물대'와 'Bollinger Band'를 찾아서 체크 해줍시다! 이렇게 체크가 완료되면 나의 차트에 선택한 지표들이 추가된답니다. 그러면 이 지표들의 상세 설정을 바꾸고 싶다면 어떻게 해야 할까요?

▲ 매물대 지표 세부설정 > 기본 매물의 색상 회색으로 변경 > 나가기(적용)

지표 우측의 수정 아이콘을 눌러 해당 지표에 대해 수식 설정값과 차트 출력 등을 변경할 수 있답니다. 매물대 지표에서는 매물대의 개수를 16개로, 기본 매물대의 색상을 회색으로 변경했습니다.

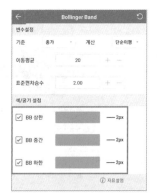

▲ 볼린저밴드 지표 세부설정 > 상한, 중간, 하한 주황색으로 변경 > 나가기(적용)

볼린저밴드 지표는 색상만 주황색으로 수정했습니다. 그러면 이제 나만의 차트를 구경하러 한번 나가볼까요?

▲ 매물대 차트와 볼린저밴드가 추가된 나만의 차트 완성!(일봉(좌), 주봉(우))

▲ 매물대 차트와 볼린저밴드가 추가된 나만의 차트!(주봉, 가로모드)

이렇게 몇 가지 지표들을 추가해 나만의 차트를 만들어봤습니다. 어렵지 않죠? 가장 유명한 몇 개의 지표들에 대해 이를 추가하는 방법을 알려드렸으니 다른 지표들도 손쉽게 추가해 독자 여러분만의 차트를 쉽게 만드리라 믿습니다.

차트 흐름의 세기

지표들에 대해 상세히 배우기 전에 먼저 알아둬야 할 중요한 개념이 있어요. 바로 '차트 흐름의 세기'입니다. 앞으로 우리가 배울 다양한 지표 및 개념들에서 각각 의도에 맞는 흐름을 볼 수 있을 텐데요. 예를 들면 상승 추세라든지 하락 추세와 같은 흐름들입니다.

차트에서 보이는 이러한 흐름들은 차트의 봉 주기가 길수록 그 흐름의 힘이 셉니다. 마치 시냇물은 강의 흐름을 거스를 수 없고, 강은 바다의 흐름을 거스를 수 없는 것과 같은 자연스러운 현상이죠.

일주월 주기별 차트에서 기술적 분석을 통해 어떤 결론을 냈다면 그 결론의 힘은 월봉 차트의 결론이 제일 강하고 그다음은 주봉, 일봉 순서입니다.

> **[차트 흐름의 세기]**
> 연 차트 > 월 차트 > 일 차트
> 차트 흐름은 분석한 주기가 길수록 강력하다.
> 주봉 차트의 결론은 일봉 차트의 결론보다 강력한 힘을 가진다.

어떻게 보면 당연한 이야기인데요. 오랜 기간 누적된 거래에 의해 그 종목의 투자 기록이 형성된 것이니 오랜 기간의 차트를 살펴보고 결론을 낼수록 보다 많은 물량의 평균 단가 및 심리에 대해 분석을 하게 되는 겁니다. 이러한 이유로 다음과 같은 일반적인 명제들이 트레이더들 사이에서 통용됩니다.

- 주봉은 하락하는데 일봉이 상승하면 그 상승의 상단은 주봉 차트에서 결정된다. (상승이 제한된다.)
- 주봉의 흐름이 바뀌려면 일봉의 흐름이 꾸준히 힘을 내줘야 한다. 즉, 꾸준히 상승해 주봉의 흐름 또한 바꾸어놓아야 한다.
- 작은 차트의 흐름은 보다 큰 차트의 주요 가격대에서 범위가 결정된다.

주요한 기술적 분석들을 배우기 전이지만, 그래도 한번 주기별로 차트를 살펴볼까요? 대한항공(A003490)의 일주월 차트를 각각 살펴보겠습니다.

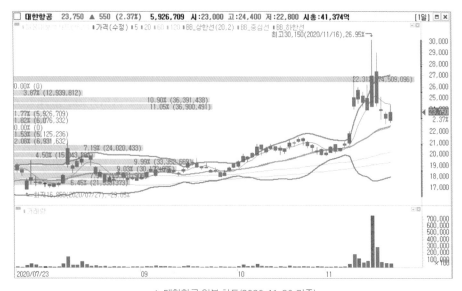

▲ 대한항공 일봉 차트(2020. 11. 20 기준)

캔들 하나를 하루 주기로 그린 일봉 차트입니다. 이 차트를 보고 어떤 생각이 드나요? 4개월 전부터 조금씩 상승하고 있다가 최근 급격한 상승을 한 번 보여줬죠? 본격적인 상승 랠리의 시작일까요? 주봉 차트를 한번 살펴보겠습니다.

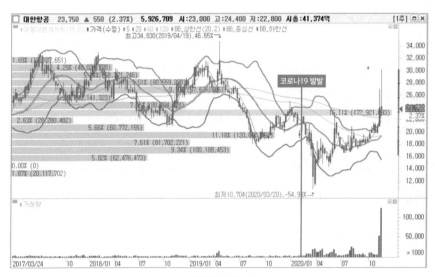

▲ 대한항공 주봉 차트

주봉 차트를 보면 보다 장기적인 흐름을 확인할 수 있습니다. 코로나19가 발발하기 전에는 주가가 2만 3,000~3만 원 선에서 상승과 하락을 반복하는듯한 패턴을 보여주다가 코로나19가 터진 이후로는 크게 하락한 모습이네요. 최근의 상승을 통해 2만 3,000원 부근으로 다시 올라서려 하고 있습니다.

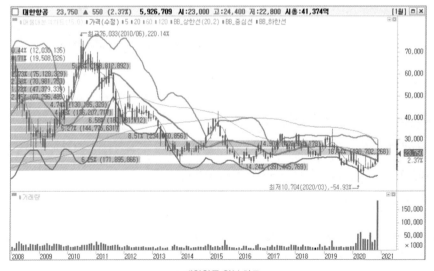

▲ 대한항공 월봉 차트

마지막으로 캔들 하나의 주기가 한 달인 월봉 차트입니다. 앞서 주봉 차트에서 분석한 내용이 포함되어 있습니다. 2013년부터 2만 3,000~3만 원대의 주가에서 상승과 하락을 반복하고 있네요. 그런데 그 이전에는 훨씬 더 다이나믹한 주가의 흐름을 보여주었었군요. 최고가가 무려 7만 6,000원까지 도달했었네요.

월봉 차트에서는 2만 3,000~3만 원 가격대 내 주가 진동이 대략 2013년부터 시작한 것을 찾아볼 수 있어요. 그렇다면 현재 상승 중인 주가가 약 3만 원대에서는 저항을 받지 않을까요?

자, 잠시 일봉 차트를 살펴보고 돌아오시겠어요? 일봉 차트에서는 거짓말처럼 3만 150원 고점을 찍고 내려왔죠? (저도 작성 중에 소름이 돋았네요. 사실 아무 종목이나 찍어서 차트를 살펴본 거거든요.) 이러한 기술적 분석을 미리 알았던 투자자라면 3만 원의 주가에서 주식을 매도했을 거예요.

이렇게 분석하는 방법이 100% 정확도를 갖는 것은 물론 아닙니다. 다만 충분히 참고할 만한 기술적 분석이라는 점은 누구도 부정할 수 없을 거예요. 최소한 차트를 보는 트레이더들은 비슷한 눈으로 이 종목을 분석할 테니까요. 그들도 엄연한 시장 참여자이기 때문에 아무리 못해도 차트 투자자들의 심리는 어느 정도 읽어낼 수 있답니다.

24

이동평균선과
볼린저밴드

차트 트레이딩에서 가장 대표적으로 사용되는 지표인 '이동평균선'과 '볼린저밴드'는 각각 어떤 용도로 사용되는 걸까요? 혹시 이 지표에 대해 알고 있는 독자라면 잠시 책을 덮고 지표들의 의미를 생각해보세요. 챕터3에서 멀리뛰기 예시를 들었죠? 이동평균선 지표는 멀리뛰기에서 '평균 착지 기록'과 같습니다. 멀리뛰기를 수십 번 했을 때 평균적인 기록을 가늠할 수 있는 수치인 것이죠. "최근 5번의 도전에서 평균 기록은 6.4m, 20번의 도전에서 평균 기록은 5.9m"와 같은 식입니다.

반면 볼린저밴드 지표는 멀리뛰기에서 '최저 기록' 그리고 '최고 기록'과 유사합니다. 컨디션이 안 좋을 때의 가장 미진한 기록이 5.5m였다면 컨디션이 최상일 때는 7.8m라고 합시다. 그러면 보편적인 평균 컨디션에서는 5.5~7.8m 사이의 기록을 낼 것이라고 예상할 수 있겠죠?

이동평균선과 볼린저밴드가 어떤 수식으로 계산되기에 이러한 의미를 지니고 있을까요? 한번 살펴보도록 하겠습니다.

이동평균선이란?

이동평균선을 조금 거칠게 설명하자면 '주가를 일정 기간 평균내어 그리는 지표'라고 할 수 있습니다. 우선 이 지표가 차트에서 어떻게 생겼는지 한번 구경해볼까요?

▲ 셀트리온(A068270) 주가와 이동평균선 차트

그림에서 총 4개의 이동평균선이 그려져 있습니다. 5일, 20일, 60일, 120일의 이동평균선입니다. 각각 5일 동안의 주가 평균, 20일 동안의 주가 평균 … 120일 동안의 주가 평균을 그린 것이죠. 매일매일의 주가 변동, 일봉 차트의 흐름과 가까울수록 이평선의 속도가 빠르다고 이야기합니다. 차트를 보면 5일 이평선이 가장 속도가 빠른 것을 볼 수 있죠? 반면 120일 이평선은 아주 느리게 움직이고 있음을 볼 수 있습니다.

왜 이런 현상이 나타나는 걸까요? 이동평균선은 '평균'의 의미를 갖고 있기 때문이에요. 120일 이동평균선은 120일간의 주가 평균을 나타내고, 20일 이동평균선은 20일간의 주가 평균을 나타냅니다. 평균을 오랜 기간 취할수록 최근의 주가 변화에 둔감해지겠죠?

이동평균선을 계산하는 정확한 수식은 다음과 같아요.

$$N일\ 이동평균선(x) = \frac{\{주가(x-0) + 주가(x-1) + 주가(x-2) + \cdots + 주가(x-N-1)\}}{N}$$

수식이 나오니 갑자기 당황스럽겠지만, 잘 살펴보면 결코 어려운 수식이 아닙니다. x는 날짜예요. 오늘을 포함한 최근 N일간의 주가를 더하고 이를 N으로 나누어 평균내는 것입니다. 3일 이동평균선의 경우 (오늘 주가+어제 주가+그저께 주가)/3을 한 것이죠.

실제 5일과 10일 이동평균선 지표의 계산 과정을 한번 보여드리겠습니다.

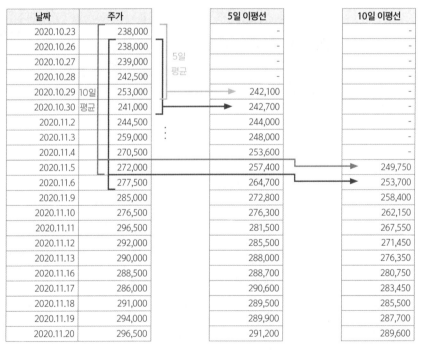

날짜	주가	5일 이평선	10일 이평선
2020.10.23	238,000	-	-
2020.10.26	238,000	-	-
2020.10.27	239,000	-	-
2020.10.28	242,500	-	-
2020.10.29	253,000	242,100	-
2020.10.30	241,000	242,700	-
2020.11.2	244,500	244,000	-
2020.11.3	259,000	248,000	-
2020.11.4	270,500	253,600	-
2020.11.5	272,000	257,400	249,750
2020.11.6	277,500	264,700	253,700
2020.11.9	285,000	272,800	258,400
2020.11.10	276,500	276,300	262,150
2020.11.11	296,500	281,500	267,550
2020.11.12	292,000	285,500	271,450
2020.11.13	290,000	288,000	276,350
2020.11.16	288,500	288,700	280,750
2020.11.17	286,000	290,600	283,450
2020.11.18	291,000	289,500	285,500
2020.11.19	294,000	289,900	287,700
2020.11.20	296,500	291,200	289,600

▲ 주가를 가지고 5일 이평선과 10일 이평선을 산출

왜 이동평균선이 '평균'의 개념을 가지고 있는지 와 닿죠? 이동평균선은 이렇듯 수~수십일 간의 주가를 '평균'내기 때문에 매일매일의 들쑥날쑥한 주가 변동을 평활화^{smoothing}합니다. 장기적으로 어떤 방향으로 움직이고 있는지 살펴볼 수 있는 것이죠. 즉, 이동평균선이 어느 한 방향으로 꾸준히 움직이고 있다면 그 방향으로 추세를 형성하고 있다고 볼 수 있습니다. 매일매일 조금이라도 이동평균선이 상승하고 있다면 현재 추세는 분명 상승세인 것이고 반대로 이동평균선이 계속 하락하고 있다면 현재 추세는 하락세인 것이죠.

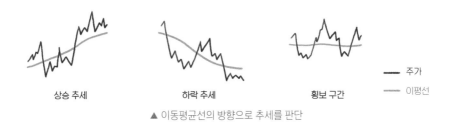

▲ 이동평균선의 방향으로 추세를 판단

이동평균선 사용법

자, 그러면 이렇게 계산된 이동평균선을 추세 판단 이외에 어떤 방식으로 더 활용할 수 있을까요? 몇 가지 널리 알려진 방법들에 대해 소개해보겠습니다.

골든크로스와 데드크로스, 추세 전환의 신호

주가 혹은 단기 이평선이 장기 이평선을 뚫고 돌파해 상승한 지점을 골든크로스라고 이야기합니다. 데드크로스는 반대로 주가 혹은 단기 이평선이 장기 이평선을 뚫고 내려가며 하락한 지점을 말합니다.

▲ 골든크로스는 상승 돌파, 데드크로스는 하락 돌파

그림을 보면 빨간색 5일 이동평균선이 골든크로스를 생성하며 20일, 60일, 120일 이평선을 돌파 상승한 것을 먼저 확인할 수 있습니다. 그 후 한동안 상승세가 지속되다 5일 이동평균선이 20일 이동평균선을 뚫고 내려가는 데드크로스가 발생하게 됩니다. 데드크로스 이후 주가는 하락과 횡보를 거듭하며 조정을 받고 있는 형국입니다.

골든크로스와 데드크로스는 상승 추세에서 하락 추세로 바뀌거나 그 반대 방향의 전환을 나타내는 추세 전환의 신호로 널리 알려져 있습니다.

- 골든크로스는 주가 추세의 상승 전환 신호로 간주됩니다.
- 데드크로스는 주가 추세의 하락 전환 신호로 간주됩니다.
- 더 오래된 장기간의 이동평균선을 돌파할 때 더 강한 힘이 있는 것으로 간주됩니다.

이평선을 지지와 저항선으로 사용하기

이평선을 활용하는 널리 알려진 두 번째 방법은 이평선을 지지와 저항으로 사용하는 것입니다. 이동평균선이 주가의 '평균'을 나타내므로 사람들의 심리가 이러한 평균 가격을 중요하게 여길 것이라는 아이디어에서 출발합니다.

▲주요 이평선에서 지지와 저항을 받는 주가

그림에서 주가 캔들이 몇 개의 이평선에서 지지와 저항을 받는 모습을 확인할 수 있죠? 물론 그렇지 않은 지점들도 많이 보일 것입니다. 어느 지점들에서는 휩소^{whipsaw, 속임수}가 발생한 모습도 보이네요. 주가는 이평선의 저항을 성공적으로 돌파했는데, 바로 수일 내 다시 하락하는 모습을 보여주는 지점들이 바로 휩소입니다.

이동평균선을 이용해 지지와 저항을 판단할 때는 이를 미래에 대한 예측으로 사용하기보다 매수나 매도를 수행하는 주요 지점으로 활용한다고 생각하는 편이 유용합니다.

이평선의 밀집과 확산으로 시장의 주목도 확인하기

여러 개의 이평선을 가지고 종목에 대한 변동성을 살펴볼 수 있습니다. 일반적으로 어떤 종목에 대해 시장이 주목하면 주가의 변동성이 심해집니다. 이러한 시장의 주목이 서서히 사라지면 주가의 흐름이 안정됩니다. 그러나 시간이 충분히 흘러 다시 이 종목에 시장의 관심이 쏠리면 다시 주가의 급격한 변동이 일어나게 됩니다.

주가가 급격하게 변하면 이동평균선들은 거리를 벌리게 됩니다(확산). 반대로 주가의 흐름이 한동안 큰 변화 없이 안정적으로 흘러간다면 이동평균선들은 비슷한 지점에 모이게 됩니다(밀집). 이를 통해 현재 이 종목에 대한 시장의 주목도가 어느 정도인지 가늠해볼 수 있습니다.

▲시장의 주목도에 따라 밀집과 확장을 반복하는 이평선들

지금까지 이동평균선을 매매에 활용하는 널리 알려진 방법들을 소개해드렸는데요. 한 가지 유의할 점은 이러한 사용법들은 단지 유명한 방법일 뿐이라는 것입니다. 소개한 사용법들이 100% 확률로 적중할지 또는 전혀 통하지 않을지는 종목과 시장 상황, 판단 환경에 따라 그때그때 다릅니다.

따라서 다양한 가능성을 열어두고 지표에 대해 공부하고 실험해보기 바랍니다. 주가는 기본적으로 기업가치를 따라가기 때문에 차트만 보고 기업가치를 놓친다면 차트가 변화하는 가장 큰 원인을 놓칠 수도 있습니다.

볼린저밴드란?

볼린저밴드는 주가의 변화에 대한 상한선과 하한선을 가늠하기 위해 만들어진 지표로, 1980년대 초 존 볼린저John Bollinger가 개발한 기술적 지표입니다. 처음 소개할 때 볼린저밴드를 멀리뛰기 기록의 최대 기록과 최소 기록에 비유했었죠? 볼린저밴드는 상한선, 중심선, 하한선의 세 곡선으로 이루어져 있습니다.

▲상한선(주황), 중심선(초록), 하한선(파랑)으로 구성된 볼린저밴드

볼린저밴드를 보면 정말 주가가 상한선과 하한선 사이에서 진동하는 흐름을 보이고 있죠? 볼린저밴드는 수학의 '정규분포' 개념을 이용해 만들어졌답니다. 통계에서 많이 사용되는 개념인데, "열 살 꼬마 서영이의 키가 123~151cm 사이에 있을 확률은 95%입니다"라고 이야기하는 것이죠. 정규분포에 대한 설명은 자칫하면 책의 흐름을 깰 수 있어 독자 여러분의 검색 실력에 맡겨두도록 하겠습니다.

볼린저밴드의 통계적 의미는 "주가가 볼린저밴드의 상한선과 하한선 사이에 위치할 확률이 95%"입니다. 중심선과 상한선, 하한선은 아래와 같은 공식으로 계산됩니다.

볼린저밴드 중심선 = 20일 이동평균선
볼린저밴드 상한선 = 중심선 + 2 × 20일간 주가의 표준편차
볼린저밴드 하한선 = 중심선 - 2 × 20일간 주가의 표준편차

중심선은 우리가 이미 알고 있는 20일 이동평균선을 사용합니다. 상한선과 하한선은 여기에 20일간 주가의 '표준편차'를 2배 곱하여 더하고 빼주는데, 표준편차는 무슨 개념일까요?

표준편차는 주가가 평균적으로 얼마나 변화했는지를 나타내는 수치입니다. 위의 그림을 보면 1,000원에서 500원을 반복하는 주식이 800원에서 700원을 반복하는 주식보다 표준편차가 훨씬 크게 나타나죠? 주가의 변동이 극심하면 표준편차는 더욱 큰 수치를 가지게 됩니다.

볼린저밴드에서 상하한선은 표준편차에 2를 곱해서 사용했죠? 이는 주가가 상하한선 사이에 있을 확률이 95%라는 뜻입니다. 따라서 평상시에 주가 변동이 큰 종목은 볼린저밴드의 상한선은 더 높고 하한선은 더 낮게 나타납니다. 반면 평소에 주가 변동이 아주 작은 종목은 볼린저밴드의 상한선과 하한선이 중심선과 매우 가깝게 있을 거예요.

볼린저밴드를 활용한 매매법

주가 변동의 상한과 하한을 나타내는 볼린저밴드는 트레이딩에 어떻게 활용할 수 있을까요? 대표적인 몇 가지 방법들을 소개해보겠습니다.

볼린저밴드의 하한선과 상한선을 매수, 매도 지점으로 활용하기

볼린저밴드의 하한선과 상한선 사이에 주가가 위치할 확률이 95%라는 점에 착안한 활용기법입니다. 주가가 두 선 사이에 위치한다고 가정했을 때 하한선은 주가의 저점이 되겠죠? 반대로 상한선은 주가의 고점이 될 것입니다. 이를 이용해 저점에서는 매수, 고점에서는 매도를 반복하는 트레이딩을 수행할 수 있습니다.

▲ 볼린저밴드의 하한선에서 매수, 상한선에서 매도

이 방법은 주식이 큰 변동 없이 박스권에서 횡보할 경우 특히 유용한 매매법입니다. 하한선에 가까운 주가는 상승할 확률이 높고 상한선에 가까운 주가는 하락할 확률이 높은 것을 이용합니다. 한 가지 주의할 점은 기업에 큰 변화가 일어나 볼린저밴드 상하한선을 돌파하는 것이 당연한 경우가 있는데, 이 경우에는 이러한 변화가 볼린저밴드에 반영될 때까지 이 매매법을 잠시 쉬는 게 좋습니다. 현재의 볼린저밴드 상하한선에 대한 근거가 약화되었기 때문이죠.

볼린저밴드 돌파를 시그널로 추세 전환과 추세 흐름 따라가기

바로 위에서 이야기한 볼린저밴드 매매법을 반박하면서 상호보완하는 사용법입니다. 볼린저밴드 상하한선 내 주가가 위치할 확률이 95%라고 말씀드렸죠? 이를 반대로 뒤집어 말하면 볼린저밴드 상한선을 상방 돌파하거나 하방 돌파하는 경우, 확률적으로 5% 미만의 이벤트가 발생했다고 볼 수 있습니다. 특히 이러한 돌파에 대량 거래가 수반되는 경우 유의미한 기업가치의 변화가 있고, 시장이 이를 감지했다고 볼 수 있죠. 따라서 돌파한 방향과 같은 방향으로 트레이딩 포지션을 베팅할 수 있습니다. 상방 돌파 시 기업가치의 상승 이벤트가 발생했다고 가정하고 한동안의 주가 상승이 있을 것으로 예상하는 것이죠. 그리고 이러한 상승 이벤트의 효과가 잠잠해졌을 때 주식을 처분하게 됩니다.

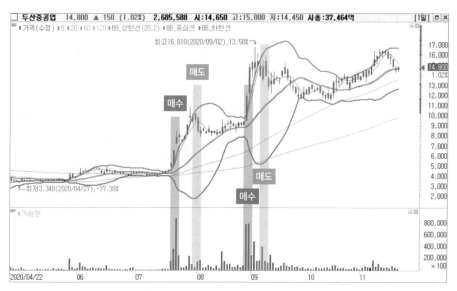

▲ 볼린저밴드 상한선 돌파 방향으로 베팅하는 트레이딩

그림을 보면 대량 거래량을 수반하며 볼린저밴드 상한선을 상방 돌파할 때 주식을 매수하고 주가가 상한선에서 멀어지기 시작할 때 주식을 매도하는 것을 볼 수 있습니다. 이 매매법에서 가장 중요한 점은 발생한 돌파가 의미가 있는지 파악하는 거예요. 만약 별다른 의미가 없다면 95%의 확률을 따라 다시 중심선을 향해 주가가 움직일 테니 말이죠.

볼린저밴드의 폭을 변동성 순환의 지표로 활용하기

이 활용법은 이평선의 밀집과 확산을 시장 주목도로 판단하는 방법과 유사합니다. 주식의 주가 변동이 크면 표준편차가 커지기 때문에 볼린저밴드의 폭이 크게 증가한다고 말씀드렸죠? 반대로 주가가 아주 안정되면 볼린저밴드의 폭이 좁아지게 됩니다. 그리고 이러한 주가의 변동성은 순환하는 특징이 있죠. 어느 주식도 계속 변동하지만은 않고 계속 안정적이지만도 않습니다. 변동 구간과 안정 구간이 번갈아가며 나타나게 되죠.

볼린저밴드에서는 볼린저밴드 폭이 계속해서 좁아질 때 곧 주가의 변동이 크게 나타날 것으로 예상합니다. 단, 곧 나타날 큰 변화가 어느 방향인지는 알 수 없어요. 그리고 이렇게 주가의 큰 변동이 일어난 후 다시 서서히 안정을 되찾으며 볼린저밴드의 폭이 축소될 것으로 예상한답니다.

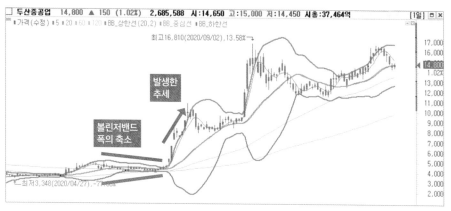

▲ 볼린저밴드 폭 축소 후 추세의 큰 방향성이 나타남

이렇게 볼린저밴드의 3가지 활용법에 대한 소개를 마치겠습니다. 주가 변동의 상한과 하한을 나타내는 매력적인 지표인 볼린저밴드를 잘 활용한다면 그 유용성이 무궁무진하답니다.

25

거래량과
매물대

기술적 분석의 가장 중요한 2가지 재료를 고르라면 한순간도 주저 않고 '주가'와 '거래량'을 고르는 트레이더들이 많을 거예요. 앞에서 배운 이동평균선과 볼린저밴드는 주가에 기반한 지표들입니다. 이 지표들도 충분히 훌륭하지만 거래량을 함께 보지 않는다면 반쪽짜리 망원경에 불과해요. 거래량은 왜 중요한 걸까요?

> 거래량은 기차가 철로를 따라가도록 만드는 보일러의 증기다._조셉 그랜빌
> 거래량은 그 주가에 얼마나 많은 투자자들이 투표했는가를 나타내는 계산기다._벤저민 그레이엄

거래량에 대한 대가들의 의견입니다. 가치투자의 창시자인 벤저민 그레이엄도 거래량을

매우 중요시했다고 하네요.

거래량은 주가와 동시에 나타납니다. 거래량이 많다는 것은 그 주가에서 일어난 거래가 많다는 거예요. 거래는 매도자와 매수자가 동시에 만드는 행위죠. 그 말인 즉슨, 거래량은 항상 그 주식의 해당 가격의 매수자들을 나타냅니다. (매도자들은 매수자들에게 해당 주식을 넘기고 떠났습니다. 더 이상 그 주식을 보유하고 있지 않은 것이죠.) 거래가 일어난 가격이 본전 가격인 투자자들의 주식 수량이 바로 거래량인 것이죠.

어떤 상승은 거래량 없이 일어났고 다른 상승은 거래량이 많게 일어났다고 가정해봅시다. 둘 중 어느 상승이 매수세가 더 강한 것일까요? 당연히 더 많은 사람이 오를 것이라고 생각해 실제 거래를 수행한 거래량이 많은 상승이 매수세가 강한 것이겠죠? 이렇듯, 거래량은 주가의 방향을 확인하는 특성이 있습니다. 점점 더 많은 사람들이 해당 주가에 투표한다면 주가 움직임의 타당성이 확보되는 것이죠.

거래량에 대한 일반적인 사실

거래량은 정보의 파급력을 측정한다

어떤 기업에 대해 새로운 소식이 시장에 알려졌을 때, 주가와 거래량의 변동을 보고 그 소식에 대한 시장평가를 알 수 있습니다. 새로 알려진 정보가 아주 중요하며 기업에 막대한 영향을 끼친다면 많은 거래량을 동반한 매매가 일어나겠죠? 반대로 별 영향력 없는 작은 소식은 주가와 거래량에 별다른 영향을 미치지 못할 것입니다.

거래량은 시장과 투자자의 관심과 주목을 나타낸다

주가가 상승하는 방향이든 하락하는 방향이든 거래량의 크기는 시장과 투자자의 관심 정도를 나타냅니다. 상승에서 계속해 거래량이 증가할 경우 많은 사람들이 해당 주식을 더욱 사고 싶어 하는 것으로 해석할 수 있습니다. 깊은 하락에서 거래량이 크게 증가할 경우 이 주식을 팔고자 하는 매도자들이 엄청 많고 이를 체결한 매수자들이 이 물량을 받아주고 있는 것을 알 수 있습니다. 그러나 거래량이 전반적으로 줄어들고 있다는 것은 대다수의 투자자들이 이 주식 가격을 찬스로 여기기보다 관망하고 있다는 의미입니다.

거래량은 속일 수 없는 지표다

막대한 자금력과 네트워크로 시장을 움직이는 소위 '세력'들은 주식의 움직임을 좌지우지할 수 있는 힘이 있습니다. 이러한 세력들이 주가를 원하는 대로 은밀하게 조종할 순 있어도 거래량에서 이들의 매매 방향이 드러나게 됩니다. 조용히 매수하거나 매도하고 싶지만 이들의 큰 자금이 들어오거나 빠져나갈 때 거래량으로 기록되기 때문이죠.

오랜 기간 매수를 하거나 매도를 해서 거대 자금의 매매를 감출 수는 있습니다. 그러나 상대적으로 짧은 시간 내에 종목에 대한 매수나 매도를 마쳐야 할 경우, 어쩔 수 없이 큰 거래량을 동반한 매매를 수행해야 합니다. 즉, 이러한 거래량이 나타났을 경우 거대 자금의 매매가 일어났다는 사실은 변하지 않는 진실인 것이죠.

거래량은 주가에 선행한다

거래량을 연구한 다양한 연구 결과들은 높은 거래량이 주가의 상승을 가져온다는 결론을 내고 있습니다. 높은 거래량이 향후 주식의 가격 상승을 동반해 수익을 창출한다는 것이죠. 즉, 거래량이 주가에 선행한다는 의미합니다.

이러한 현상을 '거래량 프리미엄'이라고 합니다. 실제로 이러한 결과가 나타나는지 궁금하죠? 제가 직접 한번 시뮬레이션해봤습니다.

이 시뮬레이션은 국내 코스피, 코스닥 전 종목에 대해 약 5년간 거래량이 높은 순서로 분위를 산정해 매수하고 20일간의 주가 누적 수익의 흐름을 평균낸 것입니다. 다음과 같은 방식으로 시뮬레이션했습니다.

- 0일차에 (거래량/총 주식 수)의 비율로 거래량 상위를 순위 매깁니다.
- 0일차 종가로 각 거래량 상위 그룹에 해당하는 종목들을 매수합니다.
- 향후 20일간의 모든 종목의 누적 수익률을 평균합니다.
- 위 시뮬레이션을 10일 간격으로 수행해 모든 기간을 평균합니다.

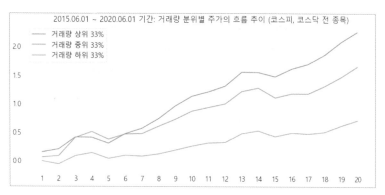

▲ 거래량 프리미엄에 대한 시뮬레이션 결과 그래프

이렇게 실제 데이터에 기반한 시뮬레이션에서도 거래량이 주가를 선행한다는 것을 확인할 수 있었습니다.

주가와 거래량을 연결지어 분석하기

단일 종목에 대한 주가와 거래량은 어떤 방식으로 해석할 수 있을까요? 주가의 상승과 하락 여부 그리고 거래량의 증가와 감소 여부로 경우의 수를 나눌 수 있을 겁니다. 이러한 경우의 수에 대해 앞으로의 강세와 약세를 가늠해볼 수 있습니다.

많은 거래량은 기술적으로 볼 때 주가가 움직일 채비를 하고 있다는 분명한 신호이며 투자자들의 확신입니다. 이러한 거래는 엄청난 양의 주식이 매도자의 손에서 매수자의 손으로 움직였다는 것을 뜻하죠. 이렇게 발생한 거래는 앞으로의 강세와 약세에 대한 디딤돌이 됩니다. 가격이 오르면서 발생한 대량 거래는 미래를 낙관적으로 보는 투자자들이 많다는 의미입니다. 반대로 하락하며 발생한 대량 거래는 미래를 부정적으로 보는 전망이 주요하다는 뜻이 됩니다.

가격	거래량	해석	향후	주가	흐름
상승	증가	수요	축적	중	강세
상승	감소	수요	감소	중	약세
하락	증가	공급	상승	중	약세
하락	감소	공급	소진	중	강세

▲ 가격과 거래량의 각 경우에서의 해석

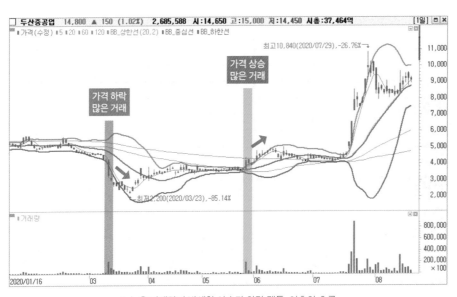

▲ 높은 거래량이 발생한 상승과 하락 캔들, 이후의 흐름

매물대 차트

매물대 차트는 거래량을 투자 판단으로 전환시킬 수 있는 훌륭한 지표입니다. 단순히 거래량 차트만 본다면 이 거래량이 어떤 의미를 가지는지 알기 어렵습니다. 또한 주가 차트만 보면 주가의 변동은 잘 볼 수 있지만 어떤 가격이 중요한 의미를 가지는지 파악하기 쉽지 않습니다. 주가와 거래량을 동시에 고려해 중요한 가격대와 이에 해당하는 거래량을 함께 보여주는 것이 바로 '매물대 차트'입니다.

[매물대 차트]
차트에 보이는 기간 동안 특정 가격대에서 거래된 주식 물량을 모두 합산,
각각의 가격대에서 합산 거래량을 가로막대로 나타낸 차트 지표.
가로막대의 길이가 길수록 해당 가격대에서 거래가 많았음을 의미한다.

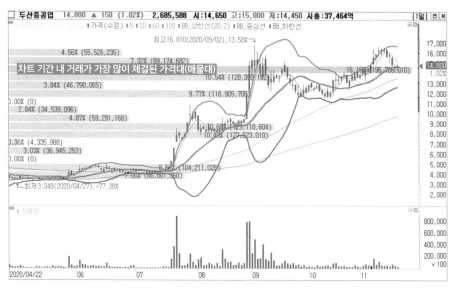

▲ 2020년 4월 22일부터 2020년 11월 20일 동안 매물대를 보여주는 매물대 차트

위 그림을 보면 해당 기간 동안 매물대가 크게 세 뭉텅이로 위치하는 것을 볼 수 있습니다.

- 첫 번째 주 매물대(첫 번째 노란 음영): 1만 1,500~1만 5,000원대 구간

- 두 번째 주 매물대(두 번째 노란 음영): 7,500~9,000원대 구간

- 세 번째 주 매물대(세 번째 노란 음영): 3,500~5,000원대 구간

투자자들의 주요 물량이 주로 위 세 뭉텅이 가격대에 있다는 것을 알 수 있습니다. 이렇듯, 매물대 차트로 어떤 가격대에서 거래량이 얼마나 발생했는지 파악할 수 있습니다.

매물대 차트는 분석 목적에 따라 다양하게 변형할 수 있습니다. 매물대를 집계하는 구간인 차트 구간을 변경할 수 있고, 앞서 매물대 지표를 추가하는 과정에서 보았듯 매물대의 개수 또한 변경할 수 있습니다.

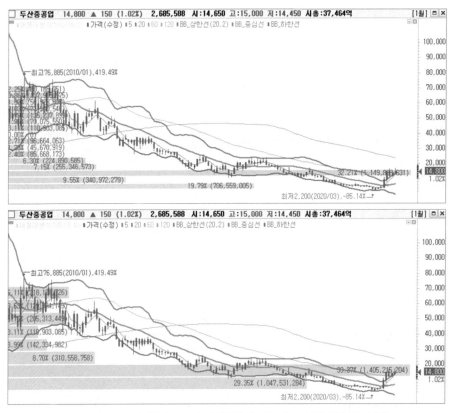

▲ 월봉 차트로 그린 매물대 차트(위)와 매물대 개수를 8개로 변경한 동일 차트(아래)

매물대의 중요성

매물대가 무엇일까요? 왜 우리 투자자들은 매물대를 중요하게 살펴봐야 할까요? 거래량이 집중되었던 주요 매물대에는 과거 긴 기간 동안 해당 가격대에서 매집한 물량이 많습니다. 이 말은 그 가격대를 본전으로 하는 투자자들의 주식 잔고가 많다는 이야기죠. 투자자들은 '본전' 가격이 오면 추가 매수를 하거나 손절매를 하는 등 어떤 액션을 취하는 습성이 있습니다. 본전 가격이 일종의 심리적 기준점이 되는 것이죠.

주가가 매물대 위에 위치할 때와 아래에 위치할 때 투자들의 심리를 한번 엿볼까요?

주가>주 매물대 근접 시　　　　　주가<주 매물대 근접 시

▲ 주가와 매물대의 위치에 따른 지지ⓐ, 저항ⓓ, 매물대 돌파ⓑⓒ

	주가 > 매물대 하향 접근 시	주가 < 매물대 상향 접근 시
기존 매수자	ⓐ 관망 혹은 추가 매수	ⓒ 드디어 본전, 매도
	ⓑ 본전 미만 진입, 손절	ⓓ 실망 매도 혹은 홀딩
신규 매수자	ⓐ 지지 확인 후 근접 매수	ⓒ 추세 전환으로 인식, 매수
	ⓑ 매수 보류, 관망	ⓓ 저항으로 인식, 관망

각 경우에 따라 기존 매수자와 신규 매수자의 심리를 엿볼 수 있었죠? 특히 '주가 < 매물대' 상향 접근 시 기존 매수자의 심리를 눈여겨보세요. 이들은 과거 긴 기간 동안 흔히 말해 '물려' 있었던 사람들입니다. 이 사람들의 입장에서는 계속 손실을 보다가 드디어 주가가 본전에 가까워진 것이죠. 만약 본전 가격을 넘는다면 이 사람들 입장에서는 악몽과

같은 이 주식을 빨리 팔아버리고 싶지 않겠어요? 주요 매물대는 이름에 걸맞게 매물이 쏟아지는 구간을 뜻하기도 한답니다.

이렇듯 매물대는 사람들의 본전 심리, 지지 및 저항 심리가 다량으로 몰려 있는 구간이라고 볼 수 있고, 그렇기 때문에 투자자에게 매우 중요한 의미가 되는 것입니다.

알아두면 쓸모 있는 주식 심화학습!

[매물대 활용 Tip]

매물대 위에서 매수를 노린다면 가급적 매물대와 가까운 곳에서 매수하세요.
(매물대 지지로 인해 추가 하락할 확률은 적고 상승할 확률은 높습니다.)

매물대 아래서 매도를 노린다면 가급적 매물대가 가까운 곳에서 매도하세요.
(매물대 저항으로 인해 돌파 상승은 힘들고 반전 하락할 확률이 높습니다.)

STOCK
INVEST
MENT

Chapter
8

실전 투자를 위한
기술적 분석

Chapter **8**

실전 투자를 위한
기술적 분석

이번 챕터에서 우리는 다음과 같은 질문들에 대한 답을 찾을 것입니다.

1. 모멘텀이 무엇인가요?

- 모멘텀 현상은 어떤 현상인가요?

- 모멘텀이 높은 주식은 더 많이 상승하나요?

2. 지지와 저항은 어떤 개념인가요?

- 지지와 저항이 만들어지는 과정이 궁금해요.

- 지지와 저항의 역할이 바뀔 수 있나요?

3. 추세는 무엇인가요?

- 추세는 어떻게 만들어지나요?

- 추세 구간과 비추세 구간이 무엇인가요?

- 추세를 이용한 트레이딩 방법은 어떤 것들이 있나요?

4. 트레이딩에서 중요한 가격대가 있나요?

- 트레이딩의 손절과 익절 가격은 어떻게 정하나요?

5. 리스크는 어떻게 확인하나요?

- 리스크를 왜 관리해야 하나요?

- 리스크를 제한할 수 있는 방법은 무엇이 있나요?

26

모멘텀,
지지와 저항,
매수세와 매도세

본격적으로 트레이딩을 배우기에 앞서 꼭 숙지해야 하는 트레이딩 관련 중요 개념들이 있습니다. 앞에서 배운 내용들이 차트 지표와 이 지표에 대한 설명이라면, 이 장에서 배우는 것은 이 지표들과 가격에 부여할 수 있는 트레이딩의 '의미'들입니다. 얼마의 '가격'이, 바로 위의 '매물대'가 트레이더에게 어떤 '의미'로 다가올 수 있을까요? 트레이더들이 중요하게 여기는 '의미'들은 어떤 게 있을까요? 차근차근 한번 알아봅시다.

모멘텀, 모멘텀 현상

첫 번째로 설명할 개념은 '모멘텀^{momentum}'입니다. 모멘텀이란 무엇일까요? '정치인 A씨 지지율의 반등 모멘텀이 기대된다'와 같은 식으로 사용되기도 하는 모멘텀의 원래 정의는 물리학에서 출발합니다.

> **[모멘텀]**
> 움직이고 있는 물질의 운동량을 뜻하는 물리학 용어.
> 운동량이 큰 물체는 원래의 이동 방향으로 지속하려는 힘이 강하다.

일상생활의 예를 들어보자면, 무거운 볼링공을 굴리는 것과 가벼운 탁구공을 굴리는 것을 예를 들 수 있어요. 만일 같은 속도로 볼링공과 탁구공을 굴린다면 어떤 공을 더 멈추기 어려울까요? 당연히 훨씬 더 무거운 볼링공을 멈추는 것이 어려울 거예요. 같은 속도로 굴리더라도 볼링공의 모멘텀이 훨씬 크기 때문이죠. 모멘텀은 '관성'의 크기를 측정한다고도 말할 수 있어요.

그렇다면 주식, 트레이딩에서의 모멘텀은 어떤 의미일까요? 트레이딩에서 사용되는 모멘텀은 다음과 같은 뜻을 가지고 있습니다.

> **[트레이딩에서의 모멘텀]**
> 주가의 상승이나 하락이 앞으로도 지속되려는 힘.
> 주가 변동이 어느 한 방향으로 일정 기간 지속되면 모멘텀이 형성된다.

주가의 변동이 어느 한 방향으로 꾸준히 지속되면 해당 방향으로의 '모멘텀'을 가지고 있다고 이야기합니다. '꾸준한 상승 모멘텀'과 같이요. 트레이더들은 왜 이러한 '모멘텀'을 중요하게 생각할까요? 주식시장을 잘 관찰해보면 다양한 주식들의 매일매일의 주가가 정말 마구잡이로 움직이지는 않는다는 것을 알 수 있어요. 주가의 변동이 일정 기간은 방향성을 가지고 상승하거나 하락하고, 다시 일정 기간 동안은 큰 변동 없이 횡보를 반복하곤 합니다.

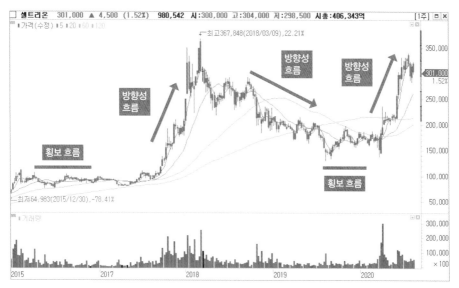

▲ 방향성 흐름과 횡보 흐름이 번갈아가며 나타나는 주가의 흐름

주가의 흐름에서 한동안 방향성 흐름의 기간이 지속된다고 가정하면 이러한 방향성이 형성되었을 초기에 주식 매수했을 때 큰 이익을 볼 수 있지 않을까요? 다른 말로 해보자면 모멘텀이 형성된 초기에 주식을 매수하는 것이죠. 그리고 이러한 모멘텀이 약화되었을 때 주식을 매도할 수 있습니다. 모멘텀의 정의 자체가 지속적으로 상승 또는 하락하려는 관성이므로 이러한 트레이딩 기법이 통할 수 있는 것이죠.

이러한 모멘텀을 측정하기 위해 다양한 지표들이 고안되었습니다. ADX, MACD, RSI, 스토캐스틱과 같은 지표들이 바로 그것이죠. 이 중 몇 개는 다음 장에서 소개할 예정입니다. 여기서는 모멘텀을 구하는 기본 공식에 대해 알려드리겠습니다.

$$N일\ 모멘텀 = \frac{금일\ 종가}{N일\ 전\ 종가}$$

정말 쉽죠? 단순히 며칠 전의 주가와 오늘 주가에 대한 비율만 계산하는 것뿐이니까요. 모멘텀을 매일매일 계산해 주가와 함께 그려봤습니다.

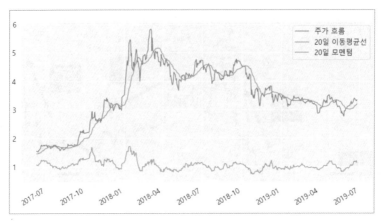

▲ 셀트리온(A068270)의 주가와 이평선, 20일 모멘텀.
가격은 차트를 그린 첫날 주가를 1로 환산(기간: 2017년 7월~2019년 7월)

이동평균선은 주가에 후행하는 단점이 있는 반면 모멘텀 지표는 주가 흐름의 전환을 빠르게 검출해주고 있는 모습을 볼 수 있습니다.

모멘텀 지표에 대해 비교적 널리 알려진 연구 결과가 있는데요. 바로 '모멘텀 현상'입니다. '모멘텀 현상'이란 앞선 기간 동안 가격이 많이 상승했던 종목들이 그 이후 일정 기간 동안 다른 종목들보다 더 높은 가격 상승이 일어나는 현상이에요. 이와 반대로 '역모멘텀 현상'도 있는데요. '역모멘텀 현상'은 앞선 기간 동안 가격이 많이 하락했던 종목들이 그 이후 일정 기간 동안 다른 종목들보다 더 많이 오르는 현상을 말합니다. '모멘텀 현상'과 '역모멘텀 현상'은 정확히 반대의 경우를 말하는 것이죠.

▲ 많이 올랐던 주식이 더 많이 오르는 '모멘텀 현상'(왼쪽)과
많이 떨어진 주식이 더 많이 오르는 '역모멘텀 현상'(오른쪽)

둘 중에 어떤 현상이 맞는 걸까요? 정답은 바로 '둘 다 맞다'입니다. 서로 정반대의 개념인데 어떻게 둘 다 맞냐고요? 사실 두 현상이 적용되는 주식들이 따로 분리되어 있습니다. 박상우 님의 저서 《주식시장을 이긴 전략들》에서 모멘텀 현상과 역모멘텀 현상에 대해 시뮬레이션한 결과가 수록되어 있습니다. 이를 잠시 인용해 소개해드리겠습니다.

모멘텀 현상과 역모멘텀 현상에 대한 시뮬레이션

- 모멘텀이 좋은 종목을 일정 기간 보유 후 수익률 측정(모멘텀 매매)
- 모멘텀이 나쁜 종목을 일정 기간 보유 후 수익률 측정(역모멘텀 매매)
- '모멘텀 매매'와 '역모멘텀 매매'열의 값들은 수익률(%)을 의미
- '모멘텀-역모멘텀'은 두 매매법의 수익률의 차이(%)를 의미

    기간: 모멘텀을 측정하는 '관찰 기간', 매수 후 보유하는 '보유 기간'

    시장 구분: 사이즈별 특징을 보기 위해 대형주, 중형주, 소형주로 나누어 실험

    실험 기간: 2008~2016년

시장 구분	기간(관찰/보유)	모멘텀 매매	역모멘텀 매매	모멘텀-역모멘텀
대형주	1주 / 1주	-2.56	31.17	-33.73
	1개월 / 1개월	5.74	9.82	-4.08
	3개월 / 3개월	11.55	3.2	8.36
	6개월 / 6개월	10.75	6.63	4.12
	12개월 / 12개월	9.59	11.82	-2.23
	24개월 / 24개월	10.98	11.7	-0.72
중형주	1주 / 1주	4.83	18.26	-13.43
	1개월 / 1개월	11.2	3.67	7.53
	3개월 / 3개월	12.68	7.09	5.59
	6개월 / 6개월	12.35	3.11	9.24
	12개월 / 12개월	7.97	5.66	2.31
	24개월 / 24개월	6.95	3.57	3.39
소형주	1주 / 1주	-13.98	15.4	-29.38
	1개월 / 1개월	-12.56	18.41	-30.97
	3개월 / 3개월	-2.73	7.38	-10.12
	6개월 / 6개월	-6.45	7.09	-13.53
	12개월 / 12개월	-0.19	-4.28	4.08
	24개월 / 24개월	-5.51	0.17	-5.68

▲ 코스피 종목 크기별 모멘텀 매매와 역모멘텀 매매의 성과(출처:《주식시장을 이긴 전략들》, 박상우 지음)

실험 결과를 보면 아래와 같은 결론들을 얻을 수 있습니다.

- 1주일 정도의 단기 투자에서는 역모멘텀 매매가 모든 사이즈에서 모멘텀 매매보다 높은 수익률을 보여준다. (즉, 단기간의 깊은 하락은 반전한다는 의미)
- 3~6개월 정도의 중기 투자에서는 대형주, 중형주의 경우 모멘텀 매매가 성과가 좋고 소형주의 경우 역모멘텀 매매가 성과가 좋다.
- 소형주의 경우 전반적으로 역모멘텀 매매가 성과가 좋다.

실제 주식시장에서도 모멘텀 현상과 역모멘텀 현상이 발생하는 것을 확인할 수 있었나요? 오른 것을 사는 '모멘텀 매매'와 내린 것을 사는 '역모멘텀 매매'는 트레이딩의 2가지 대분류라고 할 수 있을 만큼 중요한 줄기입니다. 어떤 매매를 얼마간의 보유 기간으로 수행해야 하는지는 내가 할 수 있는 매매 환경에 맞춰 정하면 됩니다.

지지와 저항

지지와 저항은 기술적 분석에서 아주 중요한 개념입니다. 앞에서 매물대 차트를 소개할 때 잠시 언급했죠? 트레이딩에 있어 지지와 저항을 파악하는 것은 현재의 위치에서 어떻게 해야 할지 알려주는 나침반을 갖는다고 할 수 있습니다. 아주 중요하죠? 일반적인 관점(주식을 매수해 일정 기간 보유 후 매도하고 시세차익을 실현)에서 지지와 저항이란 다음과 같습니다.

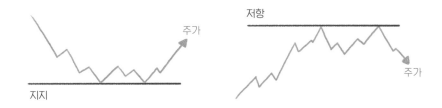

- **지지:** 주가 하락 시 더 이상 하락하지 않도록 지지하는 가상의 구간입니다. 지지 구간에 가까워지면 대기 매수자들이 주식을 매수해 가격이 더 떨어지지 않도록 받쳐주는 경향이 있습니다.
- **저항:** 주가 상승 시 더 이상 상승하지 못하도록 저항하는 가상의 구간입니다. 저항 구간에 가까워지면 대기 매도자들이 주식을 매도해 가격이 더 상승하지 못하게 저항합니다.

지지와 저항은 오랜 기간 형성된 것일수록 더욱 강한 힘(강하게 지지 혹은 강하게 저항)을 가지고 있습니다. 시세는 지지와 저항 사이에서 유유자적하게 표류합니다. 그럼 이러한 지지와 저항은 어떻게 무엇에 의해 만들어지는 걸까요?

지지와 저항의 근본은 과거의 매매입니다. 과거에 더 많은 이들이 거래했던 가격대일수록 지지와 저항이 강한 것이죠. 그렇기 때문에 매물대가 이러한 지지와 저항을 파악하는 데 있어 아주 중요합니다. 2개의 차트를 보여드릴 테니 주요 매물대와 지지와 저항을 한번 찾아보시기 바랍니다.

차트에서 주요 매물대와 지지, 저항 구간을 파악하셨나요? 매물대와 지지·저항 구간은
일치할 수도 일치하지 않을 수도 있습니다. 그러나 일치하는 구간에서 지지·저항의 힘이
보다 강력한 것을 볼 수 있습니다.

지지와 저항은 선이 아니라 구간

지지와 저항은 선(가격)이 아니라 구간(가격대)입니다. 조금 더 쉽게 문장으로 풀어보자면 "지누스의 최근 하방 지지는 8만 7,100원이야"라고 말하는 것보다 "지누스의 최근 하방 지지는 8만 7,000~8만 8,000원 구간이야"라고 말하는 것이 보다 적절하다는 것이죠. 지지와 저항의 본질이 그 주변에서 일어난 많은 거래량의 투자자들이라면 이들이 정확히 '8만 7,500원'에서 심리를 바꾼다는 것은 상당히 거친 가정이죠? 따라서 매물대와 지지·저항선을 참고해 적당한 '구간'으로 지지와 저항을 정의하는 것이 보다 유연하고 적합한 방식입니다.

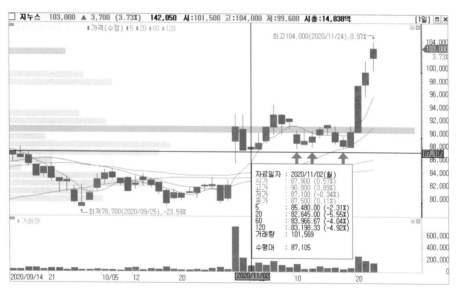

▲ 지지를 캔들 저점인 87,100원으로 설정하면 3번의 매수 기회를 놓칩니다.

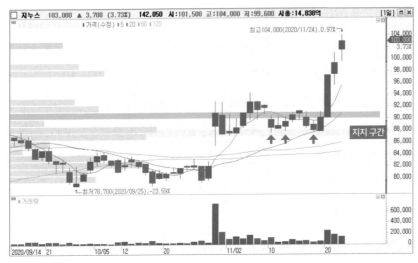

▲ 지지를 '구간'으로 정의하면 이러한 매수 기회들을 염두에 둘 수 있었습니다.

지지와 저항의 역할 반전

지지와 저항은 돌파 시 그 역할이 뒤바뀝니다. 이익이었던 매수자들이 손실로 바뀌고 손실이었던 매수자들은 이익으로 심리가 전환되기 때문이죠. 그림으로 보면 이해가 쉬울 것입니다.

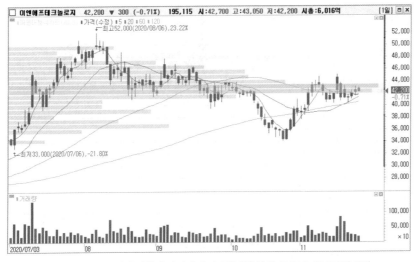

▲ 전반전에서는 '지지' 역할, 후반전에서는 '저항' 역할을 한 42,000~43,000원 구간

지지와 저항에 관한 현상들을 잘 살펴보면 트레이더들은 이러한 지지·저항 구간 주변에서 매매를 하거나 지지·저항 구간을 돌파했을 때 매매를 해야 한다는 결론에 도달합니다. 지지와 저항 구간을 이용해 보다 높은 확률에 베팅을 하는 것이죠.

매수세와 매도세

매수세는 주식을 사고자 하는 예비 투자자들의 힘으로 구성됩니다. 반면 매도세는 주식을 팔고자 하는 기존 투자자들의 힘입니다. 주가의 흐름은 매수세와 매도세의 줄다리기를 통해 결론지어집니다. 매수세가 우위일 경우 주가의 흐름은 상방을 향하게 되고, 매도세가 우위일 경우 주가의 흐름은 하방을 향하게 됩니다.

주가가 지속적으로 지지 구간을 터치할 때 매수세가 소모됩니다. 반면 주가가 지속적으로 저항 구간을 여러 번 터치하면 매도세가 소모되죠. 이 과정에서 매수세와 매도세의 불균형이 충분한 수준으로 벌어지면 박스권에서 횡보하던 주가가 드디어 방향성을 잡고 강한 행보를 시작하게 되는 것입니다.

▲ 지지 구간을 여러 빈 터치하며 매수세 소진, 강한 매도 캔들로 하방 돌파

물론 급작스럽게 발생한 거대한 호재나 악재 등으로 매수세·매도세가 점진적으로 소모되는 것이 아닌 한 번에 소모되어 큰 방향성을 형성하는 경우도 있습니다.

▲ 강력한 매수세의 유입으로 기존 매도세가 단기간에 소모

주가의 흐름은 결국 매수세와 매도세의 줄다리기로 결정됩니다. 이러한 매수세·매도세가 현재 얼마나 쌓여 있는지 유심히 관찰해야 합니다. 그리고 이러한 힘의 균형이 깨질 때 적절한 방향으로 베팅하는 것이 트레이더로서 보다 높은 승률을 취할 수 있는 지름길입니다.

27

추세와
역추세
트레이딩

자, 이제 트레이딩을 배울 준비운동은 모두 끝났습니다. 머리가 근질근질한가요? 워밍업이 모두 완료되었으니 본게임으로 들어가보겠습니다. 이번 장에서 배울 트레이딩은 '추세' 트레이딩과 '역추세' 트레이딩입니다. 트레이딩의 대표적인 두 기법이죠. 추세 트레이딩과 역추세 트레이딩은 모멘텀과 역모멘텀처럼 반대되는 관계가 아닙니다. 추세와 역추세 트레이딩 모두 '추세'를 존중하는 트레이딩 기법입니다.

여기서 말하는 '추세'는 대체 무엇일까요? 추세는 어떻게 정의할 수 있을까요?

추세란? 추세선 그리기

추세는 '주가가 움직이고 있는 방향'을 말합니다. 주가가 상승하는 방향으로 꾸준히 움직이면 '상승 추세'인 것이고 하락하는 방향으로 움직이면 '하락 추세'라고 말할 수 있습니다. 그런데 단순이 문장으로만 표현하기에는 부족함이 많은 것 같습니다. 추세를 보다 정확히 정의하기 위해서는 고점과 저점이 필요하죠.

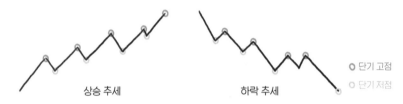

▲ 저점과 고점을 지속적으로 높이는 '상승 추세'와 낮추는 '하락 추세'

주가의 움직임은 단순 직선이 아니고 지그재그로 움직이기 때문에 추세를 '고점과 저점들이 움직이는 방향'이라고 정의하는 게 좋을듯합니다. 고점과 저점들의 흐름을 보고 주가가 상승 추세인지 하락 추세인지 판단하는 것이죠.

추세는 다음과 같은 특성들이 있다고 알려져 있습니다.

- 추세는 모멘텀처럼 '관성'을 가지고 있습니다. 따라서 한 번 추세를 형성한 종목은 갑자기 반대 방향으로 흐름을 전환하기 어렵습니다.
- 추세의 길이가 길수록 그 추세의 관성이 강력하며 투자자들에게 믿음을 받습니다.
- 추세는 추세를 형성한 기간의 매수세와 매도세의 불균형으로 형성됩니다. 긴 길이의 추세는 그만큼 불균형이 오래되었다는 것으로 쌓여 있는 매수세 또는 매도세가 많습니다. 그렇기 때문에 추세가 지속되는 현상(관성)이 나타납니다.
- 추세의 기울기는 매수세와 매도세의 불균형 정도를 나타냅니다. 급하게 매수하려는 세가 강할수록 추세의 기울기가 가파릅니다.

일반적으로 트레이더들은 이러한 추세의 특징을 이용해 상승 추세가 살아 있을 때는 물량을 보유하고 추세가 꺾이면 보유한 물량을 모두 처분하곤 합니다. 추세에는 관성이 있기 때문에 한 번 상승 추세가 하락 추세로 전환하면 앞으로 다시 상승하기까지 오랜 시간이 걸리고 큰 매수세가 필요하다 판단되기 때문이죠.

추세가 매수세와 매도세의 힘겨루기로 형성되기에 상승 추세와 하락 추세를 좀 더 상세히 정의할 수 있습니다. 상승 추세는 매수세가 매도세보다 강할 때 나타나는 추세입니다. 매수세는 보통 어느 시점에 등장할까요? 맞습니다. 매수세는 주가가 쌀 때 나타납니다. 즉, 저점에서 매수세가 나타나는 것이죠. 이로써 '상승 추세'는 저점을 지속적으로 높여가는 추세라고 정의할 수 있습니다. 반대로 '하락 추세'는 매도세를 봐야 하므로 고점을 지속적으로 낮추는 추세라고 정의할 수 있습니다. 그리고 이러한 정의를 통해 저점과 저점을 연결해 상승 추세선을 그릴 수 있고, 고점과 고점을 연결해 하락 추세선을 그릴 수 있습니다.

▲ 저점과 저점을 연결해 그린 '상승 추세선'

▲ 고점과 고점을 연결해 그린 '하락 추세선'

차트의 기본 원리에 따르면 월봉 차트에서 얻어진 추세선은 주봉 차트에서 얻어진 추세 선보다 강한 힘을 가지고 있습니다. 마찬가지로 주봉 차트에서 그린 추세선은 일봉 차트 의 추세선보다 강합니다. 일봉의 변화가 모여 주봉이 되고 주봉의 변화가 모여 월봉이 되 기 때문입니다. 장기간의 추세를 바꾸기 위해서는 단기간의 추세를 꾸준히 모아 세 반전 을 노려야 합니다.

추세 구간과 비추세 구간

추세를 이용한 트레이딩에서 첫 번째로 해야 할 일은 현재의 지점이 '추세 구간'인지 '비추 세 구간'인지 판단하는 것입니다. 추세 구간은 상승 추세 혹은 하락 추세가 뚜렷하게 나타 나는 구간입니다. 반면 비추세 구간은 상승 혹은 하락 추세가 명확하게 나타나지 않고(혹은 판단하기 힘들고) 잦은 노이즈가 발생하거나 옆으로 횡보하는 모습을 보이는 구간입니다.

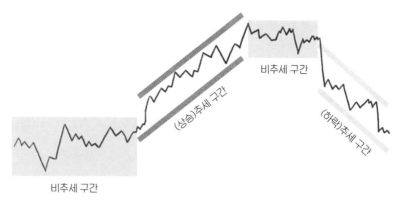

▲ 추세 구간과 비추세 구간의 개념도

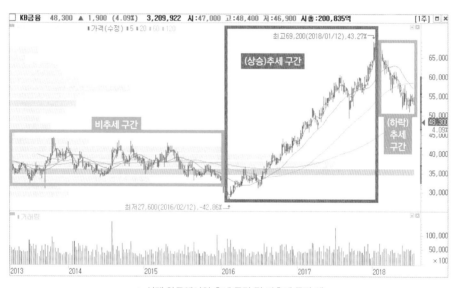

▲ 실제 차트에서의 추세 구간 및 비추세 구간 예

일반적으로 비추세 구간과 추세 구간의 길이는 대략 8:2 정도의 비율로 알려져 있습니다. 차트를 잘 관찰해보고 현재 어떤 구간에 있는지 판단해보길 바랍니다. 현재 지점이 추세 구간인지 비추세 구간인지 파악해야 하는 이유는 각 경우에서 트레이딩의 기본 원리가 다르기 때문입니다.

박스권 트레이딩 VS 추세 추종 트레이딩

비추세 구간에서의 트레이딩은 박스권 트레이딩을 기본 모형으로 합니다. 주요한 지지
선과 저항선을 파악해 지지선 부근에서 매수하고 저항선 부근에서 매도하는 것을 반복
하며 수익을 창출합니다. 반면 추세 구간에서의 트레이딩은 추세 추종 트레이딩을 기본
모형으로 합니다. 일반적인 주식 롱long의 관점에서는 상승 추세에 탑승해 이 추세의 힘이
다할 때까지 주식을 보유해 수익을 극대화합니다. 상승 추세가 꺾이거나 보합권에 들어
설 경우 매도해 수익을 실현합니다.

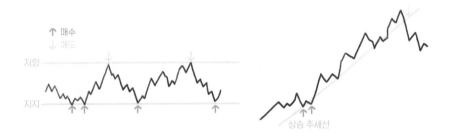

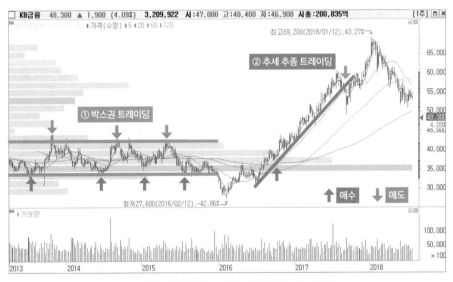

▲ 박스권 트레이딩과 추세 추종 트레이딩의 실제 적용 예

① 박스권 트레이딩에서는 지지와 저항을 얼마나 잘 지켜주느냐에 따라 수익의 가능성이 좌우됩니다. 예시의 박스권 트레이딩 마지막 매수에서는 주가가 저항선에 도달하지 못하고 지지선을 뚫고 하락해 손절매한 모습입니다.

② 추세 추종 트레이딩에서는 상승 추세를 확인하고 진입하는 모습을 볼 수 있습니다. 상승 추세가 확정되고 지지받는 지점에서 주식을 매수한 후 상승 추세가 무너지는 지점에서 주식을 매도합니다.

현재의 주가 구간이 추세 구간인지 비추세 구간인지 판단해보고 적절한 트레이딩 방법을 적용해보기 바랍니다.

알아두면 쓸모 있는 주식 심화학습!

롱숏 전략

주식 롱이란 '상승할 주식 매수 후 보유, 매도해 수익을 실현'하는 방향의 가장 일반적인 매매를 이야기합니다. 반면 주식 숏Short은 공매도와 유사한 개념으로, 주식이 앞으로 하락할 것을 예측해 '주식을 빌려 비싼 값으로 매도 후, 다시 싸게 매수해 빌린 주식을 갚아 수익 실현'하는 방향의 매매입니다.

추세 트레이딩 VS 역추세 트레이딩

추세 트레이딩과 역추세 트레이딩은 모두 추세 추종 트레이딩에 해당합니다. 역추세 트레이딩은 이름이 주는 느낌과는 조금 다르게 추세를 거스르는 것이 아닌 추세를 존중하며 트레이딩하는 매매법입니다. 즉, 추세와 같은 방향으로 투자하는 것이죠.

추세 트레이딩은 새로운 상승 추세가 탄생할 때 베팅하는 트레이딩입니다. 반면 역추세 트레이딩은 형성된 상승 추세의 흐름에서 주가가 조정받아 상승 추세선(저점을 연결한 지지선) 부근까지 밀렸을 때 베팅하는 트레이딩입니다. 추세 트레이딩은 보통 '상승 돌파'를 주 매수 신호로 간주합니다. 이에 '돌파 트레이딩'이라고 부르곤 하죠. 역추세 트레이딩은 추세 도중 약간의 조정을 받은 '눌림목' 지점에서 주식을 매수합니다.

돌파 트레이딩: 새로운 추세를 추종하다

새로운 상승 추세가 탄생하는 '돌파' 시점에 매수해 상승 추세에 탑승하는 트레이딩 기법입니다. '상승 돌파'가 상승 추세를 가져온다는 가정을 전제로 합니다. 즉, 상승 돌파가 새로운 상승 추세를 형성할 만큼 힘이 강할수록 유효한 매매법입니다.

주로 다음과 같은 이벤트들이 '상승 돌파'로 여겨집니다.

- 주요 저항 구간을 장대 양봉(긴 상승 캔들)으로 한 번에 상승 돌파할 때
- 상승 돌파 시 이전과 다르게 많은 거래량이 수반되면 더 강한 상승 추세의 형성 신호
- 52주 신고가 부근에서 신고가를 갱신하는 상승 돌파
- 상승 돌파 이벤트가 발생한 날의 종가가 저항 구간 위에 있는 상태로 장 마감되어야 함
- 장 마감 후 종가가 저항 구간에서 멀수록(더 크게 돌파할수록) 보다 강력한 상승 신호

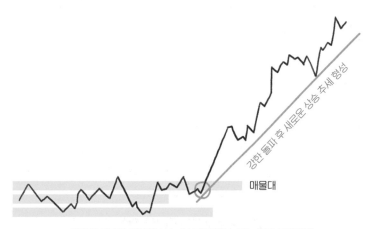

▲ 강력한 돌파로 새로운 상승 추세 형성을 노리는 돌파 트레이딩

돌파 트레이딩의 실제 예시를 한번 살펴보겠습니다. 이 예시에서는 강한 거래량으로 기존의 주요 저항 매물대를 상승 돌파하는 시점에서 매수합니다.

▲ 4,500원 부근의 매물대를 한 번에 상승 돌파한 모습

매수 이후의 차트 흐름은 다음과 같습니다. 매도는 추세선을 기준으로 매도할 수 있고(첫 번째 매도 가능 지점), 1만 1,000원 부근의 주요 지지 구간이 깨지지 않았으므로 계속 홀딩하다가 이후 1만 9,150원 부근의 주요 매물대의 지지가 깨지는 순간 매도할 수도 있습니다(두 번째 매도 가능 지점).

▲ 상승 돌파 이후 강력한 상승 추세를 형성, 적절한 매도 지점에서 수익 실현

이렇듯 돌파 트레이딩은 상승 돌파를 매수 시그널로 하고 이후 새로 형성된 상승 추세에 탑승해 수익을 창출하는 트레이딩 기법입니다. 상승 돌파를 감지하는 것과 이후의 상승 추세를 확증하는 것이 이 기법의 키 포인트입니다.

눌림목 트레이딩: 기존의 추세를 존중하다

상승 추세를 형성하며 열심히 상승하던 종목이 일부 하락해 '조정'받았을 때 지지 부근에서 매수해 상승 추세에 탑승하는 트레이딩 기법입니다. 이 기법의 전제는 하락이 기존의 상승 추세를 훼손하지 않는다는 것입니다. 기존의 상승 추세가 오랜 기간 지속되었을 때 더욱 효과적이며, 상승 추세선을 지지선으로 삼아 매수했으므로 기대 수익이 높습니다.

이렇게 상승 추세 중 잠시 조정받는 구간을 '눌림목'이라 하며, 일반적으로 다음과 같은 눌림목에서 매수 포지션을 잡습니다.

- 하락 조정 중인 주가가 상승 추세선 부근에 닿았을 때
- 하락 조정 중인 주가가 추세선 부근 물량이 많은 매물대에 닿았을 때
- 하락 조정 중인 주가가 중장기 이평선에 닿아 반등을 기대해볼 수 있을 때
- 눌림목이라 여겨지는 지점 직후 높은 거래량을 동반하며 반등을 시작하는 시점

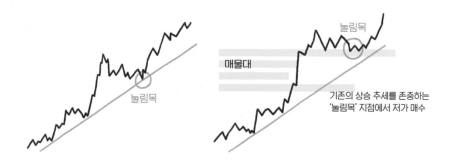

눌림목 지점에서 매수를 완료했으면 함께하는 상승 추세의 추이를 보고 이 추세가 무너졌을 때 이익을 실현하면 된답니다.

이러한 눌림목이 발생하는 이유는 무엇일까요? 바로 단기 투자자들의 이익 실현 욕구 때문입니다. 단기 투자자 입장에서는 주가가 상승했을 때 차익을 실현하고 싶은 생각이 들기 때문에 보유 물량들을 매도하곤 합니다. 이러한 단기 매도 물량들이 새로운 긍정적인 투자자들에게 돌아가면 기존의 상승 추세를 더 이어가게 될 거예요.

눌림목 트레이딩의 실제 예시를 한번 살펴보겠습니다. 첫 번째 예시에서는 상승 추세선이 그려진 이후 추세선 부근과 매물대 부근에서 눌림목 매수 기회를 잡습니다. 두 번째 예시에서는 기존의 상승 추세선은 무너졌지만(초기 상승하던 기울기) 이후 20일 이평선 부근의 매물대에서 눌림목 매수 기회를 잡습니다.

▲ 상승 추세가 형성된 이후 두 번의 눌림목 매수 기회(추세선, 매물대)

이 예시에서는 두 매수 가능 지점 모두 처음 그린 상승 추세선을 존중하는 눌림목입니다. 앞선 눌림목 매수 지점은 상승 추세선에 닿은 경우, 뒤의 눌림목 매수 지점은 주요 매물대에 닿은 경우겠죠? 매집 후 매도는 상승 추세선과 주요 매물대를 돌파 하락하는 지점에서 하게 됩니다.

▲ 첫 번째 상승 추세는 무너졌지만 20일 이평선 부근의 매물대를 눌림목으로 간주

두 번째 예시는 난이도가 살짝 높은 눌림목 매매입니다. 첫 번째 상승 추세선(실선)은 무너졌지만 20일 이평선과 그 부근의 매물대에서 '추세를 존중하는 반등'이 있을 것이라 예상합니다. 그리고 이 지점을 눌림목 삼아 매수하는 것이죠. (또는 반등 직후 두 번째 상승 캔들에서 매집할 수도 있습니다. 보다 안전하게 저점을 확인하고 매수하는 것이죠.) 성공적으로 반등해 두 번째 추세선(점선)을 그릴 수 있었습니다. 이후 매도는 주요 매물대를 뚫고 내려가거나 두 번째 추세선을 돌파 하락하는 지점에서 수행하게 됩니다.

눌림목 트레이딩은 기존의 상승 추세에 탑승할 수 있는 매매법입니다. 두 예시에서는 눌림목을 판단할 때 상대적으로 파악하기 쉬운 눌림목과 난이도가 있는 눌림목을 확인했습니다. 어느 경우가 되었든 눌림목 트레이딩의 기본 전제인 '기존의 상승 추세 존중'이 무너지는 시점에서는 보유 물량을 매도해 수익을 확보합니다.

28

리스크
관리

실전에서 트레이딩을 하기 전에 꼭 체크하고 넘어가야 할 부분이 있습니다. 바로 '리스크 관리'인데요. 세상에 공짜 점심은 없듯이, 금융시장에서 수익을 내기 위해서는 반드시 따라오는 대가가 있습니다. 바로 '리스크'입니다.

'위험도'로 번역되는 이 단어는 자신의 포지션(종목 잔고)이 시장에 노출되어 있을 때 시장 상황에 따라 잔고가 얼마까지 하락할 수 있는지를 측정한 값입니다. 금융시장에서는 하락뿐만 아니라 상승 또한 리스크로 생각합니다. 변동성의 크기 자체가 리스크인 것이죠.

투자자들은 투자에 임할 때 항상 리스크에 대해 생각하고 이를 관리해야 합니다. 왜 이렇게 리스크를 제한해야 할까요?

리스크 관리의 필요성

일반적으로 리스크가 크면 기대수익도 큰 경향이 있습니다. '하이 리스크 하이 리턴High Risk High Return'이란 말을 들어봤을 겁니다. 이 말은 위험도가 높은 상품일수록 기대수익이 크지만 기대손실도 크다는 의미를 내포하고 있답니다.

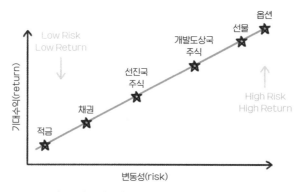

▲ 리스크와 기대수익의 관계와 해당하는 금융 상품의 예

예를 들어 1,000만 원을 투자한다고 가정했을 때, 이 1,000만 원을 적금에 투자했다면 손실을 볼 확률은 거의 없을 겁니다. 반면 1,000만 원을 개발도상국의 주식에 투자했다면 어림잡아 약 50%의 손실, 반 토막이 날 수도 있습니다. 물론 50%가 상승해 500만 원의 이득을 볼 수도 있겠죠? 더 나아가 이 금액을 옵션과 같은 파생상품에 투자했다면 투자금 전체를 거래 한 번으로 잃을 수도 있습니다. 손실률 -100%인 것이죠. 반면 대박이 날 경우 1,000% 수익도 가능합니다.

그런데 만약 여기서 전 재산을 옵션에 투자해 전액 손실을 보면 어떻게 될까요? 그 투자자는 다시 일어설 수 있는 시드머니 자체를 모두 잃었으므로 다음 투자 기회에 베팅을 시도조차 하지 못합니다. 그렇기 때문에 리스크가 큰 상품에 투자할수록 우리는 리스크 관리에 대해 더욱 철저히 고려해야 합니다.

주식의 경우에는 투자 기간에 따라 최대 리스크가 다릅니다. 투자 기간이 1주일인 경우 최대 손실률을 약 10%, 한 달인 경우 최대 손실률 약 20%, 6개월인 경우 최대 손실률을 약 50% 정도로 잡을 수 있습니다. 이는 주식시장 전체 종목에 대한 통계적인 수치이므로 우리가 좋은 종목을 고른다면 리스크가 이 수치보다 낮을 거예요. (기간별 손실률에 대한 데이터와 근거는 32장에서 보다 자세히 제시하겠습니다.)

다음 표는 원금 1,000만 원으로 각각 10% 손실, 20% 손실을 10회 연속으로 봤을 때 거래별 잔고를 나타냅니다.

	원금	1회	2회	3회	4회	5회	6회	7회	8회	9회	10회
10% 손실	10,000,000	9,000,000	8,100,000	7,290,000	6,561,000	5,904,900	5,314,410	4,782,969	4,304,672	3,874,205	3,486,784
20% 손실	10,000,000	8,000,000	6,400,000	5,120,000	4,096,000	3,276,800	2,621,440	2,097,152	1,677,722	1,342,177	1,073,742

▲ 10회 거래에서 모두 손실 시 10%는 1/3토막, 20%는 1/10토막

거래에서 손실을 볼 확률이 1/2(50%)이라 가정하면 10회 연속 손실을 볼 확률은 1/1,024 (약 0.1%) 정도 됩니다. 여러분이 수천~수만 번의 거래를 하게 된다면 이러한 10연패를 한 번쯤은 당해볼 수 있는 것이죠. 1/10토막이 나버린 계좌를 다시 복구하려면 무려 10배의 수익을 올려야 합니다. 그렇기 때문에 리스크 관리를 '임기응변식' 감에 의존하면 안 됩니다. 철저한 계산과 시스템을 기반으로 리스크를 관리해야 합니다.

> *이것은 맞고 틀리고의 문제가 아니며, 맞았을 때 얼마나 수익을 내는지 그리고 틀렸을 경우 손실을 얼마나 줄이는지의 문제입니다._조지 소로스*

감당할 수 있는 리스크 계산하기

시스템 기반으로 철저하게 리스크를 관리하는 것은 쉽습니다. (정말로요!) 다만 스스로 정한 이 룰을 깨지 않고 지켜나가는 것이 더 어려운 것 같네요. 시스템 기반 리스크 관리를 꾸준히 수행하기 위해서는 2가지 소양이 필요합니다.

하나는 앞에서 배운 '자동 감시 매매'입니다. 특정 조건에서 주식을 자동으로 사고팔아주는 자동 감시 매매는 자동으로 리스크를 제한할 수 있도록 도울 것입니다. 두 번째는 단일 거래의 포지션 규모 계산입니다. 한 번의 거래에서 내가 잃을 수 있는 최대 금액과 손실률을 미리 계산하고 적정 비중으로 거래에 진입하는 것이죠. 이러한 포지션 규모, 적정 비중을 어떻게 계산하는지 한번 알아볼까요?

단일 거래의 포지션 규모를 계산해 전체 리스크를 통제한다!

	거래당 최대 계좌 손실률 결정		단일 거래의 예상 리스크 산정		단일 거래의 포지션 규모 계산		거래 진입! 익절 혹은 손절
예시1	5% 룰		주식 거래 +30%, -30%		$\frac{-5\%}{-30\%}$ =16%		계좌의 16% 비중 투입!
예시2	2% 룰		옵션 거래 +1,000%, -100%		$\frac{-2\%}{-100\%}$ =2%		계좌의 2% 비중 투입!

가장 먼저 해야 할 것은 거래당 계좌의 최대 손실률을 결정하는 것입니다. 여기에 트레이더들 사이에서 통용되는 몇 가지 대표적인 룰들이 있습니다. 주식 트레이더들의 경우 5% 룰을 사용하고 선물옵션 트레이더들은 1~2% 룰을 사용합니다. 한 번의 거래에서 계좌의 최대 5%, 1~2% 손실을 보는 것을 규칙으로 정해놓은 것이죠. 여러분도 본인의 리스크 성향에 따라 1~5% 사이에서 적절한 단일 거래 최대 계좌 손실률을 정해보기 바랍니다.

다음 단계에서는 내가 투자하고자 하는 상품의 수익과 최대 손실률을 예상합니다. 이번 거래에서의 리스크를 산정하는 것이죠. 예시1에서는 주식 거래에서 수익 +30%, 최대 손실 -30%로 예상하고 있습니다.

이제 최대 손실률와 거래 예상 리스크로 이 거래의 포지션 규모를 계산할 수 있습니다. 계산하는 방법도 쉬운데요. '거래당 최대 손실률/해당 거래의 최대 손실'로 계산할 수 있습니다. 이 계산 결과가 내가 정한 N% 룰을 준수하는 해당 상품의 적정 투자 비중인 것이죠. 이제 이 포지션 규모(적정 비중)로 거래에 임하면 됩니다.

눈치가 빠른 분들은 계산된 포지션 규모와 해당 거래의 최대 손실을 곱하면 거래당 최대 손실률이 나오는 것을 발견했을 거예요. 예시2는 전액 손실을 볼 수 있는 거래에서도 이러한 리스크 통제 기법이 동작하는 것을 보여줍니다. 단순히 생각해서 최대 2%를 잃을 수 있으므로 전액 손실 가능한 거래에는 계좌의 2% 비중만 '안전하게' 투기할 수 있는 것이죠.

다음 테이블에서 N% 룰과 해당하는 잔액 그리고 이를 다시 본전으로 끌어올리기 위한 필요 수익률을 제시했습니다. 독자 여러분은 이 표를 참고해 자신만의 적정한 N% 룰을 확립하기 바랍니다.

손실 거래 횟수	1% 룰		2% 룰		3% 룰		4% 룰		5% 룰	
	잔고	본전 필요 수익률	잔고	본전 필요 수익률	잔고	본전 필요 수익률	잔고	본전 필요 수익률	잔고	본전 필요 수익률
(원금)	10,000	본전	10,000	본전	10,000	본전	10,000	본전	10,000	본전
1회	9,900	1.00%	9,800	2.00%	9,700	3.10%	9,600	4.20%	9,500	5.30%
2회	9,801	2.00%	9,604	4.10%	9,409	6.30%	9,216	8.50%	9,025	10.80%
3회	9,703	3.10%	9,412	6.20%	9,127	9.60%	8,847	13.00%	8,574	16.60%
4회	9,606	4.10%	9,224	8.40%	8,853	13.00%	8,493	17.70%	8,145	22.80%
5회	9,510	5.20%	9,039	10.60%	8,587	16.50%	8,154	22.60%	7,738	29.20%
6회	9,415	6.20%	8,858	12.90%	8,330	20.10%	7,828	27.80%	7,351	36.00%
7회	9,321	7.30%	8,681	15.20%	8,080	23.80%	7,514	33.10%	6,983	43.20%
8회	9,227	8.40%	8,508	17.50%	7,837	27.60%	7,214	38.60%	6,634	50.70%
9회	9,135	9.50%	8,337	19.90%	7,602	31.50%	6,925	44.40%	6,302	58.70%
10회	9,044	10.60%	8,171	22.40%	7,374	35.60%	6,648	50.40%	5,987	67.00%
11회	8,953	11.70%	8,007	24.90%	7,153	39.80%	6,382	56.70%	5,688	75.80%
12회	8,864	12.80%	7,847	27.40%	6,938	44.10%	6,127	63.20%	5,404	85.10%
13회	8,775	14.00%	7,690	30.00%	6,729	48.60%	5,882	70.00%	5,133	94.80%
14회	8,687	15.10%	7,536	32.70%	6,528	53.20%	5,647	77.10%	4,877	105.10%
15회	8,601	16.30%	7,386	35.40%	6,333	57.90%	5,421	84.50%	4,633	115.80%
16회	8,515	17.40%	7,238	38.20%	6,143	62.80%	5,204	92.20%	4,401	127.20%
17회	8,429	18.60%	7,093	41.00%	5,958	67.80%	4,996	100.20%	4,181	139.20%
18회	8,345	19.80%	6,951	43.90%	5,780	73.00%	4,796	108.50%	3,972	151.80%
19회	8,262	21.00%	6,812	46.80%	5,606	78.40%	4,604	117.20%	3,774	165.00%
20회	8,179	22.30%	6,676	49.80%	5,438	83.90%	4,420	126.20%	3,585	179.00%

▲ 1~5% 룰의 20회 손실 거래, 잔고 및 본전 필요 수익률

손절매로 리스크 제한하기

손절매는 투자자가 자신의 재산을 더 큰 위험에 빠뜨리기 전에 이를 지켜줄 수 있는 보험입니다. 어쩌면 회복이 불가능할지도 모르는 큰 장기 손실에서 투자자를 지켜줄 수 있는 유일한 길이죠.

여러분도 너무 많이 하락해서 종목을 '강제 장투'하는 경우를 심심치 않게 들어봤을 겁니다. '손실 난 종목의 강제 장기투자'는 단순히 금액적인 손실만 있는 것이 아닙니다. 이 종목을 일찍 손절했을 경우 회수한 투자금으로 새 종목에 투자할 수 있는 '기회비용'도 손실인 것이죠.

성공한 투자자들의 인터뷰를 보면 손절매 원칙을 세우고 꼭 지켰다는 내용이 포함되어 있는 경우가 많습니다. 손절매를 통해 잠깐의 손실을 확정하고 지속적으로 새로운 기회를 찾아나갈 수 있는 것이죠. 자신의 패배를 인정하는 것이 때로는 속이 쓰리지만, 손실을 받아들이는 것이야말로 투자한 자금의 안정성을 담보하는 단 하나의 투자 장치입니다.

그러면 손절매는 어떤 가격에서 수행해야 할까요? '무조건 -20%로 하락하면 팔아!'와 같이 기계적으로 정하는 것일까요? 손절매 지점은 다음과 같은 원칙으로 지정합니다.

> **[손절매 가격 정하기]**
> 해당 거래에서 나의 투자 예측, 전망이 틀렸다는 것을 확인해주는 지점.
> 단, 일상적인 시장의 움직임에도 닿을 수 있는 지점은 피한다.

기본적 분석에서는 나의 가치평가가 틀린 지점이 되겠죠? "이렇게까지 가격이 싸질 이유는 없는데… 내가 틀렸나보다"라고 이야기하는 가격대입니다. 이 경우 손절매 실행 후 종목 분석을 다시 해봐야 하는 것이죠.

기술적 분석에서는 나의 가정 또는 예상이 틀린 지점이 손절매 가격이 됩니다. "이 매물대를 하방 돌파로 깨뜨리면 상승 추세가 망가져"와 같은 위치입니다. 한 가지 유의해야 할 점은 시장은 워낙 변화무쌍하기에 방금 예시에서 주요 매물대 한복판에 손절매를 설정하면 휩소에 당할 위험이 있다는 것입니다. 속임수처럼 크게 흔들고 매물대 하방을 뚫었다가 다시 반등을 주는 것이죠. 따라서 제 개인적인 추천으로는 거래의 '가정'을 깨뜨리는 바로 그 지점에서 손절매를 설정하는 것이 아닌, 조금 더 아래로 넉넉하게 잡아서 '가정'이 확실히 깨졌다고 판단할만한 지점에 손절매를 설정하는 것입니다.

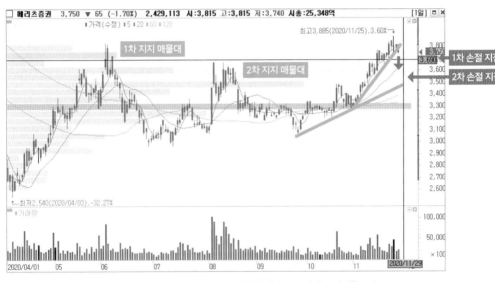

▲ 현 주가에서 매입 시 손절 가격을 주요 매물대에서 조금 아래로 설정한 모습

위 예시에서 현재 주가는 3,750원이고, 1차 손절가는 3,690원, 2차 손절가는 3,570원입니다. 1차 손절에서 보유 물량의 50%, 2차 손절에서 나머지 50%를 손절한다 가정하면 종목 거래의 최대 손실률을 계산할 수 있겠죠?

종목 최대 손실률 = (1차 손절가 손실률) × 0.5 + (2차 손절가 손실률) × 0.5
(-60원/3,750원) × 0.5 + (-180원/3,750원) × 0.5 = -3.2%

오! 제가 세운 손절매 조건에서는 이 거래의 최대 손실률이 -3.2%군요! 아주 제한된 하락을 기대할 수 있을 것 같아요. 투자 비중을 조금 높여도 괜찮을 것 같습니다.

이렇게 정한 손절매 지점으로 자동 감시 매도를 걸어두세요. 그러면 최악의 상황에서도 여러분의 자산을 '예상한 만큼' 안전하게 지켜줄 것입니다. 그리고 이 손절매 지점 손실 수준을 적정 투자 비중 계산에도 적극 활용하기 바랍니다. 일방적으로 정한 최대 손실보다는 여러분이 공부하고 연구해 정한 손절매 지점이 훨씬 더 의미가 있을 거예요.

헷지로 리스크 관리하기

투자자가 리스크를 관리할 수 있는 또 하나의 방법은 바로 '헷지hedge'입니다. 헷지는 울타리, 대비책이라는 의미를 가진 영어 단어예요. 자산투자에서의 헷지란 현재 계좌 포지션의 손실 위험을 희석하는 상품에 함께 투자해 계좌의 손실을 막는 것을 의미합니다. 특정 상품을 보유해 발생 가능한 손실을 다른 거래를 통해 줄이는 것이죠.

> **[헷지, 헷징]**
> 현재 보유한 포지션에서 발생 가능한 손실을
> 다른 거래를 통해 희석하는 리스크 관리 기법

여러분은 오늘 오후에 비가 올 확률이 60%라고 한다면 아침에 우산을 챙겨 나가나요? 귀찮음을 무릅쓰고 우산을 챙겨 가는 분은 '내가 오후에 비를 맞을 수도 있는 리스크'를 헷지한 것입니다. 헷지에는 비용이 따르는데, 여기서는 내가 우산을 들고 나갔기 때문에 발생한 많은 귀찮음이 바로 '비 맞을 위험'에 대한 헷지 비용이죠. 만약 비가 오지 않더라도 이 헷지 비용은 지출됩니다. 금융투자에서의 헷지 기법들은 다음과 같습니다.

다른 상품 거래를 통한 헷징

다른 헷지 투자 상품을 매수해 본 투자 상품의 위험을 경감시키는 헷지입니다. 주로 본 투자 상품에서 일부의 리스크를 덜어내기 위해 사용합니다(예: 미국 주식+미국 달러 인버스 ETF). 완전 반대 방향의 서로 다른 두 상품(예: 코스피 ETF, 코스피 인버스 ETF)을 동시에 투자할 경우 수익과 손실이 상계되어 수익이 0이 되기에 이러한 방식으로는 잘 사용하지 않습니다.

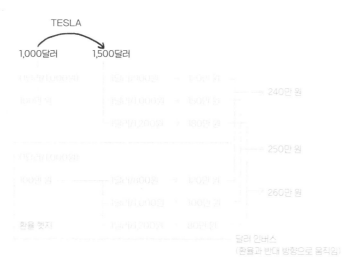

▲ 미국 주식 테슬라에 투자했을 때 달러 인버스 ETF 동시 매수를 통한 헷징. 헷징 없이는 환율에 따라 30만 원의 차이가 벌어지는데 헷징 이후 10만 원 차이로 환율에 대한 변동성이 줄어듭니다.

선물 거래를 통한 헷징

선물future은 오래전부터 위험을 분산시키기 위해 거래되던 상품으로, 특정 자산을 미래의 특정 시점에 미리 정한 가격에 사거나 팔도록 약속하는 거래입니다. 이러한 거래를 맺음으로써 미래의 가격 변동성에 대해 헷지하는 것이죠. 쉬운 예를 들어보겠습니다.

배추 도매상 재하와 배추 농부 승윤이는 정기적으로 배추 거래를 하고 있습니다. 현재 배추의 가격은 한 포기당 1,000원이지만 6개월 후의 수확 시기에는 이 배추의 가격이 어떻게 변할지 알 수 없습니다. 도매상인 재하는 배추를 적정한 가격에 안정적으로 공급받고 싶어 하고, 농부인 승윤이는 배추 가격이 떨어지면 큰 손해를 보기 때문에 안정적인 가격으로 판매하고 싶어 합니다. 도매상 재하와 농부 승윤이가 배추 가격 변동의 리스크에 노출되어 있는 것이죠.

그래서 두 사람은 현재의 배추 가격인 1,000원으로 6개월 후에 수확할 배추를 1만 포기 거래하기로 계약(도매상 재하의 배추 선물 매수, 농부 승윤이의 배추 선물 매도)을 합니다. 이것이 바로 선물 거래입니다. 선물 거래를 통해 재하와 승윤이는 배추 가격을 1,000원으로 고정했고, 가격 변동의 리스크에서 벗어나게 되었습니다.

선물 거래를 통해 두 사람 모두 어느 정도 위험을 덜어낸 것을 볼 수 있죠? 물론 6개월 후 배추 가격이 폭락하면 도매상인 재하가 아쉬울 것이고 폭등하면 농부인 승윤이가 아쉬울 것입니다. 그러나 두 사람은 그 반대의 상황이 더욱 치명적이라 생각했고 이러한 위험에 대비하고자 헷지 비용을 지불한 것이죠.

선물은 'KOSPI200 2021년 12월물', '삼성전자 2021년 9월물'과 같이 상품과 만기가 선물 이름에 기재되어 있답니다.

옵션 거래를 통한 헷징

옵션^{option}은 특정 자산을 미래의 특정 시점에 행사 가격으로 매수 또는 매도할 수 있는 권리입니다. 선물 거래와의 가장 큰 차이는 '권리'를 거래한다는 점입니다. 특정 행사 가격에 사들일 수 있는 권리를 '콜 옵션', 특정 행사 가격에 매도할 수 있는 권리를 '풋 옵션'이라 합니다. 그리고 이러한 권리를 사는 것을 옵션 매수, 파는 것을 옵션 매도라 하죠.

옵션은 '권리'이기 때문에 옵션 매수자는 불리할 경우 이 권리를 포기할 수 있습니다. 이경우 옵션 매수자가 헷지로 지불한 금액은 옵션의 가격이 되겠지요? 만만치는 않아 보이는 개념인데, 다음의 예시를 한번 살펴봅시다.

전자회사 직원인 가람이는 노트북 판매를 촉진하기 위해 할인 쿠폰을 발행하는 아이디어를 냈습니다. 현재 200만 원에 팔리는 최고급형 노트북을 140만 원에 살 수 있는 할인 쿠폰을 판매하자는 아이디어죠. 이 할인 쿠폰은 다른 전자제품 구매 시 5만 원에 구매할 수 있도록 했답니다. 이렇게 되면 소비자들은 쿠폰 가격 5만 원+할인가 140만 원=145만 원으로 200만 원 정가의 최고급 노트북을 살 수 있겠죠? 이 쿠폰은 소비자들에게 뜨거운 반응을 얻어내고, 노트북 판매량도 크게 증가시켰답니다. 가람이는 이 공로를 인정받아 더 높은 직급으로 승진하게 되었네요!

이 예시에서 5만 원짜리 할인 쿠폰이 바로 콜 옵션입니다. 소비자들은 콜 옵션을 매수한 것이고, 145만 원의 행사 가격에 노트북을 구매한 것이죠. 옵션은 행사가에 따라 수익곡선이 직선이 아닌 특징이 있습니다. 왜냐하면 옵션의 행사가 기준으로 벗어난 가격은 옵션의 가치가 0이 되기 때문이죠. 노트북의 정가가 130만 원으로 내려간다면 아무도 이 할인 쿠폰을 구매하려 하지 않겠죠? 노트북의 정가가 145만 원 미만으로 내려가면 이 할인 쿠폰 옵션의 가치는 0원이 되는 것입니다.

옵션은 'KOSPI200 2021년 9월, 352pt 콜'과 같이 상품과 만기, 행사 가격이 옵션 이름에 기재되어 있습니다. 이외에도 다양한 파생상품과 헷지 기법들이 있지만 보다 자세한 내용은 이 책의 범위를 넘어서기에 여러분의 인터넷 검색에 맡기도록 하죠.

29

손절가와 익절가
구하고
트레이딩에
활용하기

드디어 실전 트레이딩을 위한 모든 준비가 끝났습니다! 배운 내용들을 활용해 손절가, 익절가, 필요 시 매수가를 구하고 트레이딩에 적용해보도록 하죠. 트레이딩은 다음 그림과 같은 과정으로 진행됩니다. (앞서 다룬 리스크 관리는 생략하도록 하겠습니다.)

그럼, 트레이딩을 시작해볼까요?

주요한 추세와 가격대 파악하기

트레이딩에서 종목을 접하고 가장 먼저 파악해야 할 것은 주 추세와 주요 가격대(매물대)입니다. 월주일의 각 주기별 장기, 중기, 단기 추세는 어떠한지, 주요 저항, 지지 가격대는 어디쯤인지 가늠합니다.

월봉 차트에서 장기 흐름 파악하기

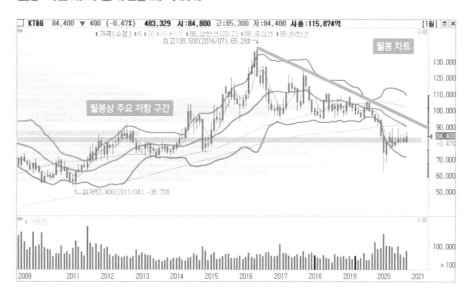

- 현재 가격대는 주요 가격대입니다. 근 10여 년간 가장 많은 매물이 거래된 구간에 현재 가격이 위치합니다.
- 현재 가격의 상방에는 9만 원 후반 가격대에 주요 저항 매물 구간이 존재합니다.
- 2016년부터 장기 하락 추세선이 보입니다.

월봉 차트에서는 9만 원 후반대의 두터운 매물대와 장기 하락 추세선이 닿을 곳이 주요 저항 지점이 될 것임을 파악할 수 있습니다. 현재의 주가 추이로 볼 때 장기 하락 추세선에 먼저 닿고, 이후 이를 돌파한다면 9만 원 후반 매물대를 보러 갈듯 보입니다.

주봉 차트에서 중기 흐름 파악하기

- 주요 가격대는 월봉과 거의 유사합니다. 현재 가격은 주봉상 주요 지지 구간 바로 위에 위치하고 있는 모습입니다.
- 2020년 3월 부근부터 완만한 상승 추세선을 그릴 수 있습니다.
- 2016년 초중반부터 시작된 장기 하락 추세선은 주봉상에서도 나타납니다.

주봉 차트에서는 추가적으로 중기 상승 추세선을 발견할 수 있었습니다. 미래에 두 추세선이 만나는 지점에서 무언가 새로운 움직임이 기대됩니다. 상대적으로 하락 추세선은 매물대보다는 뚫기가 쉬우므로 몇 번의 조정을 거친 뒤 주요 저항 구간을 향해 상승하는 상상도 해볼 수 있습니다. 그전까지는 주봉상 주요 지지 구간을 받침대로 비추세 구간을 형성할 것 같네요.

일봉 차트에서 단기 흐름 파악하기

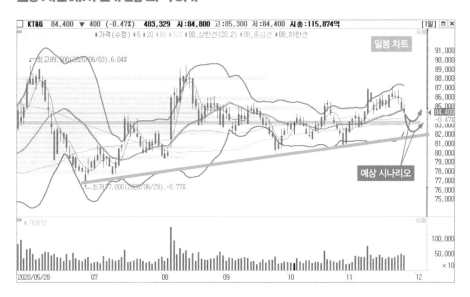

- 일봉 차트에서는 주요 매물대가 많아 따로 표기(기존의 노란 음영)하지 않았습니다. 주요 저항 구간이 될 수 있는 3개의 매물대가 보이죠?
- 주봉상에서 주요 지지 구간은 8만 2,500~8만 5,000원이었습니다. 일봉상에서는 보다 세세하게 여러 개의 매물대로 나뉜 모습을 볼 수 있습니다.
- 최근 8만 6,000원대의 지지 구간을 여러 번 돌파 시도하다 실패 후 다시 8만 5,000원 부근의 가격 구간으로 하락한 모습입니다. 현재의 가격은 8만 5,000원 부근의 가격 구간을 살짝 뚫고 내려갔네요.
- 일봉상에서 현재의 주요 지지 구간은 8만 3,000~8만 4,000원 구간입니다.

일봉 차트에서는 주봉과 월봉 차트에서는 볼 수 없었던 세세한 움직임을 살펴볼 수 있습니다. 위의 결과를 종합해보면 현재의 가격에서는 조금 더 조정받을 가능성이 커 보입니다. 1차적으로 다음 지지 구간인 8만 3,000~8만 4,000원을 시험받을 예정이고, 이 구간이 하방으로 뚫린다면 단기 상승 추세선과 만날 지점에서 지지를 시험받을 것으로 보입니다.

트레이딩 방향 설정

월봉과 주봉, 일봉 차트의 흐름을 파악했으면 어떤 구간에서 어느 정도의 기간으로 투자할지 트레이딩의 방향을 정합니다. 이러한 트레이딩의 방향을 정할 때 기본적 분석이 큰 도움이 될 수 있습니다. 장기적으로 괜찮은 펀더멘털을 지닌 경우 차트와 함께 분석해 보다 큰 상승을 노려볼 수 있습니다. 그렇지 않다면 일봉~주봉 단위의 단기 매매를 통해 시세 차익을 노립니다. 단기 매매에서는 일봉 차트에서의 분석 결과를 주로 사용합니다. 중장기 매매에서는 주봉, 월봉 차트에서의 분석 결과를 주로 사용합니다.

지금까지 분석한 바로는 월봉 차트와 주봉 차트에서 긴 하락 추세선이 보입니다. 따라서 ⓐ하락 추세선을 돌파해 상승하는 경우와 ⓑ하락 추세선을 돌파하는 데 실패하고 다시 되돌림하는 경우가 트레이딩의 큰 두 방향이 됩니다. 물론 그때 가봐서 트레이딩 방향을 다시 설정해도 무방합니다. 여기서는 ⓑ를 골라 짧은 수익을 창출하는 트레이딩으로 진행해보겠습니다.

손절가와 익절가 계산하기

이제 각 분석 결과와 우리가 정한 트레이딩 방향을 기반으로 적절한 손절가와 익절가를 설정합니다. 먼저 중장기 하락 추세를 가정하고 있으므로 익절가를 먼저 계산해볼까요?

익절가 선정하기

각 주기별 분석 결과에서 익절가의 후보가 될 수 있는 구간들을 선정하고, 이에 대해 익절가를 계산합니다. 분할 매도를 한다면 여러 개의 익절가를 사용할 수 있습니다.

- 주봉상의 주요 저항 구간은 9만 6,000~11만 원 구간입니다. 일봉 차트에서는 한참 위의 구간
  이죠. 따라서 바로 그 아래의 매물대의 하단 9만 2,000원을 주봉상의 저항 최하단이라 보겠습
  니다.

- 9만 2,000원도 일봉 차트에서는 현재 보이지 않을 만큼 높은 가격이네요. 일봉 차트에서 가장
  높은 저항 구간은 8만 8,000원 부근으로 나타납니다.

- 일봉 차트에서 최근 고점은 6월 3일의 8만 9,500원입니다.

여기까지의 분석으로는 총 3개의 익절가를 찾을 수 있었습니다. 8만 8,000원, 8만
9,500원, 9만 2,000원이 익절가입니다.

매수가 선정하기

현재 지점을 보아하니 좀 더 조정을 받을 수 있는 자리처럼 보입니다. 따라서 바로 매수
하지 않고 조금 더 기다려서 저점 매수를 노려보도록 하죠. 일봉 차트상에서 지지를 시험
하는 두 예상 시나리오에서 지지받는 가격은 각각 8만 3,500원 부근 가격대(매물대 상

단)와 8만 2,000원 초반대(상승 추세의 지선)입니다.

이렇게 선정한 2개의 매수가는 8만 3,500원과 8만 2,000원 입니다. 8만 3,500원 정도
에서 1차 매수를 진행하고 8만 2,000원 가격대가 온다면 2차 매수를 하는 등의 트레이
딩 전략을 짤 수 있겠죠?

손절가 선정하기

손절가는 보유한 포지션을 기준으로 최대 손실률 몇%로 계산해도 됩니다. 예를 들어 매
수가 8만 2,000원과 8만 3,500원에서 반반씩 매수했다면 평균 단가는 8만 2,750원이
됩니다. 이 경우 일괄 5% 손절 룰을 적용하면 7만 8,612원이 손절 가격이 됩니다.

위의 방법은 일괄적인 손절 룰을 적용한 것이고, 차트의 주요 지점에서 손절매하는 것으
로 손절가를 선정해보겠습니다.

현재 가격보다 아래에 있는 일봉상 주요 매물대를 이용해 3개의 손절가를 설정할 수 있
었습니다. 1차 손절가 8만 2,000원, 2차 손절가 8만 원, 3차 손절가 7만 9,300원입니다.

이렇게 찾은 손절가는 매수가에 따라 적절한 손절매에 활용하면 됩니다. 8만 2,000원에서 매수한 경우에는 1차 손절가인 8만 2,000원을 사용하는 것은 적절하지 않겠죠? 이 경우에는 2차 혹은 3차 손절가를 이용해 손절매를 설정할 수 있습니다.

또한 이러한 각 손절매 가격은 분할 매도 혹은 추가 매수의 기회로 활용하는 것도 가능합니다. 물론, 각 상황에 맞춰 이를 결정해야겠죠?

트레이딩에 손절가와 익절가 활용하기

익절가, 손절가(매수가)를 모두 선정했다면 이를 이용해 트레이딩하면 됩니다. 여러 개의 기준 가격(예: 3개의 익절가, 2개의 손절가)을 사용할 때 꼭 모든 기준 가격에 동일한 비중의 분할 매매를 하지 않아도 됩니다. 확률이 높을 것으로 예상되는 기준 가격에는 많은 물량의 거래를 베팅하고 확률이 낮을 것으로 예상되는 기준 가격에는 보다 적은 물량의 거래를 베팅하는 식이죠.

여기서부터는 독자 여러분의 취향과 스타일에 맡기도록 하겠습니다. 본인의 투자 성향과 매매 스타일, 투자로 인한 스트레스 정도에 따라 어떻게 트레이딩하는 것이 적절한지는 정말 천차만별이거든요. 어떤 분은 마음 편히 추가 매수를 할 수 있는 반면, 다른 분은 추가 매수는 용납할 수 없고 무조건 손절매를 진행하는 것이 마음이 편할 수 있습니다.

정답은 없습니다. 본인에게 가장 편하면서도 높은 수익을 꾸준히 가져다주는 트레이딩 스타일을 찾으면 그게 바로 정답입니다.

STOCK
INVEST
MENT

STOCK INVESTMENT

Chapter
9

기술적 분석
심화학습

기술적 분석
심화학습

이번 챕터에서 우리는 다음과 같은 질문들에 대한 답을 찾을 것입니다.

1. 캔들 차트에서 캔들에 의미가 있나요?

   - 캔들 모양에 따라 투자자의 심리를 엿볼 수 있나요?

2. 반복되는 유명한 차트 패턴은 어떤 것들이 있나요?

3. 보조 지표는 주로 어떤 콘셉트로 만들어졌나요?

   - 필터형 보조 지표는 무엇인가요?

   - 수렴·발산형 보조 지표는 무엇인가요?

   - 채널형 보조 지표는 무엇인가요?

4. 왜 물타기가 아닌 손절매를 해야 하나요?

5. 기술적 분석을 데이터로 검증할 수 있나요?

   - 데이터 시뮬레이션으로 검증하기 위해서는 어떻게 해야 하죠?

   - 널리 알려진 기술적 분석들에 대해 한 번쯤 의심을 해봐야 하는 이유는 무엇인가요?

6. 투자자로서 기술적 분석에 대해 어느 정도의 신뢰성을 가지는 게 적절할까요?

30

유명한
차트 패턴들

이번 장에서는 널리 알려진 기술적 분석들을 소개합니다. 캔들 모양의 의미, 반복적으로 발생했던 차트 패턴에 대해 알아보고, 각각 어떤 방식으로 해석할 수 있는지 알아봅니다.

여기서 다루는 기술적 분석들은 오랜 기간 전해내려온 고전으로 많은 트레이더들이 알고 있는 개념일 것입니다. 단, 주의할 점이 하나 있습니다. 기술적 분석들이 100% 맞다고 여기지 않기를 당부하고 싶습니다. 이 장에서 소개하는 기술적 분석에 대해 평을 해보자면 "특정한 상황에서는 아주 잘 작동하지만 기본적 분석도 함께 고려해야 하고, 시장 상황에 따라서 같은 패턴이라도 다르게 해석될 수 있다" 정도로 말씀드리고 싶습니다. 이렇게 생각하는 사람들이 있다 정도로 가볍게 알아보는 느낌이면 적절합니다.

그럼, 캔들부터 탐독해보도록 하겠습니다.

캔들에 대한 기본적인 심리

지금까지 우리가 본 캔들 차트(봉 차트)는 일주월 등 우리가 설정한 주기에 해당하는 여러 개의 '캔들'들로 그려집니다. 즉, 하나의 캔들에는 한 번의 주기에 대한 가격 정보가 담겨 있죠. 일봉은 9:00~15:30의 하루 동안의 가격 변동을 담아 그립니다. 주봉은 월요일 9:00~금요일 15:30의 일주일간의 가격 변동을 담아 그립니다.

캔들 하나는 캔들을 그리는 기간 동안의 시가, 고가, 저가, 종가로 그려집니다. 챕터2에서 잠시 배웠었죠? 시가는 기간이 시작한 시점의 가격, 종가는 기간이 끝날 때의 가격, 고가는 기간 중 가장 높았던 가격, 저가는 기간 중 가장 낮았던 가격입니다. 기간 중 고가와 저가는 캔들의 꼬리를 그리고 시가와 종가는 몸통을 그립니다.

하루가 하나의 캔들인 일봉을 예로 들면 다음과 같습니다.

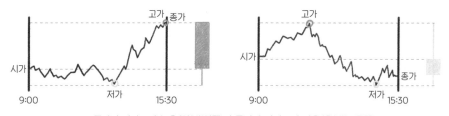

▲ 종가가 시가보다 높은 '양봉'(왼쪽)과 종가가 시가보다 낮은 '음봉'(오른쪽)

캔들이 생성되는 원리에 대해 이해할 수 있었죠? 위의 일봉의 예에서 시작과 끝의 시점만 우리가 설정한 주기에 따라 바뀐다고 생각하면 됩니다. 월봉의 경우에는 시작은 매달 첫날의 9:00, 끝은 매달 마지막 날의 15:30 가격이 월봉 캔들의 꼬리를 구성할 거예요.

이렇게 그려진 하나하나의 캔들을 모아 이어서 그리면 캔들 차트가 됩니다. 일봉 차트에서 하나의 캔들은 총 6가지 정보를 담고 있습니다. 바로 시가^{open}, 고가^{high}, 저가^{low}, 종가^{close}, 변화^{change}, 범위^{range}입니다. 각각은 무엇이고 또 어떤 심리를 담고 있을까요?

시가

하루의 첫 거래 가격입니다. 전날 장 종료 시점부터 오늘 장 시작 직전까지의 투자자들의 심리가 반영되는 가격이죠. 만약 밤사이 큰 악재가 터졌다면 시가는 매우 낮게 형성될 것입니다. 전날 종가와 당일 시가의 차이에는 이러한 투자자들의 심리 변화가 반영됩니다.

고가

하루 중 주식이 거래된 가장 높은 가격입니다. 매수세가 매도세를 최대한 밀어버렸을 때의 가격이죠. 매도자들은 충분한 이익 실현으로 매도해 주가가 더 오르지 못했고, 매수자들은 물량을 매집하기 위해 최대한 매도 물량을 받아서 보유한 흔적입니다.

고가가 종가로 마감되었음은 매수자들의 마음이 매우 급하다는 것을 의미합니다. 기다렸다가 더 낮은 가격에서 살 여유가 없는 것이죠.

저가

하루 중 주식이 거래된 가장 낮은 가격입니다. 저가 매수세가 유입되기 전 매도세의 공급으로 최대한 주가를 하락시켰을 때의 가격이죠. 매도세의 강세로 인해 주가가 계속 하락하다가 저가 매수세가 본격적으로 유입되는 지점에서 형성됩니다. 주가가 더 내려가면 좋은 찬스라는 것을 인식한 매수세들로 인해 하락이 지지받는 것이죠. 종가가 저가로 마감하면 이러한 지지세를 만나지 못했음을 의미합니다.

종가

장 마감 시점에 매수 세력과 매도 세력이 마지막으로 합의한 가격입니다. 매수 세력이 생각한 적정 가격과 매도 세력이 생각한 적정 가격이 만나는 지점이죠. 종가에는 투자자들의 포지션에 대한 최종 의견이 반영됩니다. 장 마감 이후에는 다음 날 아침까지 주식을 팔 수 없으므로 투자자들이 이 종목을 다음 날까지 얼마나 긍정적으로 생각하는지 그 정도가 반영됩니다. 이에 종가는 때때로 가장 대표성이 있는 가격으로 여겨집니다.

변화

어제의 종가와 오늘의 종가의 차이입니다. 동일 시간의 하루 간격의 가격 변동을 의미하죠. 이러한 변화가 양의 방향이면(어제 종가보다 오늘 종가가 더 높으면) 주식에 대한 수요가 더 많았다는 증거입니다. 반대로 어제보다 종가가 하락해 변화의 방향이 음수이면 이 주식에 대한 공급(매도세)이 더 많아졌다는 의미입니다.

범위

일봉상에서 고가와 저가의 차이를 말합니다. 가장 비쌌을 때의 가격과 가장 쌌을 때 가격 차이의 크기죠. 주요한 매수세는 저가 부근에서 유입되고 주요한 매도세는 고가 부근에서 출현하는 경향이 있습니다. 따라서 범위는 이 종목의 주가가 얼마나 쉽게 변동될 수 있는지 정보를 줍니다.

가까운 곳에 강력한 매수세과 매도세가 존재한다면 '고가와 저가의 차'인 범위는 제한될 것입니다. 그러나 가까운 곳에 매수세나 매도세가 실종되었다면 상대적으로 적은 공급이나 수요로도 주가의 큰 변동과 범위를 만들어낼 수 있습니다. 여러 일 동안의 큰 범위는 적은 물량의 거래로도 주가의 출렁임이 심할 수 있다는 정보를 줍니다.

캔들 형태와 관계에 대한 해석

시가, 고가, 저가, 종가, 변화, 범위로 구성된 캔들과 캔들 차트의 대표적인 모형에 대한 해석입니다. 캔들의 모양에 대한 설명이므로 이를 너무 맹신한다면 '그림 맞추기' 놀이와 다를 바 없다는 낮은 신뢰를 받기도 합니다. 무조건 다음의 내용처럼 상승, 하락이 이루어질 것이라는 믿음보다는 '대략적으로 그렇군', '이럴 수도 있군'과 같이 가벼운 생각으로 살펴보기를 추천합니다.

상승을 가져오는 캔들

반전 강세   강한 강세   약한 강세

반전 강세 캔들은 주가가 하락 중 엄청난 매수세 유입에 크게 반등해 상승 마감한 경우입니다. 높은 거래량을 동반한 경우 앞으로의 상승을 예측하는 투자자들이 많아졌다고 볼 수 있습니다. 이렇게 되면 주가의 상승을 가져올 수 있는 것이죠.

강한 강세 캔들 또한 강력한 매수세 유입의 흔적이라고 볼 수 있습니다. 또한 강한 강세 캔들에는 빠르게 물량을 확보하려는 매수세의 조급함이 느껴집니다. 이들의 판단이 맞다면 조만간 상승을 점칠 수도 있겠죠.

약한 강세는 앞의 두 캔들과 다르게 상대적으로 상승의 힘이 약합니다. 고가 부근에서 다량의 매도세(공급)가 유입되어 주가를 끌어내린 상태로 종가를 기록합니다. 이 경우 앞으로 더 많은 매도세가 유입될 수 있으므로 주가의 추이를 잘 지켜봐야 합니다.

하락을 가져오는 캔들

반전 약세   강한 약세   약한 약세

반전 약세 캔들은 주가가 상승하다가 어마어마한 매도세 유입으로 크게 급락한 하락 캔들입니다. 이러한 매도세는 또 다른 매도세를 불러오는 경향이 있으므로 앞으로의 주가 흐름이 만만치 않을 것임을 암시합니다.

강한 약세 캔들은 매도 세력의 조급함이 만들어낸 강한 공급의 증거입니다. 매도 세력은 주가의 반등을 기다려 물량을 조금씩 현금화할 여유가 없습니다. 이들은 빠르게 물량을 처분하지 않으면 안 되는 모종의 이유를 발견한 것이죠.

약한 약세 캔들은 물량이 공급자들로부터 서서히 수요자들에게 넘어가고 있는 상황을 나타냅니다. 하락에 지친 매도자들이 주가가 조금씩 반등할 때마다 주식을 매도해 더 이상 상승하지 못하게 저항합니다. 매도 세력의 물량이 충분히 소화될 때까지 약한 하락이 더 지속될 겁니다. 매도자들이 가진 물량이 충분히 매수자에게 넘어갔다면 그다음부터는 상승세로 전환되는 것을 노려볼 수도 있습니다.

두 캔들의 관계에서 엿보는 투자 심리

갭 하락, 갭 상승은 당일의 시가가 전일 주가 범위에서 멀리 떨어진 곳에서 형성될 때(전일 저가에서 한참 아래의 당일 시가는 갭 하락, 전일 고가에서 한참 위의 당일 시가는 갭 상승) 발생합니다. 이때 전일 범위와 당일 시가 사이의 가격 차이를 '갭gap'이라 부르죠.

갭은 갭 구간에서 주식이 거래되지 않았다는 특징이 있으며, 투자자들이 어느 방향으로 아주 흥분했음을 나타냅니다. 시가 이후 장중에 갭이 메워지지 않으면 종가는 갭의 방향으로 더욱 나아가서 마무리되는 경향이 있습니다.

갭 하락   인사이드데이   아웃사이드데이

'인사이드데이'는 당일의 범위가 전일의 범위 내에 완전히 속하는 캔들 관계를 이야기합니다. 특히 당일의 범위가 전일의 캔들 몸통 이내에 속할 경우 더욱 강력한 인사이드데이 신호라 볼 수 있죠.

인사이드데이는 주식의 추세가 한 템포 쉬어가는 지점입니다. 기존의 추세가 멈출 수도 있죠. 인사이드데이의 거래량이 많으면 추세의 반전 혹은 반전 시도를 의미하고 거래량이 적으면 현재의 추세 그대로 잠시 쉬어간다는 의미입니다. 상승 추세에서 거래량이 터지는 인사이드데이 패턴이 발생하면 하락 추세로의 전환을 염려해야 합니다.

'아웃사이드데이'는 당일의 범위가 전일의 범위를 완전히 갱신해 위아래로 훨씬 깊은 변동을 나타내는 패턴입니다. 양봉의 아웃사이드데이는 주로 고점을 갱신할 때 나타나며 음봉의 아웃사이드데이는 주로 저점을 갱신할 때 나타납니다.

아웃사이드데이가 발생하면 이후 움직임의 변동성이 크게 확대될 가능성이 높다고 알려져 있습니다. 상승 추세에서 나타난 저점을 갱신하는 거래량 터진 음봉 아웃사이드데이는 하락 추세로의 전환을 야기할 수 있습니다.

유명한 차트 패턴들

어느 정도의 길이를 가진 차트 구간의 흐름에 대해 이를 해석하는 유명한 차트 패턴들이 있습니다. 지지와 저항을 확인하기도 하고 추세의 전환을 예고하기도 합니다. 여기에서는 해외의 기술적 분석가들도 동일하게 사용하는 유명한 패턴들 위주로 소개하겠습니다. 캔들 해석과 마찬가지로 이러한 차트 패턴들이 정확한 예측을 담보한다기보다는 이러한 패턴을 지켜보는 트레이더들이 많구나 정도로 여기기 바랍니다.

상승 추세의 하락 전환 확인(저항의 확인)

트리플탑(Triple Top, 삼중 천장)

저항을 세 번 돌파하지 못할 때 발생합니다. 기존 매수자는 저항선 부근에서 매도를 고려합니다. 세 번의 시험을 받은 저항선은 매우 강력합니다.

헤드앤숄더(Head and Shoulder, 머리어깨)

장기간에 걸쳐 상승 추세에서 하락 추세로 전환될 때 나타나는 패턴입니다. 기존 매수자는 두 번째 어깨 부근에서 매도를 고려합니다.

더블탑(Double Top, 쌍봉)

알아보기 쉽고 신뢰도가 높은 차트 패턴 중 하나입니다. 같은 저항 가격을 두 번 확인하며 저항선을 확증합니다. 기존 매수자는 두 번째 저항 지점 부근에서 매도를 고려합니다.

브이탑(V-Top, V자 천장)

자주 발생하지는 않지만 확실한 수요 공급의 반전이 나타날 수 있는 패턴입니다. 투자자들의 심리가 급격하게 전환된 경우 이러한 패턴으로 반등 없이 반락합니다. 최대한 빠르게 매도합니다.

하락 추세의 상승 전환 확인(지지의 확인)

트리플바텀(Triple Bottom, 삼중 바닥)

동일 가격대에서 세 번의 지지를 받을 때 발생합니다. 세 번의 지지를 시험받은 지지선은 매우 강력하며, 세 번째 지지 지점 부근에서 매수를 고려합니다.

인버스 헤드앤숄더(Inverse H&S, 역머리어깨)

장기간에 걸쳐 하락 추세에서 상승 추세로 전환될 때 나타나는 패턴입니다. 두 번째 역어깨 부근에서 매수를 고려합니다.

더블바텀(Double Bottom, 쌍바닥)

알아보기 쉽고 신뢰도가 높은 차트 패턴 중 하나입니다. 같은 가격대에서 두 번의 지지를 확인하며 지지선을 확증합니다. 두 번째 지지 지점 부근에서 매수를 고려합니다.

브이바텀(V-Bottom, V자 바닥)

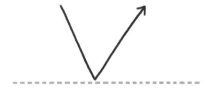

단기간에 확실한 공급 수요의 반전이 있을때 나타나는 패턴입니다. 투자자들의 심리가 급격하게 전환된 경우 나타나는 패턴입니다. 추가 조정 없이 급등하기에 최대한 빠르게 매수합니다.

상승 추세의 지속, 강화

컵앤핸들(Cup and Handle)

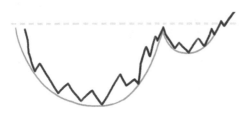

원형 바닥을 거치며 상승 추세로 전환된 이후 투자자들의 본전 심리, 의심으로 인해 작은 조정을 한 번 더 맞이하는 패턴입니다. 손잡이의 깊이는 컵 부분 깊이의 절반보다 낮습니다. 손잡이의 원형 바닥에서 반등 시 매수하거나 손잡이가 완성되며 상승 돌파하는 시점에 매수할 수 있습니다.

상승삼각형(Ascending Triangles)

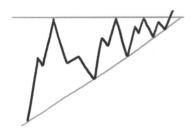

상승 추세선과 저항 매물대가 만들어낸 패턴입니다. 상승 추세가 끝끝내 매물대의 물량을 모두 소화한 경우 매물대를 돌파해 상승을 지속합니다. 상승 추세선에 닿은 지점이나 저항선 돌파 시 매수를 고려합니다.

하락 추세의 지속, 강화

인버스 컵앤핸들(Inverse C&H)

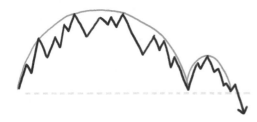

원형 천장을 거치며 하락 추세로 전환된 이후 반등이나 상승 되돌림을 원하는 지지 물량으로 인해 작은 반등을 한 번 더 맞이하는 패턴입니다. 손잡이의 깊이는 컵 부분 깊이의 절반보다 낮습

니다. 손잡이의 작은 원형 천장에서 반락하는 시점 혹은 손잡이가 완성되며 하방 돌파하는 시점에 손절매를 고려합니다.

하강삼각형(Descending Triangles)

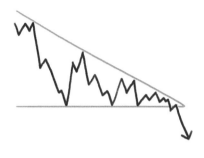

하락 추세선과 지지 매물대가 만들어낸 패턴입니다. 하락 추세가 끝끝내 지지대의 물량을 모두 소화한 경우 지지대를 하방 돌파해 추가 하락의 길로 접어듭니다. 기존 매수자는 하락 추세선에 닿은 지점이나 지지선을 돌파 하락할 때 손절매를 고려합니다.

새로운 추세로의 전환을 예고

대칭삼각형(Symmetrical Triangles)

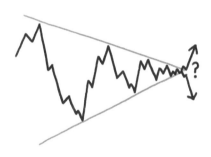

하방을 향하는 하락 추세선과 상방을 향하는 상승 추세선이 가까워지며 만나는 모양의 패턴입니다. 하락 추세선과 상승 추세선은 만나기 전까지 힘을 겨룰 생각이 없습니다. 고점 매도와 저점 매수를 통해 비축한 두 추세선은 만나는 지점에서 승부를 겨루게 됩니다. 이후의 방향은 승부의 결론을 봐야 알 수 있습니다. 기존 매수자는 하락 추세선 부근에서 매도를 고려할 수 있습니다. 신규 매수자는 상승 추세선 부근에서 매수를 고려합니다.

유명한 차트 패턴들을 한번 살펴봤습니다. 어떤가요? 설득력이 있어 보이나요? 유명한 차트 패턴을 활용할 때 가장 난감한 점은 이러한 차트 모양이 '계량화'되기 어렵다는 것입니다. 정확한 공식 같은 것으로 표현되기 어렵다는 말이에요. 따라서 차트 패턴의 해석에는 무조건 자의적 의견 및 직관이 개입할 수밖에 없고, 이는 차트 패턴에 대한 정확한 검증을 어렵게 합니다. 과거 데이터로 시뮬레이션하려고 해도 이러한 모양들을 정확히 어떻게 정의할 것인지 명확하지 않기 때문이죠. 그래서 차트를 '예술'이라고 하나봅니다. 잘 사용하는 분들은 기가 막히게 잘 활용해서 뛰어난 수익을 창출하기도 하니까요.

이러한 차트 해석이 사후 해석, 즉 끼워 맞추기는 아닌지 항상 유의해야 합니다. 차트 해석은 우리의 트레이딩에서 매매 신호와 대응을 위해 사용되어야 하는 것이죠.

이번 장에서 배운 캔들과 차트 패턴들을 몇 군데에서 발견해봤습니다. 이러한 차트 해석이 잘 통하는지 여러분들이 한번 해석해보길 바랍니다.

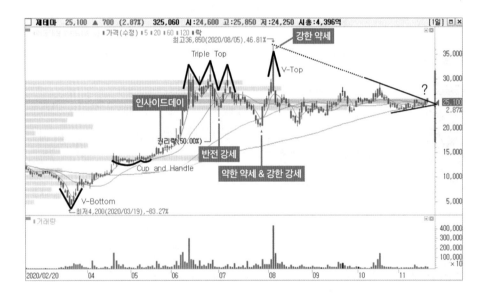

31

차트의 디테일을
완성하는
보조 지표들

지금까지 기술적 분석을 수행하는 많은 기법들에 대해 배웠습니다. 지지와 저항, 추세 등 원리적인 부분부터 트레이딩, 차트 패턴 등 실전적인 내용들까지 다뤘는데요. 이러한 많은 기술적 분석들을 재료 삼아 세세하게 콘셉트를 잡아보면 수백 가지의 트레이딩 매매법을 만들 수 있습니다. 이 말인 즉슨, 같은 모양의 차트를 보더라도 매매 스타일에 따라 트레이더별로 다르게 해석할 수 있다는 것입니다.

보조 지표는 이러한 상황에서 내가 원하는 관점aspect으로 차트를 해석해보고자 탄생했습니다. 거래량의 방향 위주로 보고 싶은 트레이더는 이러한 신호를 잘 발생시키는 보조 지표를 사용할 것이고, 모멘텀을 중요하게 생각하는 트레이더는 모멘텀을 측정해주는 보조 지표를 사용합니다. 수많은 보조 지표들이 트레이더 본인의 매매 스타일과 그 필요에 따라 지속적으로 개발되고 발전되어왔답니다.

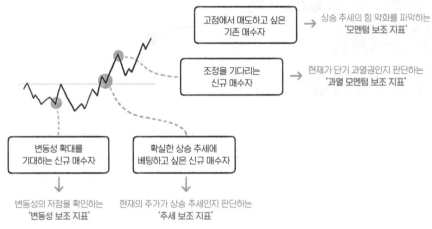

▲ 같은 차트에서 제각기 다른 목적으로 활용하는 보조 지표

보조 지표들은 목적에 따라 5가지 정도로 분류할 수 있습니다. 추세, 변동성, 모멘텀, 거래량 진위, 시장 분위기입니다. 이러한 관점에 따른 각각의 목적을 최대한 달성하기 위해 차트상에서 여러 수치들을 조합해 보조 지표를 만든 것이죠.

이외에도 더 다양한 목적을 가진 보조 지표들이 존재하나, 지면상의 한계로 대표적인 지표들 위주로 소개하겠습니다. 이러한 보조 지표들에 대해 보다 깊이 알고 싶다면 김중근님의 《차트의 정석》을 추천합니다.

추세 보조 지표

추세 보조 지표들은 현재의 추세와 추세의 방향에 대해 파악하기 위해서 만들어졌습니다. 트레이더들은 추세 보조 지표를 보고 현재 지점이 상승 추세인지 하락 추세인지, 앞으로는 어떤 추세가 나타날 것인지 가늠해봅니다.

[대표적인 추세 보조 지표]
이동평균선, MACD, DMI, ADX, CCI, MFI, TRIX, MAO, Aroon

MACD

주가는 너무 과열되면 잠시 숨을 고르고, 오랜 기간 횡보하면 다시금 방향성을 잡는 특성
이 있습니다. 이에 따라 주가, 단기 이평선, 장기 이평선이 서로 가까워졌다 멀어졌다를
반복하게 되죠. 추세 구간의 초입에서는 장기 이평선과 단기 이평선의 거리가 크게 벌어
졌다가 추세의 마무리에 다가갈수록 서로 가까워집니다. 이러한 특성을 이용해 추세의
전환을 파악해보고자 만들어진 보조 지표가 바로 MACDMoving Average Convergence Divergence, 이동
평균선 수렴발산입니다.

MACD 지표

MACD 지표는 MACD 곡선(빨간색)과 시그널 곡선(파란색), 이렇게 2개의 곡선으로 이루어져 있습니다. 계산에 사용되는 숫자(12일, 26일, 9일)들은 보조 지표 설정에서 변경이 가능합니다.

MACD 곡선 = 단기 이동평균선(12일) - 장기 이동평균선(26일)
시그널 곡선 = MACD 곡선의 N일(9일) 이동평균

다음은 널리 알려진 MACD 사용법입니다.

- MACD가 시그널 위에서 상승하면 상승 추세
- MACD가 시그널 아래에서 하락하면 하락 추세
- MACD가 시그널을 상향 돌파(골든크로스)하면 상승 전환: 매수 신호
- MACD가 시그널을 하향 돌파(데드크로스)하면 하락 전환: 매도 신호

DMI

1978년 웰러스 윌더^{Welles Wilder Jr.}가 개발한 보조 지표로, 주가의 방향성을 파악하기 위해 고안되었습니다. DMI^{Directional Movement Index}는 방향성 움직임 지수라는 이름과 걸맞게 2개의 곡선으로 구성되어 있는데요. 바로 +DI와 -DI입니다. 두 곡선을 실제로 계산하기까지의 수식이 꽤나 복잡하므로 여기서는 이 두 곡선의 의미를 말로 설명할게요.

일반적으로 이 두 곡선은 14일 동안의 주가로 산출하나, 차트 설정을 통해 산정 기간을 변경할 수도 있습니다.

+DI = 14일간의 주가 움직임 범위(True Range)에서 전날 고점을 갱신한 상승폭의 비율
-DI = 14일간의 주가 움직임 범위에서 전날 저점을 갱신한 하락폭의 비율

이 지표를 고안한 윌더의 깊은 고민이 느껴지나요? DI 곡선들은 전반적인 주가의 움직임

범위에서 고점과 저점을 갱신하는 게 얼마나 되는지 그 비율을 살펴봅니다. 여기서 전날의 고점·저점 기록을 갱신해야지만 수치가 반영됩니다. 따라서 추세의 정의를 고점을 높여가거나 저점을 낮춰가는 것으로 볼 때, 이러한 의미에 맞춰 차트를 해석할 수 있는 보조 지표죠.

실제로 계산되는 상세 수식이 궁금하다면 다음 링크(https://www.investopedia.com/terms/d/dmi.asp)를 참고하거나 검색을 통해 쉽게 찾을 수 있을 것입니다.

상승 구간에서는 고점을 갱신하는 +DI 수치가 높게 유지되고 하락 구간에서는 저점을 갱신하는 -DI 수치가 높게 유지되는 것이 보이죠?

널리 알려진 DMI의 사용법은 다음과 같습니다.

- +DI가 -DI보다 높게 유지되는 구간은 상승 추세
- -DI가 +DI보다 높게 유지되는 구간은 하락 추세
- +DI가 -DI를 상향 돌파하는 경우: 매수 고려
- -DI가 +DI를 상향 돌파하는 경우: 매도 고려

변동성 보조 지표

변동성은 주가가 위아래로 크게 움직인 정도를 나타냅니다. 변동성이 크다는 것은 주가가 변화무쌍하다는 것이고, 변동성이 작다는 것은 주가의 변화가 그리 크지 않다는 것이죠. 변동성은 순환하는 특징이 있으므로 변동성이 큰 종목은 얼마 후 다시 변동성이 축소될 것입니다. 반대로 변동성이 작은 종목은 조만간 변동성이 크게 확대될 가능성(새로운 추세가 나타날 가능성)이 있죠.

[변동성 측정 보조 지표]
볼린저밴드 폭, VIX, ATR, Chaikin Volatility, RVI, Envelope, 관성지수

볼린저밴드 폭

챕터7에서 배운 볼린저밴드 기억나나요? 볼린저밴드 폭_{Bollinger Band Width, BBW}은 바로 그 볼린저밴드의 상단과 하단을 뺀 폭의 값이랍니다. HTS마다 상세 수식이 달라 단순 상단·하단선의 차이가 아닌 표준편차×N을 하는 경우도 있고 상한선, 하단선, 중심선을 평균내는 경우도 있습니다. 그러나 이러한 수식은 전 기간에서 동일하게 적용되기에 폭을 비교해 변동성을 가늠한다는 것에는 변화가 없습니다. 단지 그 단위만 다른 것이죠.

BBW = 볼린저밴드 상한선 - 볼린저밴드 하한선

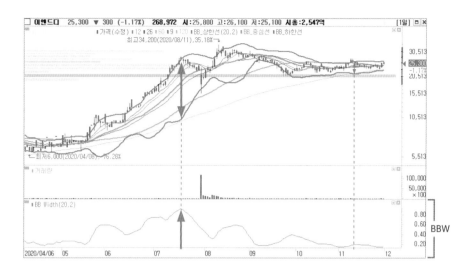

주가의 변동성이 커지면 BBW가 넓고 변동성이 작으면 BBW가 좁은 것을 볼 수 있죠?
BBW는 변동성의 크기만 나타내기 때문에 상승이나 하락의 방향성은 파악할 수 없답니
다. 변동성의 크기가 점점 줄어들면 새로운 움직임이 나타날 가능성이 높다는 것, 높았던
변동성이 줄어드는 방향으로 바뀌면 과열된 주가가 진정세로 접어든다는 것. 이 두 논리
에 대해 살펴보기 위해 사용되는 편이죠.

ATR

일반적인 볼린저밴드는 종가를 기준으로 변동성을 측정합니다. 이에 웰러스 윌더는 단
순 종가만 반영하는 변동성이 아닌 고가와 저가, 갭도 포함한 변동성을 추출해보고 싶었
는데요. 이에 개발한 지표가 바로 ATR^Average True Range입니다. ATR은 직전 봉의 종가와 현
재 봉의 저가, 고가를 이용해 계산합니다. 이에 ATR은 종가만으로는 파악할 수 없는 저
가와 고가, 갭의 변동성을 함께 표현할 수 있습니다.

TR(True Range) = 최댓값(당일 고가-당일 저가), 절댓값(당일 고가-전일 종가),

절댓값(당일 저가-전일 종가)

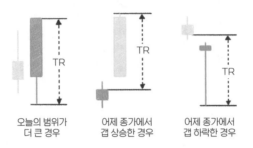

오늘의 범위가
더 큰 경우

어제 종가에서
갭 상승한 경우

어제 종가에서
갭 하락한 경우

ATR = N일(일반적으로 14일)간의 TR값의 평균

수식을 보면 조금 복잡해 보였는데 그림으로 보니 쉽게 이해가 가죠? 갭과 저가, 고가를
포함해 변동성을 그린 것이 바로 ATR 지표입니다.

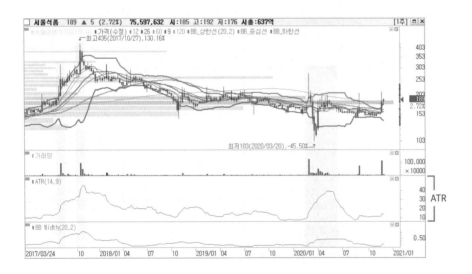

BBW에서는 검출하기 어려웠던 범위, 갭 등이 ATR 지표에서는 신호를 발생시키는 것을
볼 수 있죠? ATR은 이렇게 단일 캔들 내의 범위, 전일 캔들과의 갭도 포함해 변동성을 산
출해주는 보조 지표입니다.

모멘텀 보조 지표

추세 보조 지표들이 추세의 '방향'을 짚어내는 데 사용되는 반면, 모멘텀 보조 지표들은 추세의 '힘'을 측정하는 데 사용됩니다. 상승 추세의 중간에서는 상승의 힘이 한창 강할 것이고, 상승 추세의 막바지에서는 이러한 힘이 많이 약화됩니다. 모멘텀 보조 지표는 이렇게 추세 혹은 거래의 힘을 측정해 매매 타이밍을 잡는 데 유용하게 사용됩니다.

[대표적인 모멘텀 보조 지표]
모멘텀, 이격도, 상대강도(RSI), Stochastic Fast&Slow, 투자심리선, Range Indicator, William's %R, Mass Index, Trix, Chaikin Oscillator

모멘텀

모멘텀에 대해서는 챕터8 초반에서 배웠었죠? 모멘텀은 현재의 주가를 N일 전의 주가로 나누어 구합니다. '모멘텀=현재의 주가/N일 전 주가'인 것이죠. 주가가 꾸준히 상승했다면 모멘텀은 100% 이상의 값으로 일정하게 유지될 것이고 꾸준히 하락했다면 100% 이하의 값으로 유지될 거예요.

이동평균선이 신호를 후행해 늦게 보내는 것과 다르게 모멘텀은 상당히 빠르게 추세의 힘에 대한 신호를 출력합니다.

- 모멘텀 곡선의 고점권, 저점권에서 모멘텀 곡선의 방향이 급격히 전환되면 추세 전환의 신호일 수 있습니다.

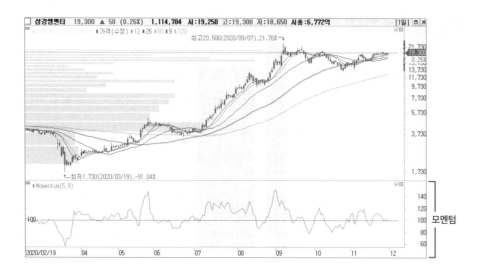

꾸준히 상승하는 경우 모멘텀이 안정적으로 100% 이상을 유지하는 것을 볼 수 있죠? 모멘텀은 이렇듯 추세 방향으로의 관성이 어느 정도의 힘인지 측정해주는 보조 지표입니다.

이격도

이격도^{Disparity}는 현재의 주가와 이동평균선의 거리를 측정한 지표입니다. 주가의 변동이 급격하게 일어났을 경우 이격도는 큰 수치로 나타납니다. 즉, 이격도가 매우 큰 경우 주가가 단기간 과열되었다고 말할 수 있죠. 반대로 이격도가 작은 경우 주가가 상당히 침체되어 과매도권에 있다고 간주할 수 있습니다.

$$이격도 = \frac{당일\ 종가}{N일\ 이동평균선}$$

위의 차트는 20일 이평선에 대한 이격도와 60일 이평선에 대한 이격도를 나타냅니다. 이평선에 대해 주가의 거리가 멀수록 이격도가 크게 나타나는 것을 볼 수 있습니다. 20일 이격도가 95% 미만이면 과매도 상태로 매수를 고려하고 105% 이상이면 과열 상태로 매도를 고려하는 방법이 가장 널리 알려져 있습니다. 그러나 이는 종목의 특성과 변동성에 따라 다르므로 매매 시점에 적절한 수치를 판단해 설정하는 것이 더 나은 판단입니다.

거래량 진위 지표

'거래량은 추세를 확인한다'라는 문장을 들어봤나요? 거래량은 차트 지표 중 속일 수 없는 대표적인 지표입니다. 거대 자금이 어떤 종목을 매집하기 위해서는 ⓐ충분히 오랜 기간 모으거나 ⓑ많은 거래량을 발생시키며 상승 매수해야 합니다. 즉, 거래량 터진 상승이나 하락은 해당 방향에 대한 거대 자금의 베팅이라고 볼 수 있죠. 반면 거래량이 작은 급등이나 급락은 속임수일 가능성이 있는 것입니다. 따라서 이러한 부분을 필터링해서 보기 위해 거래량의 진위 확인을 도와주는 다음 보조 지표들이 고안되었습니다.

OBV

OBV$^{\text{On Balance Volume}}$는 1963년 개발되어 지금까지 사용되고 있는 유명한 거래량 지표입니다. OBV를 해석해보면 '균형 지점 거래량'이라는 뜻인데요. 매수세의 거래량과 매도세의 거래량을 분리해서 파악하고 이들의 힘의 차이를 판별하기 위해 고안되었습니다.

어려운 목적과는 달리 계산은 상당히 쉽습니다. 오늘의 종가가 상승일 경우 오늘의 거래량을 더해줍니다. 반면 오늘의 종가가 하락인 경우 오늘의 거래량을 빼줍니다.

당일 종가 ≥ 전일 종가인 경우: 당일 OBV = 전일 OBV + 당일 거래량
당일 종가 < 전일 종가인 경우: 당일 OBV = 전일 OBV - 당일 거래량

위 차트의 노란 음영 구간에서 주가는 하락하지만 거래량이 많지 않아 OBV는 크게 하락하지 않고 횡보하는 모습을 보이고 있습니다. 주가의 방향과 OBV 선의 방향이 같으면

해당 추세를 확증한다고 볼 수 있습니다. 그러나 반대 방향을 띄고 있다면 해당 추세를 의심해볼 수 있습니다.

일반적으로 OBV는 아래와 같이 사용됩니다.

- OBV는 주가를 선행합니다. OBV가 전고점을 뚫고 상승한다면 이후 주가도 상승을 기대해볼 수 있습니다.
- OBV와 주가의 방향을 동시에 살펴봅니다. 주가가 계속 상승하려면 거래량도 꾸준히 늘어나야 합니다. 이를 OBV가 고점을 계속해서 갱신하는 것으로 확인할 수 있습니다.
- 주가는 하락하는데 OBV는 하락하고 있지 않으면 매수세가 매수를 숨기며 매집하고 있을 수도 있습니다. 조만간 상승을 기대해볼 수 있는 것이죠.
- OBV는 거래량을 계속 누적한 값입니다. 어느 기간부터 차트를 그려 산정하느냐에 따라 다른 값을 가지게 되죠. 이에 OBV의 절대 수치 숫자는 의미가 없습니다.

시장 및 업종 분위기 지표

시장이나 업종 전반의 심리, 분위기를 파악하기 위해 개발된 지표들입니다. 앞서 소개한 보조 지표들이 단일 종목의 차트를 해석한다면 시장·업종 분위기 지표들은 여러 종목들에 대한 전반적인 매수세, 매도세, 투자자 심리를 읽어내고자 합니다.

[대표적인 시장·업종 분위기 지표]
투자심리도, Binary Flow, A/D Line, ABI, CVI, 돌파지수, TRIN, STIX

지금까지 유명한 보조 지표들을 살펴봤습니다. 소감이 어떤가요? 저는 선배 트레이더들이 섬밀 머리를 많이 굴려서 자신의 목적을 달성하고자 고심했다는 것을 느낄 수 있었습니다. 이렇게 어렵게 만들어진 보조 지표들을 우리는 HTS, MTS의 차트 설정에서 손쉽게 추가해 사용할 수 있게 되었군요. 선배님들이 보조 지표를 만든 보람이 있도록 멋진 수익을 내보도록 합시다.

32

데이터로
검증해본
기술적 분석들

기술적 분석에는 고전적으로 유명한 개념들이 몇 가지 있다고 소개했죠? 투자 지표뿐만 아니라 투자 전략으로도 널리 알려진 속설들이 많이 있답니다. 간단히 예를 들어보면 "골든크로스(단기 이평선이 장기 이평선을 상향 돌파) 신호가 발생하면 주식은 상승한다", "볼린저밴드 폭이 좁을 때 큰 상승 방향성이 발생하면 주식은 상승한다"와 같은 것이죠. 그런데 이러한 기술적 분석, 투자 전략들은 실제로 동작하는 것일까요?

이번 장에서는 과거의 실제 주식 데이터를 가지고 잘 알려진 기술적 분석들이 명제대로 동작하는지 살펴볼 거예요. 특정 전략이 과거에 실제로 수익을 냈는지, 큰 손실을 보지는 않았는지 확인해보는 것만 해도 투자자들에게 중요한 이정표가 될 수 있다고 생각합니다.

자, 그럼 '진짜' 동작하는 투자 전략을 찾아 떠나볼까요?

과거 주식 데이터 시뮬레이션을 보기에 앞서

투자 전략을 과거 주식 데이터로 실험한 시뮬레이션 결과를 보기 앞서 결과를 해석하기 위해 꼭 알아야 하는 2가지 개념을 설명드릴 거예요. 크게 어렵진 않으니 설명을 잘 따라오면 쉽게 이해할 수 있을 겁니다.

평균값과 중앙값

평균값과 중앙값에 대해서는 아마 학창 시절 수학시간에 배웠을 거예요. 그림으로 표현해보자면 다음과 같습니다.

| 1 | 5 | 10 | 12 | 13 | 30 | 60 |

중앙값 = 12

↑ 순서대로 7개 중에 4번째

$$평균값 = \frac{(1+5+10+12+13+30+60)}{7개} = \frac{131}{7} = 18.714$$

[평균값]
여러 숫자들의 "평균." 모든 수를 더하고 수의 개수로 나눠서 구한다.

[중앙값]
여러 숫자들의 가운데 값. 모든 데이터를 크기순으로 정렬해서 정 가운데의 순번에 있는 숫자(가운데에 있는 데이터가 둘이라면 두 수의 평균)를 선택한다.

시뮬레이션 결과를 보여드릴 때, 이러한 평균값과 중앙값을 함께 보여드릴 거예요. 평균값과 중앙값은 데이터의 분포를 알 수 있는 중요한 힌트가 된답니다. 평균값과 중앙값을 비교해 데이터의 어느 부분이 과도하게 숫자가 큰지 작은지 가늠해볼 수 있어요.

[평균값과 중앙값의 관계로 유추해보는 데이터의 분포]

중앙값 < 평균값: 데이터의 일부가 매우 큰 값, 나머지는 일반적으로 작은 값

| 1 | 2 | 4 | 6 | 8 | 40 | 70 |

중앙값 = 6 〈 평균값 = 18.714

중앙값 > 평균값: : 데이터의 일부가 매우 작은 값, 나머지는 일반적으로 큰 값

| 1 | 2 | 40 | 60 | 80 | 90 | 95 |

중앙값 = 60 〉 평균값 = 52.571

평균값과 중앙값의 관계를 통해 이 수치 통계는 특히 일부분의 데이터가 큰 값을 가지고 있는지 반대로 특히 일부분의 데이터가 작은 값을 가지고 있는지 가늠할 수 있답니다.

이는 시뮬레이션에서 여러 종목들의 수익률을 살펴볼 때 유용합니다. 20개 종목의 평균 수익률이 20%일 때, 정말로 대부분의 종목 수익률이 그렇게 좋은지 아니면 일부 종목이 폭등해서 이러한 평균 수익률이 도출된 것인지 파악할 수 있죠.

기술적 분석 검증 시뮬레이션 실험 조건

기술적 분석 검증을 수행한 모든 시뮬레이션에서 공통적으로 적용된 실험 조건입니다.

- 종목 풀: 코스피+코스닥 전 종목(약 2,000종목)

- 데이터 기간: 2017.12.22 ~ 2020.12.21(3년)

- 실험 방법: 종목 풀에서 특정 조건에 해당하는 종목들을 일정 기간 보유했을 때 수익률의 분포를 살펴봅니다 (특정 조건의 예: '골든크로스 발생', '60일 이평선 위' 등)

- 수익률을 산정한 보유일(영업일 기준): 1, 2, 3, 5, 10, 20, 40, 60, 120

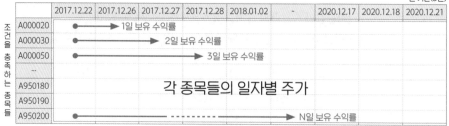

전 기간(3년)

▲ 시뮬레이션 실험 과정. 매수 조건에 해당하는 모든 종목들의 N일 보유 수익률들을 모두 집계합니다. 그림상에는 종목별로 보유 기간이 다른 것처럼 그려지나 한 종목 각각에 대해서 여러 보유일별로 성과를 측정합니다. 즉, 해당 조건에 발생한 모든 거래에 대해 통계를 내보는 시뮬레이션입니다.

손절매가 필수적인 통계적 근거

첫 번째 검증은 가장 기본적인 사항에 대해서 알아보려고 합니다. 바로 '우리나라 주식시장이 '평균적으로' 어떤 양상을 보이는가'입니다. 이를 위해 전 종목의 모든 수익률에 대해 보유 기간별 통계를 살펴볼 거예요. 모든 종목에 대해 통계를 낸 것이므로 달리 말하면 랜덤으로 한 종목을 매수했을 때의 기댓값이라고도 볼 수 있어요.

매수 조건 모든 경우(조건 필터링 없음)

검증 설명 모든 종목에 대해 수익률 통계를 냅니다. 조건을 하나도 적용하지 않음으로써 한국 주식시장에서 나타나는 종목 수익률이 어떠한 경향성을 띠는지 살펴보기 위함입니다.

		1일 보유	2일 보유	3일 보유	5일 보유	10일 보유	20일 보유	40일 보유	60일 보유	120일 보유
전체	평균 수익률	0.01%	0.11%	0.21%	0.34%	0.73%	1.63%	3.14%	4.27%	7.00%
	중앙값 수익률	0.00%	0.00%	0.00%	0.00%	0.00%	0.00%	-0.32%	-0.75%	-2.88%
수익 거래 통계	**수익 확률**(수익 0% 이상)	53.90%	52.20%	51.90%	51.40%	51.00%	50.70%	49.20%	48.20%	44.90%
	수익률 평균값	2.12%	3.31%	4.31%	5.79%	8.58%	13.05%	19.83%	25.24%	39.53%
	수익률 중앙값	0.99%	1.66%	2.14%	2.85%	4.31%	6.47%	9.50%	12.02%	17.23%
손실 거래 통계	**손실 확률**(수익 0% 미만)	46.10%	47.80%	48.10%	48.60%	49.00%	49.30%	50.80%	51.80%	55.10%
	수익률 평균값	-2.47%	-3.39%	-4.21%	-5.42%	-7.43%	-10.13%	-13.03%	-15.24%	-19.52%
	수익률 중앙값	-1.58%	-2.21%	-2.75%	-3.61%	-5.16%	-7.40%	-10.07%	-12.33%	-16.61%

▲ 모든 종목들에 대한 보유 기간별 수익률 통계

이 검증은 모든 종목에 대한 수익률 통계입니다. 달리 말하면 '다트로 던져서 아무 종목이나 일정 금액 샀을 때' 기대할 수 있는 수익률이라고 할 수 있죠. 통계에서 평균값, 중앙값은 앞에서 배운 개념들입니다. '수익 확률'은 발생한 전체 거래 중 수익을 본 거래의 비율이고, '손실 확률'은 발생한 전체 거래 중 손실을 본 거래의 비율입니다. 한 종목의 관점에서는 '확률'인 것이죠.

시뮬레이션 결과가 어떤가요? 예상과 같은 결과가 도출되었나요? 모든 보유일별 결과에 대해 일관적으로 나타나는 현상이 있습니다. 바로 모든 기간에서 수익률의 '평균값'이 '중앙값'보다 높은 현상입니다. 이는 우리 주식시장의 수익률이 일부 종목들의 높은 수익률과 나머지 종목들의 그저 그런 수익률로 조합된다는 것을 의미합니다. 평균적으로 보면 며칠을 보유하든 모두 '+' 수익률을 보이고 있는데, 이는 일부 종목들이 크게 올라서 전반적인 평균 수익률을 견인한 결과라는 것이죠.

여기서 우리는 한 가지 중요한 교훈을 도출할 수 있습니다. 바로 '손절매'는 필수라는 것이죠. 주식시장은 극히 일부 종목의 대상승으로 인해 전반적인 상승을 기록하므로 우리가 잘못된 종목을 선택했다면 이 종목의 상승을 무조건 기다리기보다 새로운 상승 종목을 찾아 떠나는 것이 현명할 수 있다는 거예요. 심지어 우리가 고른 종목이 손실을 보고 있다면 더욱 그렇겠죠?

이러한 통계적인 결과와 달리, 일반적인 개인투자자들의 매매 형태는 이와 정반대입니다. 오르는 종목은 약간만 올라도 팔아버리고 떨어지는 종목은 '본전'이 올 때까지 '존버'하죠. 통계적으로 볼 때 불리한 매매 패턴을 보이고 있습니다. 오히려 반대로, 오르는 종목은 수익을 충분히 즐길 때까지 보유하고 떨어지는 종목을 손절 후 새 종목을 찾아나서는 것이 더 높은 수익을 가져다줄 수 있는 비결입니다.

이외에도 검증 결과를 통해 몇 가지 찾아볼 수 있는 결론은 다음과 같습니다.

검증의 결론

- 수익 거래의 수익률은 평균값이 중앙값보다 높습니다. 일부 종목이 크게 상승한다는 것을 나타냅니다.

- 손실 거래의 수익률은 평균값이 중앙값보다 낮습니다. 일부 종목이 크게 하락한다는 것을 나타냅니다.

- 일반적으로 보유 기간이 길어질수록 평균 수익률은 증가합니다. 그러나 승률(수익 확률: 0% 이상의 수익을 기록할 확률)은 오히려 감소합니다.

- 수익 거래의 평균값~중앙값 차이가 손실 거래의 평균값~중앙값 차이보다 훨씬 더 큽니다. 이는 수익 거래에서 대상승이 일부 종목에 쏠리는 현상이 훨씬 더 강하다는 것을 나타냅니다.

이평선을 이용한 투자 전략의 명암

두 번째 검증은 기술적 분석의 단골 메뉴 '이평선'입니다. 이평선에 대해 다룬 아주 많은 기술적 분석과 투자 전략들이 있고, 이 중에서 특히 더 유명한 것들이 있어요. (예를 들면 '골든크로스'와 같은 것들입니다.) 널리 알려진 이평선 관련 투자 전략들이 실제로 동작하는지 한번 데이터로 낱낱이 파헤쳐볼까요?

이평선 위에서 매수할 때와 아래에서 매수할 때

보다 세부적인 이평선 관련 투자 전략 검증에 앞서 이평선이 실제 투자에서 어떻게 적용될 수 있는지 알아보겠습니다. 가장 기본적인 부분에 대해 어떻게 지표가 수익률에 어떤 효과를 나타내는지 알아볼 거예요. 바로 '이평선 위에서 매수하는 경우'와 '이평선 아래에서 매수하는 경우'입니다. 각각의 경우에 대해 어떤 수익률을 보이는지 한번 알아보도록 합시다.

매수 조건

① 이평선 위에서 매수

② 이평선 아래에서 매수

이평선 종류

5일, 20일, 60일, 120일 각각에 대해 검증

검증 설명

'종가' 기준으로 매수할 때 종가가 이평선 위에 위치한 경우와 아래 위치한 경우 각각에 대해 수익률 통계를 살펴봅니다. 기본적으로 '이평선'을 우리가 투자에서 어떻게 활용할 수 있는지 살펴보기 위함입니다.

		1일 보유	2일 보유	3일 보유	5일 보유	10일 보유	20일 보유	40일 보유	60일 보유	120일 보유
전체	평균 수익률	0.19%	0.31%	0.40%	0.51%	0.79%	1.59%	1.95%	2.46%	3.25%
	중앙값 수익률	0.00%	-0.12%	-0.18%	-0.25%	-0.35%	-0.47%	-1.46%	-2.32%	-5.32%
수익 거래 통계	수익 확률(수익 0% 이상)	51.30%	49.80%	49.10%	48.70%	48.40%	48.30%	45.80%	44.70%	40.80%
	수익률 평균값	2.31%	3.55%	4.49%	5.99%	8.85%	13.13%	19.46%	24.20%	35.87%
	수익률 중앙값	1.20%	1.96%	2.52%	3.38%	5.01%	7.59%	10.86%	13.54%	19.10%
손실 거래 통계	손실 확률(수익 0% 미만)	48.70%	50.20%	50.90%	51.30%	51.60%	51.70%	54.20%	55.30%	59.20%
	수익률 평균값	-2.03%	-2.89%	-3.56%	-4.69%	-6.79%	-9.20%	-12.82%	-15.09%	-19.25%
	수익률 중앙값	-1.44%	-2.04%	-2.54%	-3.34%	-4.92%	-7.02%	-10.25%	-12.67%	-16.93%

▲5일 이동평균선 위에서 매수(①)할 때 수익률

		1일 보유	2일 보유	3일 보유	5일 보유	10일 보유	20일 보유	40일 보유	60일 보유	120일 보유
전체	평균 수익률	-0.06%	-0.03%	0.02%	0.18%	0.56%	0.94%	2.11%	2.68%	3.44%
	중앙값 수익률	0.00%	0.00%	0.00%	0.00%	-0.21%	-0.47%	-1.11%	-2.07%	-4.95%
수익 거래 통계	수익 확률(수익 0% 이상)	52.20%	50.40%	50.40%	50.20%	49.40%	48.40%	46.90%	45.20%	41.50%
	수익률 평균값	2.06%	3.17%	4.08%	5.52%	8.28%	12.46%	18.66%	23.55%	35.17%
	수익률 중앙값	1.21%	1.92%	2.46%	3.29%	4.90%	7.20%	10.49%	13.20%	18.52%
손실 거래 통계	손실 확률(수익 0% 미만)	47.80%	49.60%	49.60%	49.80%	50.60%	51.60%	53.10%	54.80%	58.50%
	수익률 평균값	-2.37%	-3.30%	-4.10%	-5.20%	-6.98%	-9.87%	-12.50%	-14.51%	-19.07%
	수익률 중앙값	-1.59%	-2.23%	-2.76%	-3.55%	-5.05%	-7.30%	-9.84%	-12.04%	-16.51%

▲5일 이동평균선 아래에서 매수(②)할 때 수익률

		1일 보유	2일 보유	3일 보유	5일 보유	10일 보유	20일 보유	40일 보유	60일 보유	120일 보유
전체	평균 수익률	0.13%	0.23%	0.31%	0.45%	0.85%	1.23%	1.31%	1.90%	1.88%
	중앙값 수익률	0.00%	-0.16%	-0.22%	-0.28%	-0.39%	-0.88%	-1.85%	-2.81%	-6.46%
수익 거래 통계	수익 확률(수익 0% 이상)	50.80%	49.20%	48.70%	48.30%	48.10%	46.60%	44.70%	43.60%	39.20%
	수익률 평균값	2.32%	3.55%	4.48%	5.95%	8.79%	13.25%	19.24%	24.25%	35.75%
	수익률 중앙값	1.22%	1.97%	2.50%	3.33%	5.03%	7.63%	10.78%	13.45%	19.05%
손실 거래 통계	손실 확률(수익 0% 미만)	49.20%	50.80%	51.30%	51.70%	51.90%	53.40%	55.30%	56.40%	60.80%
	수익률 평균값	-2.13%	-2.98%	-3.65%	-4.69%	-6.53%	-9.27%	-13.21%	-15.38%	-19.92%
	수익률 중앙값	-1.51%	-2.13%	-2.63%	-3.43%	-4.97%	-7.13%	-10.60%	-12.95%	-17.62%

▲ 20일 이동평균선 위에서 매수(①)할 때 수익률

		1일 보유	2일 보유	3일 보유	5일 보유	10일 보유	20일 보유	40일 보유	60일 보유	120일 보유
전체	평균 수익률	0.01%	0.04%	0.11%	0.24%	0.52%	1.27%	2.66%	3.16%	4.60%
	중앙값 수익률	0.00%	0.00%	0.00%	0.00%	-0.15%	-0.11%	-0.78%	-1.64%	-4.00%
수익 거래 통계	수익 확률(수익 0% 이상)	52.80%	51.00%	50.90%	50.60%	49.70%	50.00%	47.80%	46.10%	42.90%
	수익률 평균값	2.03%	3.14%	4.05%	5.52%	8.29%	12.31%	18.77%	23.45%	35.19%
	수익률 중앙값	1.18%	1.90%	2.46%	3.30%	4.85%	7.14%	10.50%	13.21%	18.50%
손실 거래 통계	손실 확률(수익 0% 미만)	47.20%	49.00%	49.10%	49.40%	50.30%	50.00%	52.20%	53.90%	57.10%
	수익률 평균값	-2.26%	-3.18%	-3.98%	-5.15%	-7.17%	-9.76%	-12.09%	-14.19%	-18.40%
	수익률 중앙값	-1.50%	-2.13%	-2.64%	-3.43%	-4.97%	-7.15%	-9.48%	-11.76%	-15.86%

▲ 20일 이동평균선 아래에서 매수(②)할 때 수익률

		1일 보유	2일 보유	3일 보유	5일 보유	10일 보유	20일 보유	40일 보유	60일 보유	120일 보유
전체	평균 수익률	0.07%	0.14%	0.19%	0.27%	0.49%	0.65%	0.83%	1.58%	0.93%
	중앙값 수익률	0.00%	-0.23%	-0.29%	-0.41%	-0.70%	-1.29%	-2.49%	-3.60%	-7.80%
수익 거래 통계	수익 확률(수익 0% 이상)	50.10%	48.40%	47.80%	47.20%	46.30%	45.00%	43.00%	42.00%	37.40%
	수익률 평균값	2.40%	3.64%	4.59%	6.11%	9.01%	13.44%	19.69%	25.08%	36.82%
	수익률 중앙값	1.27%	2.04%	2.58%	3.42%	5.07%	7.50%	10.75%	13.64%	19.32%
손실 거래 통계	손실 확률(수익 0% 미만)	49.90%	51.60%	52.20%	52.80%	53.70%	55.00%	57.00%	58.00%	62.60%
	수익률 평균값	-2.26%	-3.14%	-3.84%	-4.95%	-6.88%	-9.80%	-13.41%	-15.41%	-20.49%
	수익률 중앙값	-1.62%	-2.26%	-2.79%	-3.65%	-5.30%	-7.59%	-10.89%	-13.12%	-18.35%

▲ 60일 이동평균선 위에서 매수(①)할 때 수익률

		1일 보유	2일 보유	3일 보유	5일 보유	10일 보유	20일 보유	40일 보유	60일 보유	120일 보유
전체	평균 수익률	0.06%	0.13%	0.22%	0.40%	0.82%	1.73%	2.97%	3.37%	5.18%
	중앙값 수익률	0.00%	0.00%	0.00%	0.00%	0.00%	0.12%	-0.40%	-1.16%	-3.29%
수익 거래 통계	수익 확률(수익 0% 이상)	53.20%	51.60%	51.60%	51.40%	51.10%	51.20%	49.00%	47.30%	44.10%
	수익률 평균값	1.99%	3.09%	3.98%	5.41%	8.14%	12.21%	18.45%	22.90%	34.57%
	수익률 중앙값	1.14%	1.85%	2.40%	3.24%	4.84%	7.26%	10.54%	13.12%	18.38%
손실 거래 통계	손실 확률(수익 0% 미만)	46.80%	48.40%	48.40%	48.60%	48.90%	48.80%	51.00%	52.70%	55.90%
	수익률 평균값	-2.14%	-3.03%	-3.79%	-4.91%	-6.84%	-9.26%	-11.91%	-14.17%	-17.97%
	수익률 중앙값	-1.42%	-2.01%	-2.49%	-3.24%	-4.68%	-6.73%	-9.24%	-11.60%	-15.34%

▲ 60일 이동평균선 아래에서 매수(②)할 때 수익률

		1일 보유	2일 보유	3일 보유	5일 보유	10일 보유	20일 보유	40일 보유	60일 보유	120일 보유
전체	평균 수익률	0.05%	0.10%	0.14%	0.20%	0.38%	0.53%	0.73%	1.16%	-0.11%
	중앙값 수익률	0.00%	-0.24%	-0.33%	-0.46%	-0.81%	-1.53%	-2.95%	-4.41%	-9.06%
수익 거래 통계	수익 확률(수익 0% 이상)	50.00%	48.20%	47.50%	46.80%	45.70%	44.20%	42.00%	40.40%	35.40%
	수익률 평균값	2.44%	3.70%	4.67%	6.22%	9.24%	13.80%	20.53%	26.04%	37.65%
	수익률 중앙값	1.33%	2.11%	2.66%	3.52%	5.21%	7.64%	11.11%	14.06%	19.31%
손실 거래 통계	손실 확률(수익 0% 미만)	50.00%	51.80%	52.50%	53.20%	54.30%	55.80%	58.00%	59.60%	64.60%
	수익률 평균값	-2.34%	-3.25%	-3.96%	-5.09%	-7.09%	-9.96%	-13.61%	-15.69%	-20.77%
	수익률 중앙값	-1.68%	-2.35%	-2.89%	-3.78%	-5.48%	-7.79%	-11.19%	-13.51%	-18.68%

▲ 120일 이동평균선 위에서 매수(①)할 때 수익률

		1일 보유	2일 보유	3일 보유	5일 보유	10일 보유	20일 보유	40일 보유	60일 보유	120일 보유
전체	평균 수익률	0.07%	0.16%	0.25%	0.45%	0.89%	1.78%	2.97%	3.60%	5.57%
	중앙값 수익률	0.00%	0.00%	0.00%	0.00%	0.00%	0.21%	-0.25%	-0.81%	-2.88%
수익 거래 통계	수익 확률(수익 0% 이상)	53.10%	51.60%	51.60%	51.50%	51.40%	51.50%	49.50%	48.20%	44.90%
	수익률 평균값	1.97%	3.06%	3.95%	5.36%	8.02%	12.04%	18.00%	22.50%	34.43%
	수익률 중앙값	1.11%	1.82%	2.36%	3.19%	4.77%	7.20%	10.38%	12.98%	18.53%
손실 거래 통계	손실 확률(수익 0% 미만)	46.90%	48.40%	48.40%	48.50%	48.60%	48.50%	50.50%	51.80%	55.10%
	수익률 평균값	-2.08%	-2.94%	-3.69%	-4.78%	-6.65%	-9.13%	-11.77%	-13.96%	-17.90%
	수익률 중앙값	-1.38%	-1.95%	-2.43%	-3.15%	-4.56%	-6.60%	-9.05%	-11.33%	-15.25%

▲ 120일 이동평균선 아래에서 매수(②)할 때 수익률

검증의 결론

- 10일 이내의 짧은 보유 기간에서는 이평선 '위'에서 매수하기가 '아래'에서 매수하기보다 평균 수익률이 조금 더 좋습니다.

- 그러나 20일 이상의 긴 보유 기간에서는 이평선 '아래'에서 매수하기가 이평선 '위'에서 매수하기보다 평균 수익률이 더 좋습니다.

- 모든 기간의 이평선에서 이평선 '아래'에서 매수하기가 이평선 '위'에서 매수하기보다 더 높은 승률을 보입니다. (짧은 보유 기간에서는 '아래'에서 매수하기의 손실 거래에서 손실이 더 크게 나타나 '위'에서 매수하기가 평균 수익률이 조금 더 높습니다.)

- 전반적으로 볼 때 이평선의 '위' 혹은 '아래'에서 매수하는 것에 대해 일관적인 결론을 얻을 수 없었습니다. 단, 보유 기간이 긴 경우 이평선 '아래'에서 매수하는 것이 이평선 '위'에서 매수하는 것보다 결과가 좋았습니다.

- 이외에도 각 이평선과 보유 기간에 따라 나타나는 작은 결론들이 있습니다. 각 실험 결과들을 보고 유의미한 결론들을 한번 생각해보기 바랍니다.

정배열에서 매수할 때와 역배열에서 매수할 때

정배열과 역배열은 주가와 이동평균선에 관련된 가장 유명한 개념 중 하나입니다. 정배열은 주가와 여러 개의 이평선이 위에서부터 주가→단기→중기→장기 순서로 배열된 형태를 의미합니다. 반면 역배열은 주가와 여러 개의 이평선이 위에서부터 장기→중기→단기→주가 순서로 배열된 형태를 의미합니다. 정배열과 역배열, 이평선은 더 많을 수 있으며 차례대로 배열되어야 합니다.

정배열은 주로 주가의 상승 과정에서 나타나는 형태로 알려져 있습니다. 정배열을 보이는 종목은 이후 흐름이 좋을 것으로 예측하곤 하죠. 반면 역배열은 주로 주가의 하락 과정에서 나타나는 형태입니다. 주가가 모든 이평선보다 아래라는 것은 현재의 하락이 과거의 하락보다도 훨씬 가파르다는 의미죠. 역배열을 보인 종목은 향후 예후가 좋지 않고 알려져 있습니다. 실제로도 그런지 한번 살펴볼까요?

매수 조건

① 정배열: 주가 > 5일선 > 10일선 > 20일선 > 60일선 > 120일선

② 역배열: 주가 < 5일선 < 10일선 < 20일선 < 60일선 < 120일선

③ 정배열도 역배열도 아닌 경우

검증 설명

'종가' 기준으로 매수할 때 ①정배열 ②역배열 ③둘 다 아닌 경우에 대해 매수 후 보유 기간에 대한 수익률 통계를 살펴봅니다. 주가의 이평선 '배열'이 투자수익률에 영향을 미치는지 확인합니다.

		1일 보유	2일 보유	3일 보유	5일 보유	10일 보유	20일 보유	40일 보유	60일 보유	120일 보유
전체	평균 수익률	0.12%	0.17%	0.19%	0.17%	0.38%	0.58%	-0.23%	0.10%	-1.52%
	중앙값 수익률	-0.21%	-0.42%	-0.61%	-0.88%	-1.35%	-2.30%	-4.63%	-6.35%	-12.02%
수익 거래 통계	수익 확률(수익 0% 이상)	48.30%	46.20%	45.00%	44.20%	43.50%	42.30%	39.30%	37.90%	32.50%
	수익률 평균값	3.31%	5.01%	6.28%	8.09%	11.63%	16.94%	24.07%	29.85%	43.04%
	수익률 중앙값	1.63%	2.68%	3.42%	4.48%	6.39%	9.36%	13.07%	16.15%	21.33%
손실 거래 통계	손실 확률(수익 0% 미만)	51.70%	53.80%	55.00%	55.80%	56.50%	57.70%	60.70%	62.10%	67.50%
	수익률 평균값	-2.85%	-4.00%	-4.78%	-6.10%	-8.31%	-11.41%	-15.97%	-18.06%	-22.96%
	수익률 중앙값	-2.01%	-2.88%	-3.47%	-4.53%	-6.49%	-9.17%	-13.64%	-16.12%	-21.41%

▲ 주가-이평선 정배열에서 매수(①)할 때 수익률

		1일 보유	2일 보유	3일 보유	5일 보유	10일 보유	20일 보유	40일 보유	60일 보유	120일 보유
전체	평균 수익률	-0.27%	-0.28%	-0.18%	0.11%	1.00%	2.68%	5.65%	6.69%	10.52%
	중앙값 수익률	0.00%	0.00%	0.00%	0.00%	0.13%	0.64%	0.93%	0.72%	0.00%
수익 거래 통계	수익 확률(수익 0% 이상)	51.60%	50.50%	51.30%	51.40%	51.50%	53.30%	53.30%	51.90%	50.40%
	수익률 평균값	2.22%	3.51%	4.63%	6.39%	9.69%	14.49%	21.15%	25.98%	37.65%
	수익률 중앙값	1.23%	2.02%	2.67%	3.65%	5.46%	8.23%	11.86%	15.37%	20.27%
손실 거래 통계	손실 확률(수익 0% 미만)	48.40%	49.50%	48.70%	48.60%	48.50%	46.70%	46.70%	48.10%	49.60%
	수익률 평균값	-2.92%	-4.16%	-5.26%	-6.53%	-8.25%	-10.79%	-12.02%	-14.14%	-17.02%
	수익률 중앙값	-1.75%	-2.55%	-3.19%	-4.03%	-5.68%	-7.77%	-9.29%	-11.47%	-13.95%

▲ 주가-이평선 역배열에서 매수(②)할 때 수익률

		1일 보유	2일 보유	3일 보유	5일 보유	10일 보유	20일 보유	40일 보유	60일 보유	120일 보유
전체	평균 수익률	-0.08%	-0.08%	-0.06%	0.09%	0.40%	0.92%	1.77%	2.14%	2.92%
	중앙값 수익률	0.00%	0.00%	-0.10%	-0.17%	-0.35%	-0.57%	-1.37%	-2.28%	-5.19%
수익 거래 통계	수익 확률(수익 0% 이상)	52.30%	50.30%	50.00%	49.50%	48.20%	47.70%	45.80%	44.50%	40.80%
	수익률 평균값	2.17%	3.34%	4.31%	5.62%	8.62%	12.92%	19.24%	23.71%	35.33%
	수익률 중앙값	1.11%	1.80%	2.31%	3.05%	4.77%	7.08%	10.35%	12.84%	18.07%
손실 거래 통계	손실 확률(수익 0% 미만)	47.70%	49.70%	50.00%	50.50%	51.80%	52.30%	54.20%	55.50%	59.20%
	수익률 평균값	-2.55%	-3.53%	-4.42%	-5.32%	-7.25%	-10.01%	-12.98%	-15.18%	-19.45%
	수익률 중앙값	-1.58%	-2.19%	-2.74%	-3.59%	-5.13%	-7.45%	-10.26%	-12.52%	-16.93%

▲ 주가-이평선 배열이 정배열도 역배열도 아닌 경우(③) 매수할 때 수익률

검증의 결론

- 모든 보유 기간에서 '역배열'에서 매수가 '정배열'에서 매수보다 승률이 높습니다. 일반적으로 알려진 것과 다르게 역배열에서 매수한 경우가 정배열에서 매수할 때보다 승률이 높았습니다.

- 5일 이내의 짧은 보유 기간에서는 '정배열'에서 매수가 '역배열'에서 매수보다 평균 수익률이 미미하게 더 높았습니다.

- 그러나 10일 이상의 긴 보유 기간에서는 '역배열'에서 매수가 '정배열'에서 매수보다 평균 수익률이 월등하게 좋았습니다.

- '정배열'에서 매수할 경우 보유 기간이 길어질수록 승률이 현격하게 떨어졌습니다. 정배열을 일종의 단기 상승 과열로 인식한다면 납득할만한 결과로 볼 수 있습니다. 반면 '역배열'에서 매수의 경우 보유 기간이 길어지더라도 승률은 50% 이상을 유지하는 것을 볼 수 있습니다.

- 전반적으로 볼 때 '정배열'을 상승 신호로서 선호하는 일반적인 통념과는 정반대의 결과를 보여주는 것을 확인할 수 있습니다. 단기 매매에서 아주 약간 유리하나 유의미한 결과라 보기 어렵고, 오히려 장기 매매에서는 '역배열'인 종목을 매수하는 것이 유리한 것으로 나타납니다.

골든크로스 발생 시점에 매수할 때

주가 혹은 단기 이평선이 장기 이평선을 상향 돌파하는 것을 '골든크로스'라 합니다. 아주 오래전부터 상승 신호로 여겨졌던 고전 투자 전략입니다. 오랜 기간 횡보를 거듭하다 상승 추세로 전환한 종목의 경우 기존에 기록했던 이평선들을 하나하나 상승 돌파하는 흐름을 보여주게 됩니다.

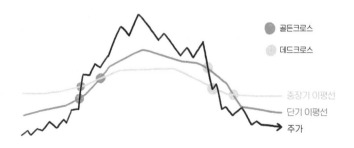

과연 이평선을 상승 돌파하는 '골든크로스'는 상승 징후를 예측하는 신호일까요? 과거 데이터를 통해 한번 검증해봅시다.

매수 조건

'전일 종가 < 전일 이평선' 그리고 '당일 종가 > 당일 이평선'으로 종가-이평선 골든크로스가 일어난 날만 매수

이평선 종류

5일, 20일, 60일, 120일 선의 골든크로스를 각각 검증

검증 설명

'종가' 기준으로 특정 N일 이평선을 돌파하는 시그널이 발생했을 때 향후 수익률이 어떤 흐름을 보이는지 살펴봅니다. 이평선의 상승 돌파인 '골든크로스'가 상승을 예측하는 힘이 있는지 확인합니다.

		1일 보유	2일 보유	3일 보유	5일 보유	10일 보유	20일 보유	40일 보유	60일 보유	120일 보유
전체	평균 수익률	0.26%	0.40%	0.48%	0.64%	0.75%	1.23%	1.68%	2.11%	2.39%
	중앙값 수익률	0.00%	0.00%	0.00%	-0.12%	-0.29%	-0.49%	-1.52%	-2.51%	-5.59%
수익 거래 통계	수익 확률(수익 0% 이상)	51.90%	51.10%	50.40%	49.80%	48.80%	48.10%	45.30%	43.90%	40.00%
	수익률 평균값	2.31%	3.49%	4.40%	5.85%	8.62%	12.60%	18.69%	23.59%	34.58%
	수익률 중앙값	1.23%	1.98%	2.53%	3.37%	4.91%	7.23%	10.32%	12.99%	18.14%
손실 거래 통계	손실 확률(수익 0% 미만)	48.10%	48.90%	49.60%	50.20%	51.20%	51.90%	54.70%	56.10%	60.00%
	수익률 평균값	-1.96%	-2.82%	-3.51%	-4.53%	-6.73%	-9.31%	-12.40%	-14.72%	-19.10%
	수익률 중앙값	-1.40%	-1.97%	-2.50%	-3.27%	-4.82%	-7.04%	-9.93%	-12.31%	-16.73%

▲ 종가가 5일 이동평균선 돌파 시 매수한 경우 수익률

		1일 보유	2일 보유	3일 보유	5일 보유	10일 보유	20일 보유	40일 보유	60일 보유	120일 보유
전체	평균 수익률	0.25%	0.44%	0.52%	0.65%	0.99%	1.39%	1.47%	1.24%	1.84%
	중앙값 수익률	0.00%	0.00%	0.00%	-0.14%	-0.19%	-0.39%	-1.47%	-2.78%	-5.57%
수익 거래 통계	수익 확률(수익 0% 이상)	51.80%	51.00%	50.80%	49.60%	49.50%	48.50%	45.20%	42.90%	39.70%
	수익률 평균값	2.32%	3.50%	4.34%	5.76%	8.37%	12.35%	18.29%	22.71%	33.02%
	수익률 중앙값	1.17%	1.90%	2.41%	3.23%	4.78%	7.10%	10.10%	12.38%	17.25%
손실 거래 통계	손실 확률(수익 0% 미만)	48.20%	49.00%	49.20%	50.40%	50.50%	51.50%	54.80%	57.10%	60.30%
	수익률 평균값	-1.96%	-2.76%	-3.40%	-4.39%	-6.25%	-8.93%	-12.41%	-14.93%	-18.66%
	수익률 중앙값	-1.39%	-1.94%	-2.42%	-3.15%	-4.52%	-6.64%	-9.80%	-12.50%	-16.28%

▲ 종가가 20일 이동평균선 돌파 시 매수한 경우 수익률

		1일 보유	2일 보유	3일 보유	5일 보유	10일 보유	20일 보유	40일 보유	60일 보유	120일 보유
전체	평균 수익률	0.17%	0.29%	0.37%	0.49%	0.69%	1.16%	0.90%	1.42%	1.12%
	중앙값 수익률	0.00%	-0.14%	-0.15%	-0.25%	-0.40%	-0.56%	-1.89%	-2.91%	-6.43%
수익	수익 확률(수익 0% 이상)	50.30%	49.50%	49.50%	48.50%	47.90%	47.50%	43.90%	42.80%	38.40%
거래	수익률 평균값	2.35%	3.48%	4.28%	5.65%	8.22%	12.24%	18.00%	22.78%	33.45%
통계	수익률 중앙값	1.16%	1.89%	2.36%	3.16%	4.71%	6.98%	9.76%	12.46%	17.23%
손실	손실 확률(수익 0% 미만)	49.70%	50.50%	50.50%	51.50%	52.10%	52.50%	56.10%	57.20%	61.60%
거래	수익률 평균값	-2.03%	-2.84%	-3.45%	-4.36%	-6.23%	-8.86%	-12.46%	-14.53%	-19.08%
통계	수익률 중앙값	-1.43%	-2.02%	-2.47%	-3.14%	-4.58%	-6.64%	-9.93%	-12.25%	-16.80%

▲ 종가가 60일 이동평균선 돌파 시 매수한 경우 수익률

		1일 보유	2일 보유	3일 보유	5일 보유	10일 보유	20일 보유	40일 보유	60일 보유	120일 보유
전체	평균 수익률	0.17%	0.26%	0.29%	0.29%	0.39%	0.73%	0.91%	1.37%	1.68%
	중앙값 수익률	0.00%	-0.18%	-0.19%	-0.31%	-0.50%	-0.93%	-2.13%	-3.28%	-6.63%
수익	수익 확률(수익 0% 이상)	50.40%	49.00%	49.00%	47.70%	46.80%	45.50%	42.90%	41.60%	38.50%
거래	수익률 평균값	2.44%	3.59%	4.33%	5.56%	8.12%	12.23%	18.32%	23.51%	34.97%
통계	수익률 중앙값	1.24%	1.97%	2.42%	3.11%	4.50%	6.82%	9.79%	12.56%	18.02%
손실	손실 확률(수익 0% 미만)	49.60%	51.00%	51.00%	52.30%	53.20%	54.50%	57.10%	58.40%	61.50%
거래	수익률 평균값	-2.13%	-2.95%	-3.60%	-4.51%	-6.43%	-8.88%	-12.20%	-14.41%	-19.14%
통계	수익률 중앙값	-1.49%	-2.06%	-2.59%	-3.24%	-4.71%	-6.69%	-9.66%	-11.97%	-16.76%

▲ 종가가 120일 이동평균선 돌파 시 매수한 경우 수익률

검증의 결론

- 각 이평선별 골든크로스에서 유의미하게 '상승'을 예측한다고 볼 수 있는 결과를 찾을 수 없었습니다.

- '5일 이평선 골든크로스'와 '20일 이평선 골든크로스'가 이보다 긴 이평선의 골든크로스 매수보다 평균 수익률이 조금 더 좋은 것을 확인할 수 있습니다.

- 모든 기간의 이평선 골든크로스에서 보유 기간이 길어질수록 승률은 조금씩 감소하고 있습니다.

- 통상적으로 알려진 '골든크로스'는 상승을 예측하는 신호로 보기 어렵다는 결론을 낼 수 있습니다. 그나마 '5일 이평선'과 '20일 이평선'의 경우 다른 이평선 골든크로스보다 예후가 조금 더 좋으나 유의미한 수준으로 수익률을 개선한다고 보기 어렵습니다.

볼린저밴드의 폭에 따른 박스권 매매법

세 번째 검증 대상은 주가의 변동성을 나타내는 지표인 볼린저밴드입니다. 주가가 오랜 기간 주목 없이 횡보를 거듭하면 좁은 볼린저밴드가 형성되고 최근 큰 주목을 받아 등락을 거듭하면 넓은 볼린저밴드가 형성됩니다. 그리고 이러한 볼린저밴드의 폭에 따라 볼린저밴드의 상한선((중심선+밴드폭)/2)과 하한선((중심선-밴드폭)/2)이 결정됩니다.

이번 검증에서는 볼린저밴드의 '폭'의 넓이에 따라 예후가 어떻게 달라지는지 살펴보고, 상·하한선의 위아래에서 매수할 때 어떤 결과를 낼지 실험해보겠습니다.

볼린저밴드의 폭 너비에 따라 매수할 때

볼린저밴드의 폭이 좁은 경우 또는 넓은 경우 어떤 수익률을 보이는지 살펴봅니다. 종목마다 주가의 크기가 제각각이기 때문에 볼린저밴드의 폭 또한 다른 수치로 나타나는데요. 종목 간 동등 비교할 수 있도록 볼린저밴드 폭을 주가로 나누어 주가의 크기에 상대적인 볼린저밴드 폭을 구해 이를 기준으로 검증을 수행해보겠습니다.

이렇게 상대적인 크기로 사전 작업한 결과, 볼린저밴드 폭이 넓은 상위 25%는 주가 대비 1/4 이상의 볼린저밴드 폭을 가지고 있었습니다. 반면 볼린저밴드 폭이 좁은 상위 25%는 주가 대비 1/10 미만의 볼린저밴드 폭을 가지고 있었습니다. 따라서 이를 기준으로 수익률 예후를 살펴보겠습니다.

매수 조건

① 좁은 볼린저밴드 폭: 볼린저밴드 폭 〈 0.1 × 주가

② 넓은 볼린저밴드 폭: 볼린저밴드 폭 〉 0.25 × 주가

③ 평범한 볼린저밴드 폭: 위의 두 경우를 제외한 모든 밴드 폭

검증 설명

'종가' 기준으로 매수할 때 해당 시점의 볼린저밴드 폭을 보고 폭의 너비에 따른 수익률 통계를 살펴봅니다. 변동성을 나타내는 지표인 '볼린저밴드 폭'의 너비를 통해 수익률을 예측할 수 있는지 예측력을 확인합니다.

		1일 보유	2일 보유	3일 보유	5일 보유	10일 보유	20일 보유	40일 보유	60일 보유	120일 보유
전체	평균 수익률	0.05%	0.08%	0.12%	0.17%	0.24%	-0.14%	-0.34%	-1.19%	-1.92%
	중앙값 수익률	0.00%	0.00%	0.00%	0.00%	-0.22%	-0.54%	-1.26%	-2.68%	-5.56%
수익 거래 통계	수익 확률(수익 0% 이상)	54.00%	51.70%	51.00%	50.30%	49.00%	46.30%	43.90%	40.20%	35.70%
	수익률 평균값	1.18%	1.86%	2.41%	3.31%	5.05%	7.59%	11.80%	15.19%	22.30%
	수익률 중앙값	0.62%	1.02%	1.34%	1.85%	2.83%	4.14%	6.26%	7.78%	10.75%
손실 거래 통계	손실 확률(수익 0% 미만)	46.00%	48.30%	49.00%	49.70%	51.00%	53.70%	56.10%	59.80%	64.30%
	수익률 평균값	-1.29%	-1.82%	-2.27%	-3.00%	-4.38%	-6.81%	-9.82%	-12.22%	-15.35%
	수익률 중앙값	-0.92%	-1.29%	-1.60%	-2.11%	-3.17%	-4.88%	-7.35%	-9.66%	-13.17%

▲ 좁은 볼린저밴드 폭(현재 주가의 10% 미만)에서 매수할 때 수익률

		1일 보유	2일 보유	3일 보유	5일 보유	10일 보유	20일 보유	40일 보유	60일 보유	120일 보유
전체	평균 수익률	0.14%	0.29%	0.46%	0.80%	1.82%	4.04%	6.40%	8.37%	12.97%
	중앙값 수익률	0.00%	0.00%	0.00%	0.00%	0.31%	0.95%	0.50%	1.26%	0.00%
수익 거래 통계	수익 확률(수익 0% 이상)	52.00%	50.80%	50.80%	51.00%	51.50%	52.90%	51.30%	52.20%	50.10%
	수익률 평균값	3.34%	5.07%	6.45%	8.59%	12.62%	18.34%	26.88%	32.00%	48.83%
	수익률 중앙값	2.08%	3.26%	4.16%	5.46%	7.88%	11.69%	16.64%	19.68%	27.81%
손실 거래 통계	손실 확률(수익 0% 미만)	48.00%	49.20%	49.20%	49.00%	48.50%	47.10%	48.70%	47.80%	49.90%
	수익률 평균값	-3.33%	-4.63%	-5.73%	-7.33%	-9.67%	-12.04%	-15.15%	-17.44%	-23.03%
	수익률 중앙값	-2.40%	-3.32%	-4.13%	-5.28%	-7.22%	-9.65%	-12.55%	-14.99%	-20.52%

▲ 넓은 볼린저밴드 폭(현재 주가의 25% 이상)에서 매수할 때 수익률

		1일 보유	2일 보유	3일 보유	5일 보유	10일 보유	20일 보유	40일 보유	60일 보유	120일 보유
전체	평균 수익률	-0.24%	-0.30%	-0.34%	-0.23%	-0.09%	0.16%	0.92%	1.17%	1.20%
	중앙값 수익률	0.00%	-0.16%	-0.21%	-0.29%	-0.68%	-1.06%	-1.93%	-3.05%	-6.15%
수익 거래 통계	수익 확률(수익 0% 이상)	51.30%	49.30%	49.00%	48.40%	46.50%	46.20%	44.60%	43.30%	39.60%
	수익률 평균값	2.16%	3.32%	4.32%	5.49%	8.54%	12.82%	18.87%	23.22%	33.34%
	수익률 중앙값	1.11%	1.80%	2.30%	3.01%	4.80%	7.07%	10.24%	12.71%	17.28%
손실 거래 통계	손실 확률(수익 0% 미만)	48.70%	50.70%	51.00%	51.60%	53.50%	53.80%	55.40%	56.70%	60.40%
	수익률 평균값	-2.77%	-3.83%	-4.83%	-5.59%	-7.59%	-10.71%	-13.55%	-15.70%	-19.90%
	수익률 중앙값	-1.69%	-2.37%	-2.96%	-3.85%	-5.59%	-8.12%	-10.87%	-13.17%	-17.49%

▲ 넓지도 좁지도 않은 볼린저밴드 폭(주가의 10~25% 폭)에서 매수할 때 수익률

검증의 결론

- '넓은' 볼린저밴드 폭에서 매수할 때가 '좁은' 볼린저밴드 폭에서 매수할 때보다 더 좋은 성과를 보이는 것을 확인할 수 있습니다.

- '넓은' 볼린저밴드 폭에서 매수할 때 평균 수익률의 '평균값'과 '중앙값' 차이가 '좁은' 볼린저밴드 폭에서 매수할 때보다 훨씬 더 큰 것을 볼 수 있습니다. 높은 변동성을 나타내는 '넓은' 볼린저밴드 폭의 매매 결과는 종목에 따라 극단적으로 나타날 수 있음을 암시합니다.

- '넓은' 볼린저밴드 폭인 종목에는 크게 상승한 종목도 포함되어 있고 크게 하락한 종목도 포함되어 있을 것입니다. 또한 결과적으로 보면 횡보에 가깝지만 그 과정에서 큰 등락을 겪은 종목도 포함되어 있겠죠. '넓은' 볼린저밴드 폭을 가진 종목이 '좁은' 볼린저밴드 폭을 가진 종목보다 전반적인 수익률이 좋은 것은 '시장에서 관심받는 크기'에 기인한 결과일 수도 있습니다.

- 전반적으로 '넓은' 볼린저밴드 폭인 종목을 거래하는 것이 '좁은' 볼린저밴드 폭인 종목을 거래하는 것보다 수익을 볼 확률이 높아 보입니다.

볼린저밴드의 상한선 위에서 매수할 때와 하한선 아래에서 매수할 때

앞선 검증에서는 볼린저밴드 폭의 너비에 따른 예후를 살펴봤습니다. '넓은 볼린저밴드 폭'을 가졌을 때보다 수익률이 좋게 나왔던 결과를 기억하죠? 이번 검증에서는 더 나아가 볼린저밴드의 상한선 위에서 매수한 경우와 볼린저밴드의 하한선 아래에서 매수한 경우에 대해 수익률 추이를 살펴볼 계획입니다.

주가가 볼린저밴드의 상한선 위에 위치한다는 것은 그동안의 변동성보다 월등히 강한 상승을 나타낸 종목인 거겠죠? 반면 주가가 볼린저밴드의 하한선 아래에 위치한다는 것은 그동안의 변동성보다 월등히 강한 하락을 나타낸 종목인 거예요. 각각의 경우에 수익률의 추이는 어떤 모습을 보일까요?

매수 조건

넓거나(주가의 25% 이상) 좁은(주가의 10% 미만) 볼린저밴드 폭 각각에서

① 주가가 상한선 위에 위치할 때: 주가 > 볼린저밴드 상한선

② 주가가 하한선 아래에 위치할 때: 주가 < 볼린저밴드 하한선

검증 설명

'종가' 기준으로 매수할 때 주가의 급등(볼린저밴드 상한선 위)과 급락(볼린저밴드 하한선 아래) 각각 경우에 따른 수익률 통계를 살펴봅니다. 볼린저밴드를 이용한 매매 전략을 수립할 때 어떤 방법으로 볼린저밴드를 사용할 수 있는지 가이드라인이 될 수 있는 통계적 결과를 확인하고자 합니다.

		1일 보유	2일 보유	3일 보유	5일 보유	10일 보유	20일 보유	40일 보유	60일 보유	120일 보유
전체	평균 수익률	-0.15%	-0.20%	-0.16%	-0.13%	-0.61%	-1.77%	-1.05%	-1.63%	-1.34%
	중앙값 수익률	0.00%	-0.18%	-0.24%	-0.35%	-0.59%	-1.14%	-1.81%	-2.88%	-6.44%
수익 거래 통계	**수익 확률**(수익 0% 이상)	55.0%	52.1%	52.7%	52.0%	47.3%	43.3%	42.8%	39.0%	36.4%
	수익률 평균값	1.17%	1.79%	2.25%	2.94%	4.40%	6.93%	10.97%	14.53%	22.19%
	수익률 중앙값	0.80%	1.20%	1.49%	1.87%	2.64%	3.77%	6.04%	7.16%	10.84%
손실 거래 통계	**손실 확률**(수익 0% 미만)	45.0%	47.9%	47.3%	48.0%	52.7%	56.7%	57.2%	61.0%	63.6%
	수익률 평균값	-1.76%	-2.36%	-2.85%	-3.46%	-5.11%	-8.41%	-10.04%	-11.95%	-14.81%
	수익률 중앙값	-1.22%	-1.73%	-2.02%	-2.38%	-3.78%	-5.78%	-7.66%	-9.84%	-12.55%

▲ 좁은 볼린저밴드 폭(주가의 10% 미만)의 상한선 위에서 매수할 때 수익률

		1일 보유	2일 보유	3일 보유	5일 보유	10일 보유	20일 보유	40일 보유	60일 보유	120일 보유
전체	평균 수익률	-0.15%	-0.20%	-0.16%	-0.13%	-0.61%	-1.77%	-1.05%	-1.63%	-1.34%
	중앙값 수익률	0.00%	0.00%	0.00%	0.00%	-0.39%	-1.14%	-1.69%	-3.47%	-5.17%
수익 거래 통계	**수익 확률**(수익 0% 이상)	55.00%	52.10%	52.70%	52.00%	47.30%	43.30%	42.80%	39.00%	36.40%
	수익률 평균값	1.17%	1.79%	2.25%	2.94%	4.40%	6.93%	10.97%	14.53%	22.19%
	수익률 중앙값	0.80%	1.20%	1.49%	1.87%	2.64%	3.77%	6.04%	7.16%	10.84%
손실 거래 통계	**손실 확률**(수익 0% 미만)	45.00%	47.90%	47.30%	48.00%	52.70%	56.70%	57.20%	61.00%	63.60%
	수익률 평균값	-1.76%	-2.36%	-2.85%	-3.46%	-5.11%	-8.41%	-10.04%	-11.95%	-14.81%
	수익률 중앙값	-1.22%	-1.73%	-2.02%	-2.38%	-3.78%	-5.78%	-7.66%	-9.84%	-12.55%

▲ 좁은 볼린저밴드 폭(주가의 10% 미만)의 하한선 아래에서 매수할 때 수익률

		1일 보유	2일 보유	3일 보유	5일 보유	10일 보유	20일 보유	40일 보유	60일 보유	120일 보유
전체	평균 수익률	0.23%	0.08%	-0.07%	-0.29%	-0.05%	0.93%	0.80%	1.64%	1.86%
	중앙값 수익률	-0.30%	-1.05%	-1.60%	-2.38%	-3.13%	-4.79%	-6.60%	-7.97%	-12.58%
수익 거래 통계	**수익 확률**(수익 0% 이상)	48.40%	44.40%	42.80%	41.20%	40.60%	40.30%	38.90%	38.80%	36.10%
	수익률 평균값	5.41%	7.98%	9.63%	12.03%	16.57%	24.43%	32.01%	37.91%	53.80%
	수익률 중앙값	2.87%	4.75%	5.75%	7.37%	10.09%	15.02%	19.18%	22.82%	29.37%
손실 거래 통계	**손실 확률**(수익 0% 미만)	51.60%	55.60%	57.20%	58.80%	59.40%	59.70%	61.10%	61.20%	63.90%
	수익률 평균값	-4.64%	-6.23%	-7.31%	-8.93%	-11.42%	-14.90%	-19.04%	-21.35%	-27.53%
	수익률 중앙값	-3.52%	-4.89%	-5.96%	-7.31%	-9.55%	-13.04%	-17.17%	-19.99%	-26.31%

▲ 넓은 볼린저밴드 폭(주가의 25% 이상)의 상한선 위에서 매수할 때 수익률

		1일 보유	2일 보유	3일 보유	5일 보유	10일 보유	20일 보유	40일 보유	60일 보유	120일 보유
전체	평균 수익률	-0.45%	-0.94%	-0.92%	0.07%	4.84%	12.30%	19.88%	24.61%	38.17%
	중앙값 수익률	0.20%	0.00%	0.63%	1.30%	2.73%	8.78%	12.77%	17.04%	20.70%
수익 거래 통계	수익 확률(수익 0% 이상)	53.40%	50.50%	53.00%	55.10%	58.00%	69.20%	70.70%	73.20%	71.50%
	수익률 평균값	4.36%	5.74%	7.86%	11.07%	16.06%	23.31%	33.59%	39.72%	61.34%
	수익률 중앙값	3.11%	4.27%	5.97%	8.02%	11.16%	16.36%	23.32%	28.27%	37.98%
손실 거래 통계	손실 확률(수익 0% 미만)	46.60%	49.50%	47.00%	44.90%	42.00%	30.80%	29.30%	26.80%	28.50%
	수익률 평균값	-5.96%	-7.75%	-10.82%	-13.45%	-10.66%	-12.42%	-13.27%	-16.60%	-19.82%
	수익률 중앙값	-4.42%	-5.69%	-9.08%	-10.51%	-8.36%	-9.24%	-10.14%	-13.21%	-16.10%

▲ 넓은 볼린저밴드 폭(주가의 25% 이상)의 하한선 아래에서 매수할 때 수익률

검증의 결론

- '좁은' 볼린저밴드 폭에서는 상한선 위에서 매수하나 하한선 아래에서 매수하나 별 볼 일 없는 결과를 나타내는 것을 볼 수 있습니다.

- '넓은' 볼린저밴드 폭에서는 하한선 아래인 종목을 매수하는 것이 상한선 위에 위치한 종목을 매수하는 것보다 월등히 높은 수익률을 기록하는 것을 확인할 수 있습니다.

- '넓은' 볼린저밴드 폭, '좁은' 볼린저밴드 폭 두 경우 모두 5일 이내의 짧은 보유 기간에서는 '상한선 위에서 매수'한 전략이 '하한선 아래에서 매수'한 전략보다 미세하게 더 좋은 예후를 보여줍니다.

- '좁은' 볼린저밴드 폭과 '넓은' 볼린저밴드 폭 각각의 조건에서 상한선 위에서 매수하는 전략과 하한선 아래에서 매수하는 전략이 일관된 결과를 나타낸다고 보기 어렵습니다.

- '넓은' 볼린저밴드 폭일 때 '상한선 위에서 매수' 전략과 '하한선 아래에서 매수' 전략의 결과가 큰 차이를 보여줍니다. '하한선 아래에서 매수' 전략이 월등히 좋은 예후를 보여주고 있으며, 특히 보유 기간이 길어질수록 '하한선 아래에서 매수' 전략이 좋은 성과를 보여주고 있습니다.

- 보유 기간이 길어질수록 단기간에 크게 급락한 종목인 '하한선 아래에 위치한 종목을 매수'하는 것이 오히려 향후 수익률을 높일 수 있다는 역발상 투자의 결론을 얻을 수 있습니다.

널리 알려진 여러 가지 기술적 분석에 대한 통념과 관습, 고전의 투자 전략을 데이터로 철저히 검증해봤습니다. 어떤가요? 실제로 데이터로 본 투자 결과는 여러분의 예상과 일치했나요? 비록 3년간의 데이터로만 검증했지만, 전 종목의 모든 경우의 수에 대한 실험

은 상당히 유의미한 결과들을 보여주고 있습니다.

투자 관련 명제를 접했을 때, 이 명제에 대한 검증 결과를 아는 것과 모르는 것은 그 활용 여부에 있어 하늘과 땅 차이입니다. 명제의 확률이 100%임을 아는 것과 60%임을 아는 것, 맞는지 틀린지 아무런 확률을 모르는 것 각각 그 명제를 이용하는 마음가짐이 다를 수밖에 없고, 이는 실전 투자에서 실질적인 투자 성과의 차이를 가져오게 될 겁니다. (물론 확률을 완전히 모르는 경우가 가장 좋지 않은 결과를 가져오겠죠.)

돌다리도 두드려보고 건너라는 속담이 있죠? 독자 여러분도 항상 보수적인 마인드로 투자 명제와 전략들을 분석적으로 받아들였으면 좋겠습니다.

STOCK INVEST MENT

4부

실제 투자를 시작해보자!

주식투자의 시작과 끝, 종목 발굴 과외수업

독자 여러분, 오늘 하루는 잘 보내셨나요? 모두 멋진 시간들을 보내셨으리라 생각합니다. 맛있는 식사를 하고, 일을 보기 위해 이동하고, 이동 중에는 스마트폰이나 태블릿을 이용해 여러 활동들을 했겠죠?

여러분들이 멋진 일상을 만들어가는 동안, 사실 수많은 기업들과 관계를 맺고 있답니다. 구매하는 서비스나 제품, 상품도 기업이 만든 것이고, 이용하거나 빌리는 것들도 또 다른 기업이 제공한 것일 거예요. 이러한 제품과 서비스들 중 어떤 것은 확 뜨거나 판매량이 급증하는 등 인기를 끌고 있을 것입니다.

그러면 당연히 해당 제품·서비스를 만드는 기업은 매출이 증가하겠죠? 좋은 제품을 많이 파는 기업의 이익은 크고 그렇지 못한 기업의 이익이 적은 것은 당연합니다. 우리가 살아가며 수많은 기업들과 맺는 관계들에서 눈을 크게 뜨고 좋은 제품, 좋은 서비스, 인기를 끌고 있는 것을 남들보다 먼저 발견해봅시다. 잘 찾아낸다면 미래에 큰 투자 수익을 가져다줄 수 있는 멋진 유망주 기업을 발굴할 수 있지 않을까요?

4부에서는 종목을 발굴하는 여러 가지 방법들을 배웁니다. 도대체 투자할 종목을 어디서 찾아야 하는지에 대한 답을 충분히 제시하고 설명하겠습니다. 종목을 발굴하는 거의 모든 방법들을 포함시켰으니 독자 여러분은 이들을 잘 기억해두셨다가 실전 투자 과정에서 유용하게 사용하기 바랍니다.

STOCK INVEST MENT

Chapter
10

도대체 이 주식을
어떻게 찾은 건가요?

도대체 이 주식을
어떻게 찾은 건가요?

이번 챕터에서 우리는 다음과 같은 질문들에 대한 답을 찾을 것입니다.

1. 투자하고 싶은 주식을 어떻게 찾을 수 있나요?

- 주변에서 주식을 발굴할 수 있나요?

- 직업과 전공으로 멋진 투자를 할 수 있나요?

- 요즘 막 뜨고 있는 제품·서비스를 발견했는데 관련 주식에 투자해도 될까요?

- 발견한 회사가 상장회사가 아니에요. 어떻게 투자를 할 수 있을까요?

2. 내가 원하는 조건으로 종목을 검색할 수 있나요?

- HTS로 종목을 찾을 수 있나요?

- 스크리닝이 무엇인가요?

- 스크리닝은 어디서 할 수 있나요?

- 스크리닝으로 우량한 기업, 좋은 주식을 어떻게 찾나요?

3. 특정 산업에 투자하고 싶은데 찾은 기업은 마음에 안 들어요. 연관된 기업을 찾을 수 있나요?

- 어떤 방법으로 연관된 기업을 찾을 수 있나요?

- 톱다운 방식이 무엇인가요?

- 밸류체인은 어떤 개념인가요?

- 톱다운과 밸류체인 방식으로 나의 투자 아이디어를 확장시키는 방법이 궁금해요.

33

내 주변에서
투자할
기업 찾아보기

Everything Around You

'노바렉스', '어보브반도체', '월덱스' 이런 기업들을 혹시 이전에 들어본 적이 있나요? 본격적으로 주식투자를 시작해보면 주변에서 많은 투자 이야기와 경험담이 들려올 텐데요. 잘 들어보면 난생 처음 듣는 기업들이 정말 많다는 것을 알 수 있습니다. 내가 아는 회사들은 '삼성전자', 'SK하이닉스', '롯데케미칼'과 같은 큰 회사들인데, 처음 들어보는 작은 회사들은 사람들이 어떻게 알고 투자하는 걸까요? 뭐, 주변에서 투자 추천을 받았을 수도 있고 경제신문에서 찾았을 수도 있을 거예요. 전문적인 툴을 사용해 기업을 발굴하기도 하죠.

주식투자를 시작하면서 생긴 특이한 버릇이 하나 있는데요. 생활하면서 좋은 물건이나 서비스를 발견하면 그것을 만드는 회사를 찾아보는 버릇입니다. 작게는 과자, 술, 화장품 에서부터 크게는 아파트나 선박, 글로벌 메신저 서비스 등 정말 모든 곳에서 우리는 기업 을 찾아낼 수 있어요. (아마 많은 투자자들이 비슷한 버릇을 가지고 있을 것 같네요!)

일상에서 만나는 수많은 업종들

일상, 주변의 대부분의 것이 기업들과 관계를 맺고 있습니다. 생활 속에서 만나는 좋은 제품·서비스는 기업을 발굴하는 좋은 기회입니다.

사례1

고등학생 유리는 공부를 끝내고 집에 돌아왔습니다. 어머니께서 만두를 간식으로 차려주셨죠. 이 만두가 아주 맛있던 유리는 어머니께 어떤 브랜드의 만두인지 물어보니 '비비고 만두'라고 하네요. 투자자였던 유리가 조사해보니 요즘 판매량이 가파르게 늘어나고 해외 수출까지 하고 있다네요! 그래서 비비고 만두를 판매하는 CJ제일제당이라는 기업을 좀 더 알아보고 괜찮으면 투자를 하기 로 결심했답니다.

사례2

주말마다 등산을 즐겨하시는 창민이 아버지는 추운 겨울도 마다하지 않고 국내외 명산들을 정복 하시곤 했는데요. 덕분에 기능성 아웃도어 패딩, 등산복을 줄줄이 꿰뚫고 계셨죠. 요 몇 년간 아웃 도어시장의 제품들을 살펴보니 노스페이스의 인기는 저물어가고 디스커버리 등산복이 급격히 뜨 는 것을 체감하셨답니다. 사서 입어보고 그럴만한 이유가 충분하다고 생각한 창민이 아버지는 디 스커버리 아웃도어를 판매하는 회사인 F&F 주식을 매수하셨답니다.

어떤가요? 정말 내 주변 가까운 곳에 많은 기업들이 있죠? 잘 찾을 수 있을 것 같다는 느낌이 팍팍 옵니다. "Everything Around You!" 앞으로 히트 상품들을 마주하게 되면 뒤집어서 어떤 기업이 만들었나 한번 체크해봅시다.

나의 강력한 무기, 직업과 전공 활용

개인투자자가 기관, 외국인투자자를 이길 수 있는 분야가 있다면 믿겨지나요? 여러분들 모두 하나쯤은 이러한 무기를 가지고 있는데요. 바로 여러분이 선택한 '직업'과 '전공'입니다. 해당하는 분야의 기업들에 대해 기관, 외국인투자자들이 전공자들에게 설명을 듣고 공부하는 동안 여러분들은 한발 앞서 그 기업들을 판단할 수 있는 것이죠. 운이 좋은 경우에는 누구보다도 먼저 좋은 기업을 발굴할 수 있는 아주 멋진 기회입니다.

사례1

전기전자공학 박사 학위를 가지고 있는 황제는 옛날부터 IT업종에 투자를 즐겨했는데요. 무선통신 분야도 빼놓지 않고 꼼꼼하게 챙기던 황제는 4G LTE에서 5G로 업그레이드되는 시점이 큰 투자 수익을 올릴 수 있는 기회라 생각했습니다. 이에 5G 시대가 도래하면 어떤 부품이 훨씬 더 많이 필요하게 될지 리서치해봤죠.

5G 통신은 훨씬 더 빠른 인터넷 속도를 내기 위해 기지국도 많이 필요하고, 여기에 들어가는 광통신 부품의 성능도 좋아야 한다는 사실을 알 수 있었습니다. 이에 오이솔루션이라는 기업에 투자할 수 있었고, 큰 수익을 얻을 수 있었답니다.

사례2

대학교 시절 금융과 재무회계를 전공한 모범생 연정이는 대기업의 관련 직무에 취업해 그 전문성을 어김없이 발휘하고 있었습니다. 그러던 어느 날, 중요한 금융 거래를 처리하기 위해 회사의 전자장부시스템인 ERP를 사용해볼 기회가 있었는데요. 생각보다 너무 불편하고 사용하기 어려워서 업무를 진행하는 데 애로사항이 많았답니다. 이를 개선해보고자 아이디어도 내보고 다른 ERP 소프트웨어 프로그램도 조사해보게 되었죠.

여러 기업들에게서 꾸준하게 평이 좋은 ERP 프로그램을 찾을 수 있었는데, 바로 더존비즈온이라는 회사에서 만든 프로그램이었어요. 투자에도 번뜩이는 재치가 있던 연정이는 더존비즈온을 분석해 주식을 매수했고 멋진 수익을 올릴 수 있었답니다! 그리고 회사에서도 보너스를 두둑하게 챙겨 훈훈한 연말을 보낼 수 있었죠.

나의 강점을 활용한 주식투자, 멋지지 않나요? 저도 제가 좋아하는 분야에서 똘똘한 기업을 한번 찾아봐야겠습니다!

취미와 덕질을 통한 기업 발굴

일하는 것을 굳이 투자까지 연결시키기 싫은 분들도 있을 것 같아요. 그러면 이런 방법은 어떠세요? 바로 취미와 덕질을 통한 기업 발굴입니다! (상상만 해도 야호~ 신나네요!) 이 방법은 어떻게 보면 전공, 직업보다 더 빠른 타이밍에 기업을 발굴할 수도 있습니다. 왜냐하면 취미와 덕질은 계기가 필요한 것이 아닌, 내가 아무런 조건 없이 즐기는 것이기 때문이죠. 내가 너무 좋아해서 주식까지 사는 진정한 '덕질'이랍니다.

단, 나의 덕질이 나와 몇몇에서만 끝난다면 주식은 수익이 아니라 팬심으로만 그칠 수 있다는 점은 알아둬야 합니다. 수익을 위해서라면 더 뜨고 유명해질 거라는 확신이 있어야 하는 것이죠.

사례1

열심히 일해 경제적 자유를 달성한 경수는 요즘 여행과 게임의 재미에 푹 빠져버렸답니다. 세계 각국을 여행하고 새로운 게임은 출시하자마자 구매해 플레이해보는 등 아주 행복한 나날이었죠. 어느 날, 컴투스에서 서머너즈워라는 RPG 게임을 출시했는데, 경수는 이 게임이 '대박이다'라고 생각했죠. 경수가 플레이해보니 이만한 모바일 게임이 없었거든요. 이전까지의 퍼즐 위주 짧은 생명력의 게임들에 비해 대서사시 RPG가 주는 매력에 푹 빠졌습니다.

경수는 평소에 연락하던 세계 각국의 친구들에게 이 게임을 추천했는데, 좋은 평을 받을 수 있었습니다. 이후 서머너즈워가 전 세계적으로 플레이되는 글로벌 게임이 되었을 때, 경수의 계좌에 수백 퍼센트 수익이 찍혀 있는 컴투스 종목이 있었답니다.

사례2

걸그룹 트와이스의 열혈팬이던 희태는 콘서트도 참여하고 앨범도 구매하는 등 열렬한 팬 활동 덕분에 소속사인 JYP엔터테인먼트도 잘 알고 있었는데요. JYP의 새로운 걸그룹인 '있지'를 데뷔 시절부터 지켜볼 수 있었답니다. 발표하는 앨범들과 뮤직비디오, 방송에서의 활동을 본 희태는 있지가 앞으로 더욱 뜨리라 예상했고, 예상 반 팬심 반으로 JYP엔터테인먼트의 주식을 매수했답니다. 있지가 세계적으로 점점 유명해지면서 이 주식은 희태의 효자 주식이 되었답니다.

기사와 뉴스, 미디어를 이용한 종목 발굴

이 발굴 방법은 어떤 관점에서 보면 살짝 올드한 스타일이에요. 옛날부터 많은 투자자들이 즐겨 사용하던 방법이죠. 다양한 경제, 비즈니스 기사와 뉴스, 방송을 시청하고 투자할 종목이나 아이디어를 떠올리는 방법입니다.

이렇게 미디어를 이용한 종목 발굴의 최대 장점은 매일매일 다양한 정보를 접하며 새로운 투자 아이디어를 떠올려볼 수 있다는 것입니다. 최신 경제 상황과 트렌드를 파악할 수 있다는 부가적인 장점도 있고요. 단, '소문에 사서 뉴스에 팔라'라는 격언도 있듯이, 현재 내가 발견한 뉴스가 투자하기에는 너무 늦은 뒷북이 아닌지는 꼭 확인해야겠습니다.

사례1

평소 전 세계의 주요 기사를 보고 각국의 이벤트를 챙겨보는 것이 취미인 영민이는 2020년 2월 초 특이한 기사를 발견했답니다. 바로 중국에서 전염병이 발생했는데, 사망률과 전염률이 높아 피해가 점점 커지고 있다는 뉴스였어요. 중국 정부의 통계로는 아직 확진자가 몇천 명 수준이었지만, 이 사태에 대해 좀 더 알고 싶다는 생각이 든 영민이는 중국의 태진이에게 연락해봤답니다. 태진이는 국내외 IT기업들을 리서치하는 연구원으로 큰 시장 중 하나인 중국에 출장을 가 있었거든요. 태진이에게 중국 현지 상황을 들은 영민이는 코로나 바이러스의 변종인 이 전염병이 확산될 수도 있다고 생각했고, 치료제 등 대응 의약품을 생산할 수 있는 업체들을 공부했답니다. 추후 우리나라에도 코로나19가 확산되었을 때, 미리 리서치를 해놓은 영민이는 어렵지 않게 씨젠이라는 코로나 검사 키트를 제작하는 우리나라 기업의 주식을 살 수 있었답니다.

커뮤니티 활동을 통한 종목 발굴

주식투자자들은 투자를 진행하는 데 있어 의견도 교환하고 피드백도 줄 수 있는 동료들을 원하고는 합니다. 투자자의 개인 블로그 이웃부터 카페, 오프라인 모임, 투자 플랫폼 등 다양한 곳에서 투자 교류 활동이 일어나고 있죠. 대표적인 투자 커뮤니티로는 가치투자연구소, ETF LAB, VSquant 등이 있습니다.

투자 커뮤니티에서는 투자자들이 종목을 분석해 추천하는 등 아이디어 공유가 활발합니다. 이러한 아이디어들을 잘 살펴보다가 알맹이와 분석 깊이가 있다 싶으면 그 아이디어에 나도 함께할 수 있겠죠? 물론 그것을 판단할 수 있는 충분한 주식 실력을 갖추고 있어야 합니다.

사례1

평소에 가치투자를 좋아하고 많은 공부를 한 가치투자자 서진이는 가치투자 클럽의 투자 교류 활동에 열심히 참여하고 있었습니다. 모임에서는 항상 잘 알려지지 않은 저평가된 주식에 대해 많은 아이디어가 오갔는데요. 서진이는 이 중 KSS해운이라는 기업에 매우 끌렸답니다. 이 회사는 초기 화학 케미칼 운반선사업에 집중하다가 최근 가스 운반선 중심으로 사업 포트폴리오를 확장하며 승승장구하고 있었거든요. 비록 엄청 인기 있는 주식은 아니었지만 꾸준히 사업과 수익이 확장되는 회사인 KSS해운에 투자한 서진이는 짭짤한 수익을 거둘 수 있었답니다.

이만하면 정말 '나의 주변에서' 투자할 기업을 발굴하기에 충분하죠? 독자 여러분들도 일상에서, 주변에서 다양한 투자 기회를 포착하고 멋진 수익을 거두기를 기원하겠습니다. 수익의 기회로 반짝반짝거리는 다양한 원석들을 발굴해봅시다.

34
톱다운 방식으로
종목 발굴하기

톱다운Top-Down 방식이란 단어 그대로 위에서부터 내려오는 종목 발굴 방법입니다. 큰 그림으로 아이디어의 밑그림을 그리고 실제 이 아이디어를 가장 잘 실현할 수 있는 종목을 찾아나간다는 개념이죠.

톱다운 종목 발굴은 크게 3단계로 진행됩니다. 처음에 가장 넓은 뷰view에서 시작해 마지막에는 보다 디테일한 관점의 결과들이 나오게 되죠. 톱에서 점점 시야를 좁혀나가며 기업을 선택하는 방식입니다.

[톱다운 종목 발굴]
큰 아이디어에서 시작해 점차 좁혀가며 종목 발굴.
거시경제, 미래의 산업 등에서 실제 수혜를 입을 산업과 종목을 탐색한다.

첫 번째 단계에서는 거시경제의 여러 현상이나 미래에 대한 트렌드를 살펴보며 하나의 아이디어를 선정합니다. 이 아이디어는 무엇이든 될 수 있어요. '유가 하락', '전기차산업의 발달', '미중 무역전쟁' 등 규모와 영향력이 큰 아이디어가 좋습니다. 규모가 클수록 아이디어의 힘도 세고 소속되는 종목의 수도 많기 때문이죠.

두 번째 단계에서는 앞 단계에서 선정한 아이디어를 가지고 어떤 산업군^{sector}이 수혜를 입을지 생각해봅니다. 추후 아이디어가 현실화되었을 때 어떤 산업에서 매출이 증가하고 이익이 성장할지 분석해보는 것이죠. 이렇게 수혜를 보는 섹터들을 한두 개 정도로 추려봅니다.

세 번째 단계는 추려진 업종에서 실제 기업을 선택하는 과정입니다. 업종을 분명히 정했다면 해당 업종에서 사업을 영위하는 기업들과 이를 주도하는 리더 기업들을 쉽게 찾아낼 수 있습니다. 이제 이러한 기업들을 하나하나 자세히 뜯어보고 분석합니다. 실제 사업은 어떤 것을 영위하는지, 비중은 어떤지, 최근의 실적은 어떤지 등이죠.

최종적으로 이러한 분석들을 면밀히 비교해 예상 수익률이 높은 몇 개의 주식을 고르고 종목 발굴 과정을 완료하게 됩니다.

▲ 톱다운 종목 발굴의 3단계

톱에 해당하는 'Market Analysis', 거시적 경제 지표는 환율, 경제순환, 인구 구조, 정책 변화, 기술 발달, 원자재, 교역 조건, 해외 정치 등과 같은 항목들이 입력될 수 있으며, 이외에도 다양한 현상들을 대입할 수 있습니다.

톱다운 종목 발굴의 몇 가지 예시들을 소개하겠습니다. 앞으로 소개할 아이디어들만 톱다운 분석의 톱이 될 수 있는 것은 아니니 사고를 넓혀 다양한 아이디어를 한번 떠올려보세요!

경제 현상으로 톱다운 발굴

경제 현상에 관련된 아이디어로 시작하는 톱다운 종목 발굴 방법입니다. 인구 고령화, 1인가구의 증가, 저금리 시대의 지속, 저출산 시대, 워라밸 중시 등 다양한 경제 현상과 사회 트렌드가 톱다운의 아이디어가 될 수 있으며, 다음과 같은 사항들이 고려되면 좋습니다.

- 보편적으로 일어나는 현상인가? 지역적으로 일어나는 현상인가?
- 현상의 지속 기간은 얼마나 긴가(짧은가)?
- 거스를 수 없는 대세 흐름인가?
- 현상의 변화 속도는 어떠한가?

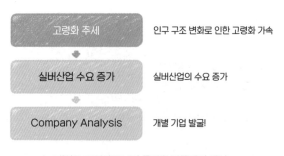

▲ '인구 고령화'로부터 톱다운 발굴하기 예시

각각의 사항들을 잘 체크해보고 어떤 산업이 수혜를 입을 것이며 어느 정도의 기간이 투자하기에 적절한지 판단해보기 바랍니다.

글로벌 이벤트, 정책으로 톱다운 발굴

전 세계에서 일어난 사건, 정책이 톱다운의 아이디어가 되는 종목 발굴입니다. 미중 무역전쟁, 코로나19의 유행, 중동 석유 패권 다툼과 같은 예가 있겠네요. 이러한 아이디어로 분석을 시작할 때는 다음과 같은 부분들을 체크해보세요!

- 국가 간 이해관계는 어떠한가? 이러한 이해관계에서 수혜(피해)를 볼 산업은 어디인가?
- 정책의 유효 기간과 실행 시기는 언제인가? 정책이 파기될 위험은 없는가?
- 글로벌 이벤트로 인해 다가올 더 큰 변화가 있을까?

	세계 역학관계 및 셰일가스 채굴 기술 발달로 인한 장기적인 유가 하락
화학업종, 운수업종	화학업종에 유가가 반영되는 기간은? 수익에 어떻게 반영되는가? 유류비에는 언제 반영되는가?
Company Analysis	개별 기업 발굴!

▲ 글로벌 석유 에너지 지형 변화로부터 톱다운 발굴하기 예시

정부의 정책과 관련된 아이디어는 선거에도 영향을 많이 받으니 이 점도 놓치지 마세요!

미래 유망 산업으로 톱다운 발굴

이 아이디어는 앞의 두 종류에 비해 상대적으로 심플합니다. 많은 사람들이 생각해두기도 했고요. 미래에 유망한 산업에 대해 톱다운 분석을 수행합니다. 전기차, 수소차, 노화방지, 실버산업 등 널리 알려진 전도유망한 산업들이 있죠? 미래학자가 예견하는 미래를

살짝 땡겨와 살펴보는 것입니다.

이 분석 방법의 포인트는 이러한 유망한 산업으로부터 실제 수혜를 받는 다양한 하위·동료 산업들을 생각해보는 것에 있답니다. 좀 더 좋은 아이디어를 찾기 위해서는 다음과 같은 것들을 한번 생각해보세요.

- 미래의 변화가 일어날 시기는? 그리고 그 변화의 기간은?
- 미래가 급격하게 다가올 때 꼭 필요로 하는 소재나 부품은 없는가?
- 이미 너무 많은 사람들이 이러한 미래에 투자해 버블이 있지는 않은가?
- 잘 알려지지 않은 하위·동료 산업은 무엇일까?

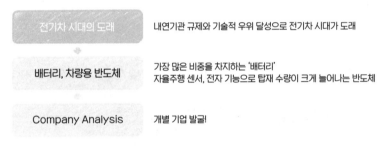

▲ 미래 전기차 시대가 도래할 때 수혜받는 기업을 톱다운으로 발굴 예시

35

밸류체인
방식으로
종목 발굴하기

밸류체인Value-Chain이란 무엇일까요? 번역하면 '가치사슬'이라는 뜻이 되겠네요. 이러한 가치사슬을 통해서도 다양한 종목들을 발굴해낼 수 있습니다. 이 발굴법의 특징은 종목 하나로부터 굴비 엮듯이 줄줄이 관련된 종목 여러 개를 발굴할 수 있다는 점입니다. 어떻게 하는 것이냐고요? 일단 밸류체인의 개념부터 살펴보도록 하겠습니다.

밸류체인, 전방산업과 후방산업

밸류체인이란 어떤 물건이나 서비스를 만드는 과정에서 필요한 '원재료-부품-조립-가공-완제품'의 모든 관계를 표현하는 단어입니다. 단순히 실물의 부품과 재료, 제품만을 의미하지는 않습니다. 제품·서비스를 완성하는 모든 단계를 말하며, 중간의 이동 과정이나 배포, 연구 용역 등 무형의 관계도 포함합니다. 물론 회사·제품별로 필요한 단계의 수나 관계는 모두 다를 겁니다.

▲ 원재료부터 소비자까지 모든 과정을 포함하는 밸류체인

정확히 이해했나요? 여기서 전방산업과 후방산업의 개념이 나옵니다. 전방과 후방, 앞과 뒤죠? 전방산업이란 밸류체인에서 소비자 쪽에 가까이 있는 산업을 의미합니다. 반대로 후방산업은 소비자에서 먼 쪽, 원자재에 가까운 산업을 의미합니다. 앞쪽(소비자)에 있어서 전방산업, 뒤쪽(원재료)에 있어서 후방산업인 것이죠.

▲ 스마트폰과 반도체 관련 밸류체인 예시

어떤 산업은 다른 산업의 전방산업일 수도 후방산업일 수도 있습니다. 자기 자신보다 앞에 있으면 전방, 뒤에 있으면 후방이니 상대적인 개념인 것이죠! 위의 예시에서 '메인보드'는 '스마트폰'의 후방산업이자 '칩셋'의 전방산업입니다.

밸류체인 종목 발굴

> **[밸류체인 종목 발굴]**
> 좋은 투자 제품을 발견했을 때 제품의 밸류체인으로 종목을 발굴하는 방법.
> 전·후방산업을 잘 살펴보며 매력적인 종목을 찾아낸다.

밸류체인을 이용한 종목 발굴은 3단계로 진행됩니다. 가장 먼저 투자하고 싶은 제품·서비스를 선정합니다. 앞으로 판매량이 늘고 더 성장할 영역이면 더욱 좋습니다. 그다음, 선정한 제품·서비스의 전·후방산업들을 쇠사슬처럼 연결지으며 조사합니다. 원자재부터 소비자까지 밸류체인 전체를 모두 파악하면 제일 좋습니다. 각 체인에서 필수 기술력이나 경쟁우위 등이 함께 조사되면 추후 기업을 선택할 때 많은 도움이 됩니다. 마지막으로 각각의 체인에 소속된 기업들을 조사합니다. 산업과 기업을 하나하나 꼼꼼히 살피며 높은 수익을 가져다줄 기업을 발굴합니다.

밸류체인을 통한 종목 발굴의 핵심은 전·후방산업에서 더욱 큰 수혜를 입을만한 기업을 찾을 수 있다는 것입니다. 원래의 아이디어보다 그 효과를 더 극대화해 수혜 종목을 발굴하는 것이죠.

투자하고 싶은 상품이 있지만 이를 만드는 기업은 모종의 이유로 투자가 꺼려질 경우, 관련된 전·후방 기업을 발굴하기 위해 이 방법을 사용하기도 합니다. 그리고 투자하고 싶은 영역에서 수혜를 입는 다른 종목을 찾고 싶을 때도 유용합니다.

전방산업 방향으로의 투자 아이디어 확장(셰일 채굴 → 운송산업)

후방산업   전방산업

원유 채굴   원유   반도체장비   휘발유, 경유, 등유   운송산업

셰일가스 채굴 기술의 발달로 수혜받는 전방산업을 탐색: 운송산업에 투자!

셰일가스 기업에는 투자하기 싫으나 이러한 기술 발전에 투자하고 싶은 경우 채굴 기술의 발달로 수혜를 볼 수 있는 운송산업에 대신 투자할 수 있습니다.

후방산업 방향으로의 투자 아이디어 확장(전기차 → 리튬배터리산업)

후방산업   전방산업

리튬 채굴   양극재, 음극재   리튬 배터리   배터리 차체   전기자동차

전기자동차산업의 급격한 성장으로 집중 수혜를 받는 '배터리' 관련 산업에 투자!

전기차의 시대가 도래해 큰 성장이 예상될 때 전기차산업보다도 더욱 큰 수혜를 받을 수 있는 리튬배터리 관련 산업에 투자해 수익을 극대화합니다.

톱다운과 밸류체인을 모두 이용한 주식 발굴

톱다운과 밸류체인을 복합적으로 이용해 종목을 발굴할 수도 있습니다. 톱다운으로 가장 큰 뷰에서 시작해 수혜를 받는 산업, 종목까지 분석하며 내려옵니다. 수혜 산업 및 종목이 추려지면 이들에 대한 밸류체인을 조사해 가장 매력적인 기업을 발굴하는 방식이죠. 다음의 예시를 보면 쉽게 이해가 갈 겁니다.

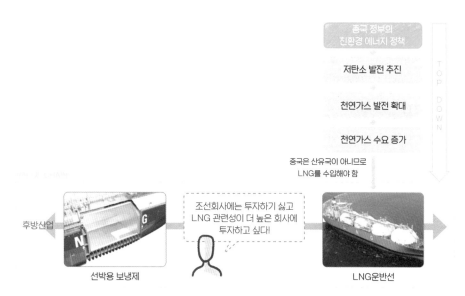

▲ 톱다운과 밸류체인을 모두 이용한 종목 발굴

톱다운 발굴

위의 예시에서 시작은 '중국 정부의 친환경 에너지 정책'입니다. 그동안 고성장을 거듭해 온 중국은 환경 문제에 신경을 쓸 겨를이 없었는데요. 이에 중국의 환경 문제는 심각한 수준으로 악화되었죠. 경제가 어느 정도 부유한 수준에 올라온 중국에서는 환경 개선에 대한 과제가 크게 부각되고 있고, 정부는 본격적으로 친환경 정책을 추진하게 됩니다.

환경오염이 심한 석탄발전소가 중국의 에너지에서 큰 비중을 차지하고 있는데, 이들을 상대적으로 오염이 적은 원자력발전소나 천연가스발전소로 대체하려는 국가 정책이 발표됩니다. 여기서 '천연가스LNG' 발전이 크게 성장하고, 중국에서 LNG 수요가 크게 늘 것이라고 예측할 수 있습니다. 그런데 중국은 석유가 나지 않는 나라이므로 이 LNG는 외국에서 들여와야 하죠. LNG는 주로 선박으로 운송되는데, LNG를 운송하는 선박인 LNG 운반선의 수요가 늘어날 것을 예상할 수 있습니다.

밸류체인 발굴

LNG 운반선의 수요가 늘어날 것으로 추정했으니 관련된 기업을 찾아봐야겠죠? LNG 운반선을 만드는 세계적인 조선사들이 국내에도 존재합니다. 삼성중공업, 현대중공업, 대우조선해양 이렇게 조선사 빅3입니다. 그러나 이들 조선사들은 LNG 운반선만 제작하는 것은 아닙니다. 컨테이너선, 벌크선, 드릴십 등 다양한 선박들을 제작하고 있죠. 그렇다면 원래 투자 아이디어인 LNG 운반선에 투자한다는 생각은 다른 선박들에 의해 희석됩니다. 아이디어에 딱 들어맞는 수혜 영역을 찾을 수 없을까요?

이를 위해 LNG 운반선의 밸류체인을 살펴봅니다. LNG 운반선은 '부피가 큰 LNG(기체)를 온도를 낮춰 액화시킨 상태로 운반하는 선박'입니다. 여기서 다른 종류의 선박들과 큰 차이점이 있죠. 바로 온도를 낮춰 물건을 운반한다는 사실입니다.

원자재를 운반하는 벌크선, 컨테이너를 운반하는 컨테이너선 등과 달리 LNG 운반선은 가스 상태의 LNG를 매우 낮은 온도($-162°C$)로 액화시켜 운반해야 합니다. 그렇기 때문에 LNG 운반선에는 탱크 모양의 LNG 저장소가 있죠. 낮은 온도를 잘 유지하지 못한다면 LNG는 기체가 되어 날아가 버리고 말 거예요. LNG 운반선의 경쟁력은 얼마나 낮은 온도를 적은 비용으로 유지할 수 있는가로 판가름 나는 것이죠.

이를 위해 운반창 내부에 '보냉제'를 사용합니다. 거대한 LNG 탱크 표면 전체를 덮기 위해서는 '보냉제'가 엄청 많이 필요하겠죠? 그리고 일상생활에서 사용하는 보냉제와는 다르게 훨씬 더 정교한 기술력이 요구될 거예요. 이들을 주력으로 생산하는 기업들이 있을 정도로요. 바로 '동성화인텍'과 '한국카본'입니다. 이들 기업은 선박용 보냉제를 만드는 기업으로 LNG 운반선의 수요가 급증할 때 직접적인 수혜를 볼 수 있는 기업들입니다. 이렇게 밸류체인을 통해서 보다 확실한 수혜 기업을 발굴할 수 있었어요.

36

나만의 기준을 이용한 종목 검색, 스크리닝

마지막으로 소개할 종목 발굴 방법은 바로 '스크리닝Screening'입니다. HTS상에서는 '조건 검색', '종목 검색'으로도 널리 알려져 있는데요. 이 방법은 나만의 기준을 만족하는 종목을 찾아내는 방법이에요. '나만의 기준'을 만족하는 종목이라니, 무언가 급호감이 갑니다. 그럼, 어떻게 하는 것인지 한번 알아보도록 하겠습니다.

스크리닝은 일종의 필터링

스크리닝은 대상이 되는 종목 풀에서 내가 지정한 특정 '조건'들을 만족하는 종목들을 추출하는 방식으로 종목을 발굴합니다. 마치 엑셀의 '필터'와 같은 역할을 하는 것이죠. 종목 풀이 코스피+코스닥 전 종목인 경우 전체 2,000여 개의 종목에서 내가 원하는 조건에 부합하는 종목들만 추려낼 수 있습니다. 옷을 쇼핑할 때 내가 원하는 사이즈, 색상, 스타일 등을 정하고 이를 만족하는 옷을 찾아다니듯이 스크리닝은 특정 조건에 부합하는 종목들을 추출하는 종목 발굴 기법입니다.

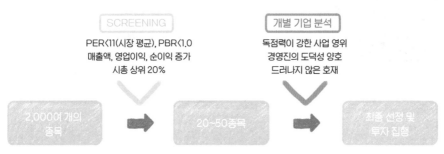

▲ 스크리닝 종목 발굴을 이용한 투자 예시

위의 예시를 보면 'PER〈11', 'PBR〈1.0', '매출액, 영업이익, 순이익 증가', '시총 상위 20%'와 같은 수식들이 바로 '내가 원하는 조건'입니다. 조건을 찬찬히 보면 기업의 가치는 증가하고 있으나 가격은 상대적으로 싼 종목을 찾기 위해 고안된 수식임을 알 수 있을 텐데요. 저는 보통 이러한 콘셉트로 조건식을 세웁니다.

이렇게 종목을 스크리닝해보면 코스피·코스닥 전체 약 2,000종목 중 만족하는 종목이 20~50개 정도 추출되죠. 개인투자자로서 2,000개 종목을 분석하는 것은 불가능하지만 20~50개 종목을 분석하는 것은 충분히 가능하겠죠? 따라서 저는 이렇게 분석 대상 종목의 수를 적당히 수십 개 정도로 추린 후 이들을 상세 분석하는 방식으로 스크리닝을 활용하고 있답니다.

스크리닝은 개인투자자에게 있어 기업 발굴의 가장 강력한 도구 중 하나입니다. 특히 내가 원하는 스타일의 기업을 찾을 수 있다는 점이 가장 큰 장점이죠. 예시로 든 '기본적 분석' 위주의 조건뿐만 아니라 '기술적 분석'의 지표들 또한 함께 조건으로 넣어줄 수 있으니 종목 발굴에 있어 이보다 유용한 툴은 별로 없을 것 같다는 생각이 듭니다.

HTS에서 종목 검색으로 스크리닝하기

일반적으로 HTS나 MTS에는 스크리닝으로 종목을 발굴할 수 있는 메뉴들이 있습니다. 증권사마다 메뉴 이름은 다르지만 보통 '조건 검색', '종목 발굴', '종목 검색'과 같은 이름으로 되어 있죠. 삼성증권 POP HTS에서는 '고급 종목 검색'이라는 이름의 메뉴로 제공되고 있습니다. 고급 종목 검색 화면에서 좌측에 조건이 될 수 있는 지표들을 골라서 조건을 입력 후 검색을 누르면 스크리닝을 수행할 수 있습니다. 예시를 한번 보여드릴게요.

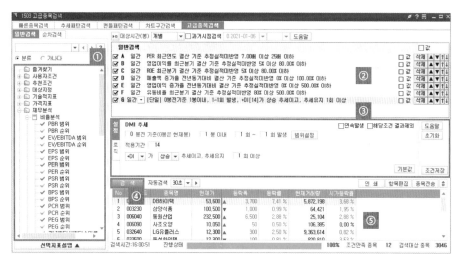

▲ '1503 고급종목검색'으로 스크리닝한 결과 예시(POP HTS > 차트/종목 검색 > 종목 검색 > 1503 고급종목검색)

① 조건이 될 수 있는 지표들의 목록입니다. 여기서 내가 원하는 소건에 가장 가까운 지표를 찾아서 더블클릭하면 ②의 검색 조건에 추가됩니다.

② 검색 조건으로 사용할 조건식 리스트입니다. 예시 화면에서는 총 7개의 조건을 설정했으며, 6개

의 기본적 분석, 1개의 기술적 분석 지표가 조건식으로 사용되었습니다.

③ 조건식의 세부를 설정하는 부분입니다. 몇 개의 선택지 중에 고르기도 하고 직접 숫자를 입력하기도 합니다. 내가 원하는 조건을 아주 자세하게 입력할 수 있습니다.

④ 모든 조건식을 작성했다면 '검색' 버튼으로 스크리닝을 수행할 수 있습니다. '자동 검색'을 이용하면 일정 주기마다 검색을 자동으로 수행, 검색 결과를 갱신해 보여줍니다.

⑤ 내가 설정한 조건식의 조건을 모두 만족하는 종목들의 리스트가 나타납니다. 예시 화면의 조건으로는 총 12개의 종목이 검색된 것을 볼 수 있습니다.

POP HTS에서는 위와 같은 방법으로 스크리닝 종목 발굴을 수행할 수 있습니다. 반면 mPOP MTS에서는 '고급 종목 검색' 메뉴가 존재하지 않는데요. 대신 '재무 검색', '시세 검색'으로 보다 간편화된 종목 검색 메뉴를 제공하고 있습니다.

▲ 간단한 재무 조건들을 기반으로 종목을 검색할 수 있는 MTS 메뉴
(mPOP MTS > 국내 주식 > '검색' 분류의 '재무 검색')

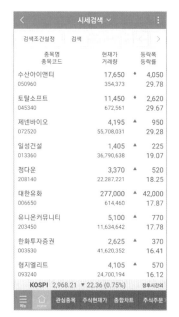

▲ 간단한 가격 조건들을 기반으로 종목을 검색할 수 있는 MTS 메뉴
(mPOP MTS > 국내 주식 > '검색' 분류의 '시세 검색')

딱 봐도 사용하기 그리 어렵지 않아 보이죠? 아마 별도의 설명 없이도 잘 사용할 수 있으리라 생각됩니다.

이와 같이 스크리닝, 종목 검색은 개인투자자가 원하는 조건을 만족하는 종목을 발굴할 수 있는 가장 강력한 도구입니다. 지금 당장 떠오르는 투자 아이디어가 없더라도 조건 검색을 통해 수치적으로 매력적인 종목들을 찾아낼 수 있죠. 이렇게 검색된 결과를 찬찬히 분석해보면 역으로 투자 아이디어를 종목으로부터 떠올릴 수도 있답니다.

저자 강의소개

누구나 자신에게 맞는 투자 방법과 전략이 있습니다. 다양한 투자 방법론을 연구해온 저자는 투자자 개인에게 가장 잘 맞는 최고의 수익률을 낼 수 있는 투자 방법을 함께 찾아내고 투자의 큰 그림을 그리는 데 도움이 되는 유료 강의를 진행하고 있습니다.

1. 초심자를 위한 주식투자 개념원리(4회차)

실제 튜티의 추천 리뷰 ★★★★★

주식 계좌만 만들어두고 어떻게 시작해야 될지 감을 못 잡고 있을 때 우연히 발견해서 신청했는데 주린이가 처음 듣고 주식을 시작하기 좋은 강의였습니다. 주식을 하면서 알아야 할 기본적인 지식들과 재무제표에서 봐야 할 숫자와 식들을 배웠는데 활용해서 바로 주식투자를 할 수 있을 정도로 유용했어요!_류**

2. 재무제표+기업 분석 하루 만에 개념 잡기(1회차)

실제 튜티의 추천 리뷰 ★★★★★

시중에 있는 책들을 바탕으로 주식투자를 시작하려니 어려운 점이 많았는데 주식에 대한 기본규칙부터 시작해서 차트 보는 방법, 재무제표 보는 방법들까지 예시로 쉽게 잘 설명해주셔서 감사드립니다. 유익한 강의였습니다:)_박**

3. 비전공자·입문자·문과생을 위한
주식·마케팅 데이터로 배우는 실전 데이터 분석 입문(7회차)

실제 튜티의 추천 리뷰 ★★★★★

비전공자라 독학하면서 관련 용어, 각 언어들 특징을 파악하기가 어려웠는데 이번 강의를 따라가면서 개념이 어느 정도 잡히게 되었고, 실제 데이터를 기반으로 실습해보고 실무에 적용 가능한 데이터 분석을 배우면서 '이렇게도 적용할 수 있겠구나' 하는 사고 확장도 가능했습니다._김**

STOCK
INVEST
MENT